スポーツの仕事大全

45人のスポーツプロフェッショナルたち

水島　淳
池井大貴　編

みらい

はじめに

「自分はどんな仕事に興味があるのだろう?」「これからの人生をどう生きていきたいのだろう?」――そんな疑問にも似た悩みを抱いたことはありませんか?

それは、誰もが一度は直面する「人生をどう生きるか」という大きなテーマです。

この本を手に取ってくれた皆さんはスポーツをしたり、見たり、楽しんだりすることが好きな方だと思います。そして「将来の仕事」「人生をどう生きるか」ということを考えたときに「スポーツ」という言葉が頭に浮かんだ方だとも思います。その一方で、「将来、スポーツに関わる仕事がしたい。でも、どんな選択肢があるのだろうか?」「実際に、その道で進んでいくためにはどうすればいいのだろう?」と、不安や迷いを感じることもあるでしょう。

そうした皆さんの疑問や不安に応えるために、「スポーツの現場で活躍するプロフェッショナルたちに会いに行き、それぞれの仕事や歩んできた道のりについてインタビューをして、高校生や大学生にシェアするのはどうだろうか?」と考えたことが本書を書くきっかけになりました。

ありがたいことに、スポーツ現場の第一線で活躍する45人ものスポーツのプロフェッショナルたちが、「次の世代に自分たちの経験や知恵を伝えたい」という思いをもって、本書への協力を快く引き受けてくれました。

プロフェッショナルたちはどのような仕事をしていて、仕事においてどのようなやりがいや困難を感じているのか。そして、スポーツ業界にどのような未来を描いているのか。プロフェッショナルたちのそれぞれのストーリーを通じて、皆さんはスポーツ業界に対する理解を深め、具体的なビジョンを持つことができるでしょう。

また、スポーツのプロフェッショナルたちが、なぜその道を選び、どのようにしてキャリアの足がかりを見つけたのか。いかに挑戦を続けながら、直面した困難を乗り越えて、今の仕事にたどり着いたのか。そうした軌跡を知ることで、皆さんもきっとスポーツで働くということの具体的なイメージを持つことができるはずです。

本書では、プロフェッショナルたちの声だけではなく、スポーツに関わる組織や職種についても幅広く紹介をしています。なかにははじめて聞く仕事もあると思いますが、皆さんが日々の生活で見聞きしたり、触れたり、行ったりするスポーツのなかには、実に多くの仕事が関係していることが発見できると思います。

見たことも聞いたこともない仕事は、想像すらできないかもしれません。しかし、本書を通じてスポーツの仕事を知り、その魅力や可能性に気づくことで、皆さんが自分自身の未来を切り拓くきっかけになればうれしいです。また、この出合いが、皆さんの人生を前進させる第一歩となり、明日への行動につながることを心から願っています。

水島淳・池井大貴

目次

はじめに……002

CHAPTER 1

スポーツの仕事にようこそ

1 スポーツの仕事に関する3つの新常識……010
2 スポーツの仕事とは……012
スポーツの仕事を見渡してみよう！……014
コラム 選手と共に戦う 山本大輔……016

CHAPTER 2

スポーツに関連する組織

1 スポーツに関わる組織にはどのようなものがあるか……018
2 組織で働くということ……020
スポーツに関わる組織 Q&A……022
コラム 「私」がスポーツで世界や地域に貢献できるの？ 篠原果歩……023
FILE 01 行政機関……024
INTERVIEW 文部科学省で働くプロフェッショナル 筒井諒太郎さん……026
FILE 02 スポーツ団体……028

INTERVIEW 世界パラ陸上競技連盟で働くプロフェッショナル　大久保マイケル拓磨さん……030

FILE 03 スポーツ振興センター……032

INTERVIEW 日本スポーツ振興センターで働くプロフェッショナル　衣笠泰介さん……034

FILE 04 オリンピック・パラリンピック委員会……036

INTERVIEW 日本オリンピック委員会で働くプロフェッショナル　秋葉将秀さん……038

FILE 05 大会組織委員会……040

INTERVIEW パリ2024組織委員会で働くプロフェッショナル　Yuchi（Karen）Huangさん……042

FILE 06 スタジアム・アリーナ関連企業……044

INTERVIEW NTTドコモでベニュービジネスに挑むプロフェッショナル　上村哲也さん……046

FILE 07 プロスポーツチーム……048

INTERVIEW 横浜F・マリノスのビジネススタッフとして働くプロフェッショナル　永井紘さん……050

FILE 08 スポーツマネジメント企業……052

INTERVIEW スポーツビズで働くプロフェッショナル　近藤聖さん……054

FILE 09 スポンサー企業……056

INTERVIEW マネーフォワードで働くプロフェッショナル　石戸健さん……058

FILE 10 広告代理店……060

INTERVIEW 電通スポーツインターナショナルで働くプロフェッショナル　橘斉嗣さん……062

FILE 11 放送・配信局……064

INTERVIEW ABEMAで働くスポーツ中継のプロフェッショナル　藤井大河さん……066

FILE 12 新聞・出版社……068

INTERVIEW 産経新聞社で働くプロフェッショナル　宝田将志さん……070

FILE 13 スポーツメーカー……072

INTERVIEW アシックスで商品開発を行うプロフェッショナル　竹村周平さん……074

FILE 14 スポーツ用品店……076
INTERVIEW ゼビオで働くプロフェッショナル　松井聡子さん……078
FILE 15 スポーツテック企業……080
INTERVIEW ユーフォリアで働くプロフェッショナル　早川真優さん……082
FILE 16 スポーツツーリズム関連組織……084
INTERVIEW 日本スポーツツーリズム推進機構で働くプロフェッショナル　滝田佐那子さん……086
FILE 17 スポーツ施設・フィットネスクラブ……088
INTERVIEW セブンハンドレッドの経営者として働くプロフェッショナル　小林忠広さん……090
FILE 18 教育機関……092
INTERVIEW 筑波大学体育スポーツ局で働くプロフェッショナル　米原博章さん……094
FILE 19 スポーツ教室……096
INTERVIEW 陸上競技クラブ「リクスパート」を運営するプロフェッショナル　中宗一郎さん……098
コラム eスポーツが拓くスポーツの未来　熊本拓真……100

CHAPTER 3

スポーツで活躍するプロフェッショナル

1 スポーツに関わる専門性にはどのようなものがあるか……102
2 スポーツのプロフェッショナルとして働くということ……104
スポーツに関わる専門性　Q&A……106
コラム ユニークな専門性は、キャリアの推進力　高谷正哲……107
FILE 01 スポーツ選手……108
INTERVIEW サッカー選手として働くプロフェッショナル　山田大記さん……110
FILE 02 指導者……112

INTERVIEW　柔道の指導者として働くプロフェッショナル　藤井裕子さん……114
FILE 03　審判……116
INTERVIEW　ハンドボールの審判員として働くプロフェッショナル　古川英樹さん……118
FILE 04　経営者……120
INTERVIEW　スポーツ業界で経営者として働くプロフェッショナル　秦アンディ英之さん……122
FILE 05　スカウト……124
INTERVIEW　北海道日本ハムファイターズのスカウトとして働くプロフェッショナル　大渕隆さん……126
FILE 06　スポーツ代理人（エージェント）……128
INTERVIEW　陸上競技選手の国際代理人として働くプロフェッショナル　柳原元さん……130
FILE 07　スポーツ通訳……132
INTERVIEW　サッカー通訳として働くプロフェッショナル　酒井龍さん……134
FILE 08　スポーツドクター……136
INTERVIEW　スポーツドクターとして働くプロフェッショナル　川合拓郎さん……138
FILE 09　スポーツ栄養士……140
INTERVIEW　スポーツ栄養士として働くプロフェッショナル　廣松千愛さん……142
FILE 10　スポーツトレーナー……144
INTERVIEW　アスレティックトレーナーとして働くプロフェッショナル　中原啓吾さん……146
INTERVIEW　ラグビー日本代表S&Cコーチとして働くプロフェッショナル　太田千尋さん……148
FILE 11　メンタルトレーナー……150
INTERVIEW　メンタルトレーナーとして働くプロフェッショナル　筒井香さん……152
FILE 12　スポーツアナリスト……154
INTERVIEW　スポーツアナリストとして働くプロフェッショナル　福田有利子さん……156
FILE 13　クリエーター……158
INTERVIEW　クリエイティブディレクターとして働くプロフェッショナル　田中喬祐さん……160

CHAPTER 4

スポーツのプロフェッショナルになろう！

INTERVIEW スポーツフォトグラファーとして働くプロフェッショナル 岡元紀樹さん……162
FILE 14 研究者……164
INTERVIEW 応用バイオメカニクスの研究者として働くプロフェッショナル 伊坂忠夫さん……166
FILE 15 フィットネスインストラクター……168
INTERVIEW ピラティスインストラクターとして働くプロフェッショナル 小田島政樹さん……170
FILE 16 健康運動指導士……172
INTERVIEW 健康運動指導士として公共施設で働くプロフェッショナル 亀村亮さん……174
FILE 17 保健体育科教員……176
INTERVIEW 保健体育科教員として働くプロフェッショナル 木村壮宏さん……178
FILE 18 JICA海外協力隊（スポーツ・体育隊員）……180
INTERVIEW JICA海外協力隊として働くプロフェッショナル 林理紗さん……182
コラム Life is short enjoy more 藤井貴之……184

1 スポーツのプロフェッショナルたちからの学び……186
2 今、動き始めよう！……188
コラム 未来を切り拓く準備の力 森下仁道……190

おわりに／Special Thanks……191

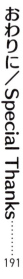

CHAPTER

1

スポーツの仕事にようこそ

Encyclopedia of sports-related jobs

1 ≫ スポーツの仕事に関する3つの新常識

スポーツの仕事について説明する前に、スポーツの仕事に興味を持ったばかりの皆さんが、進路選択や就職活動を始める際に抱きがちな「3つの誤解」を解いていきたいと思います。これらの誤解を解消することで、「3つの新常識」として理解を深め、より広い視野を持って、自分がワクワクし、「やってみたい！」と思えるスポーツの仕事と出合うための準備ができるでしょう。

それでは一つひとつ見ていきたいと思います。

❶スポーツの仕事は、スポーツ選手だけに限らない！

小学生のなりたい職業ランキングを見ると、いつもスポーツ選手が高い位置にランクインしています。それほどスポーツ選手は、かっこよく、魅力的で、小学生のみならず多くの人々にとって憧れの存在となっています。もちろん、スポーツ選手も立派なスポーツの仕事のひとつです。しかし、**スポーツの仕事は、選手だけに限りません**。選手の周りを見渡すだけでも、様々な仕事が存在することがわかります。

例えば、選手の活躍を支える監督やコーチ、スポーツトレーナーなどが真っ先に思いつくでしょうか。あるいは選手が使用しているシューズやスポーツ用具が思い浮かぶかもしれません。

14・15頁のイラストを見てください。スタジアム内のピッチに注目すると、審判や通訳、スポーツアナリストがいることがわかります。さらに、スタジアムに張り巡らされたスポンサー企業の広告看板、そしてフォトグラファーやスポーツ記者が見えますね。

またスポーツの仕事は、プロスポーツリーグやオリンピック・パラリンピックなど、世界の頂点を目指して競技をするいわゆるハイパフォーマンススポーツの舞台だけにとどまりません。それ以外にも、部活動をはじめとしたスポーツ教育、楽しみを目的とするレクレーションスポーツ、もしくは健康の維持増進を目的とした運動やエクササイズなど様々な文脈において、**スポーツの仕事は広がりをみせています**。

❷スポーツで働く舞台は、日本国内だけに限らない！

皆さんの住む街には、どのようなスポーツの仕事をしている人たちがいるでしょうか。

身近な存在として、学校の保健体育の先生、地域のスポーツクラブ内の子どもたちに向けたスポーツ教室で指導をしている人、ジムやフィットネスクラブでインストラクターをしている人、地元のスポーツ用品店で働く人などが頭に浮かぶかもしれません。進路や就職先を考えるなかで、ついつい身の回りにある選択肢から選ぼうとしてしまうものです。しかし、**スポーツで働く舞台は、日本だけに限りません**。スポーツに言語や人種の壁はないと言われるように、スポーツの仕事は必ず世界とつながっているのです。

皆さんの多くは、世界陸上やワールドカップなどの国際大会をテレビ中継やニュース番組で見たことがあると思います。それらの国際大会を主催する国際競技団体、そして大会運営にあたる大会組織委員会で働く日本人もいます。ほかにも海外のプロスポーツチームで働く日本人スタッフや海外でプレーをするサッカー選手の栄養サポートをする栄養士、コミュニケーション面でのサポートをする通訳など、**世界の舞台で活躍する日本人はいる**のです。

「自分とは無縁の世界だから」と思う人や「自分は英語が話せないから無理だ」と最初から決めつけている人もいるかもしれません。もちろん、「国際競技団体で働きたい！」という場合には、限られたポストを巡って世界中の人と争うことになります。しかし、「千里の道も一歩から」です。まずは日本だけでなく世界にも視野を広げて、スポーツの仕事について知ることから始めてほしいと思います。その一歩が、思いもよらない未来への扉を開くかもしれません。

③ スポーツで働く人は、スポーツが得意な人に限らない！

皆さんのなかには、「自分はスポーツが得意だ！」と考えている人も少なくないでしょう。

スポーツで働くというと、スポーツをすることが得意な人たちばかりのように思われがちです。しかし、実際のところ、**スポーツで働く人たちは、もともとスポーツをすることが得意だった人ばかりではありません**。事実、本書でインタビューやコラムの執筆に協力してくださった「スポーツのプロフェッショナル」たちのなかには、現役プロサッカー選手のほかに、もともと高いレベルで競技をしていた人もいれば、スポーツが苦手だった人や、スポーツ観戦が大好きだった人など、**様々なバックグラウンドを持った人がいます**。

スポーツの仕事について詳しく知れば知るほど、自分がスポーツをする力が求められる仕事が少ないことに気づくでしょう。むしろ、異なる分野で培った知識やスキル、経験をスポーツの世界に持ち込むことで、新たな価値を生み出せることもあります。スポーツをすることが得意でなくても、「スポーツで働きたい」という思いさえあれば、皆さんが将来活躍できる場は数多く存在するのです。

本書を通じて、スポーツには、どのような仕事があって、それぞれの仕事にどのような力が求められるのかについて、実際に働く人たちの声をもとに皆さんと一緒に考えていきたいと思います。皆さん自身の可能性を広げ、スポーツを通じて自分らしく輝ける道を見つけるきっかけとなれば幸いです。

2 ≫ スポーツの仕事とは

それでは、スポーツの仕事について一緒に学んでいきましょう。

具体的な内容に入る前に、本書で扱う「スポーツの仕事」という言葉について定義したいと思います。まず「スポーツ」について、本書ではオリンピック・パラリンピックスポーツをはじめとする、いわゆる競技スポーツのほかにも、健康や楽しみを目的に行う「運動やエクササイズ」、学校教育で行われる「体育」、コンピューターゲームの競技である「eスポーツ」も含めて、広く「スポーツ」と定義することにします。また「仕事」は、生計を立てる手段であるという狭い意味での仕事ではなく、「誰かの役に立つこと」と定義したいと思います。

つまり、本書での「スポーツの仕事」とは、「スポーツを通じて何かしらの形で誰かの役に立つということ」だということができるでしょう。その前提を理解したうえで、次にスポーツの仕事を2つの要素に分解して説明したいと思います。

❶スポーツの仕事＝スポーツに関わる組織×専門性

スポーツの仕事は、大きく以下の2つの要素に分けて考えることができます。

①スポーツに関わる組織（どこで働くか）
②専門性（どのように役に立つか）

まず、スポーツに関わる組織には、どのような組織があるのかについて知る必要があるでしょう。

プロスポーツチーム（48頁）のように組織全体がスポーツに関わる場合と、広告代理店（60頁）のように組織内にスポーツに関わる部門がある場合があります。また、株式会社から非営利法人、財団など様々な組織が国内外にあります。いずれにせよ、スポーツに関わる組織で働くことは、そこで働く全ての人がスポーツの仕事に携わっているといえます。

また、スポーツに関わる組織のなかには、様々な専門性を持った人たちが働いています。専門性とは、特定の分野における深い知識とスキル、経験を持つことを意味しています。

例えば、プロスポーツチームについて考えてみても、選手をはじめ監督やコーチ、スポーツトレーナーなど、競技そのものに関わる人たちだけでなく、いわゆるバックオフィスとして働く営業、マーケティング、経理の担当者など、各々が専門性を持って、それぞれの形でチームに貢献しています。そして、チームとして社会に価値を生み出して、誰かの役に立っているのです。

❷自分なりの働き方を見つけよう

スポーツに関わる組織で働くといっても、その働き方は様々です。

例えば、組織に「正社員（職員）」や「契約社員（職員）」など社員（職員）として所属をする人もいれば、「個人事業主」として、組織には属していないものの、組織から業務を引き受ける人もいます。スポーツの仕事のなかには、対価としての報酬が少なく、その仕事だけでは生計を立てることができない場合もあります。そのときには、本業を持ちながら、副業あるいはボランティアとしてスポーツで働くという選択肢もあります。また、これまでの社会にはない仕事を、自らつくりだし、組織を立ち上げるという人もいるでしょう。

専門性について、ひとつのことを極めることも大事ですが、ひとつに絞らないといけないということはありません。むしろ、誰かの役に立てる専門性をたくさん持つことで、できる仕事の幅が広がり、より多くの人の役に立てる可能性もあります。難しく考える必要はありません。

例えば、会計知識や簿記スキルなどが求められる「経理」という専門性を身につければ、あらゆる組織で必要な存在になれるかもしれません。また、陸上競技のルールについて詳しくて、競技運営が得意だということもひとつの専門性になるでしょう。

❸スポーツで働くということ

スポーツが大好きな人にとって、スポーツの仕事ほど情熱を注げる仕事はありません。

一方で、「好きなことは仕事にしないほうがいい」や「スポーツでは食べていけない」という言葉を聞いたことがある人もいるかもしれませんが、本当にそうでしょうか。

たしかに、健康で文化的な最低限度の生活をしていくだけの報酬は必要です。しかし、重要なのは、自分に合った選択をすることです。スポーツの仕事について、具体的な仕事の内容や魅力、求められる知識やスキルなどについて知るなかで、「自分が仕事に対して求めるもの」もはっきりしていくと思います。

スポーツの仕事には、その組織と専門性のかけ合わせによって、大会組織委員会で働く無償ボランティアからプロスポーツ選手など数億円を超える報酬を得られる仕事まで幅広く存在します。自分なりに最善の選択をするためにも、新しい仕事をつくりだすにしても、まずは本書を通じて関心と選択肢の幅を広げてほしいと思います。

本書では、CHAPTER2からは、スポーツに関わる組織について一つひとつ紹介しています。また、CHAPTER3からは、専門性のなかでも、スポーツに関わる専門性を持ったいくつかの職種について取りあげています。

紙面の都合で紹介できなかったものも含めて、自分なりにやってみたいと思う「スポーツに関わる組織×専門性」を考えてみてください。

スポーツの仕事を見渡してみよう！

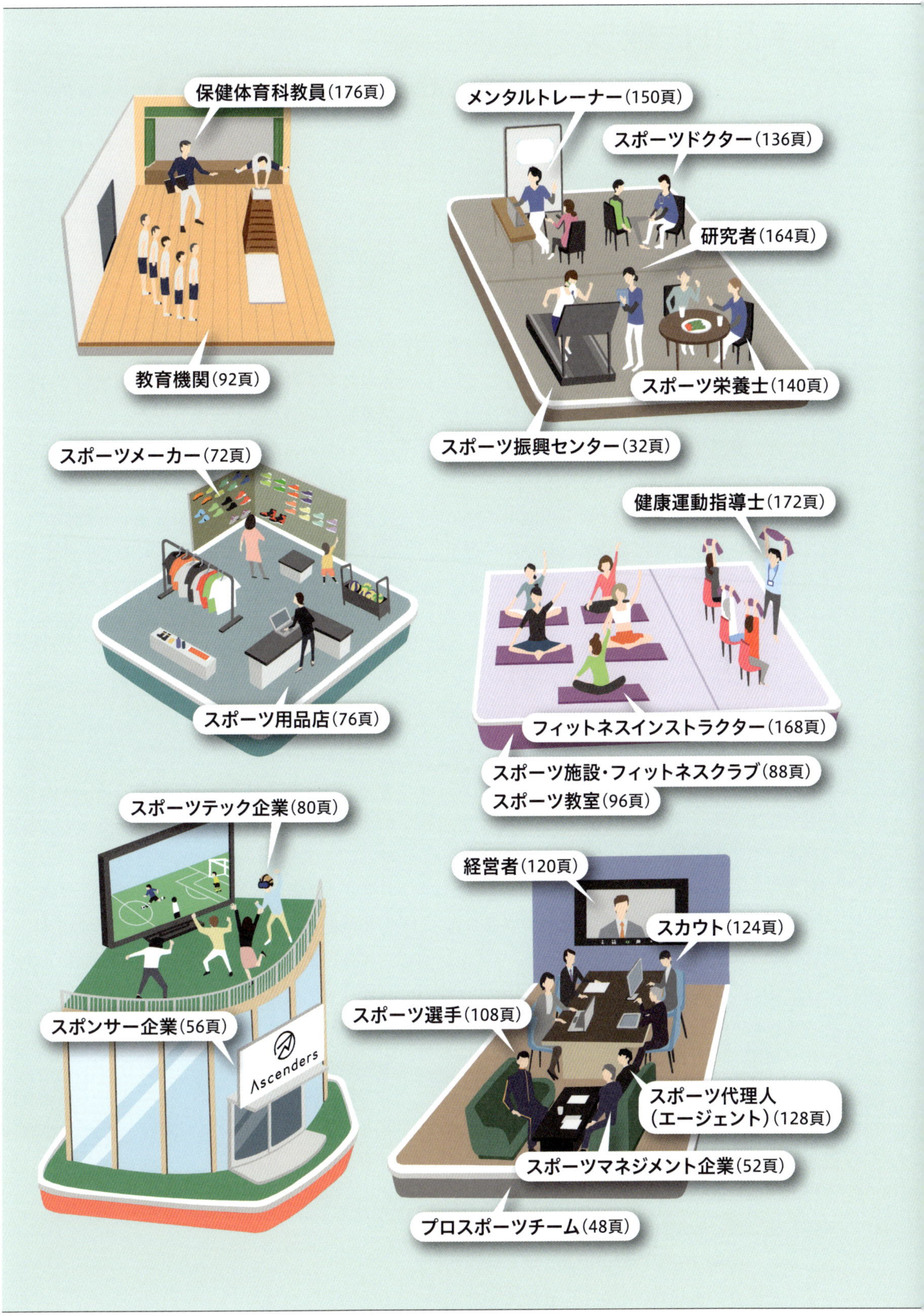
保健体育科教員（176頁）
教育機関（92頁）
メンタルトレーナー（150頁）
スポーツドクター（136頁）
研究者（164頁）
スポーツ栄養士（140頁）
スポーツ振興センター（32頁）
スポーツメーカー（72頁）
スポーツ用品店（76頁）
健康運動指導士（172頁）
フィットネスインストラクター（168頁）
スポーツ施設・フィットネスクラブ（88頁）
スポーツ教室（96頁）
スポーツテック企業（80頁）
スポンサー企業（56頁）
Ascenders
経営者（120頁）
スカウト（124頁）
スポーツ選手（108頁）
スポーツ代理人
（エージェント）（128頁）
スポーツマネジメント企業（52頁）
プロスポーツチーム（48頁）

COLUMN

選手と共に戦う

山本 大輔（フジ物産株式会社 HR担当執行役員 Ath-up事業ディレクター）

選手がより充実したキャリアを歩めるように

私は現在、静岡のフジ物産という商社で、スポーツ選手のキャリア支援に携わっています。具体的には、選手のキャリア相談にのり、助けになってくれる人や就職先を紹介したり、選手が思い描くキャリアを実現するための戦略を考えたり、一緒にプロジェクトを進めたりしています。人の人生に関わる仕事なので責任は大きいですが、選手のキャリアを手助けできることにとてもやりがいを感じています。

スポーツ選手というと、その競技成果や身体能力の高さに目が行きがちです。しかし、選手は忍耐力や粘り強さといった精神的な強さ、チームワークで身につけた協調性やコミュニケーション力、問題解決能力、挑戦する姿勢など、様々な職種や社会的役割において価値を発揮しうる基盤となるスキルを備えています。そのスキルに選手本人も気づいていないこともありますし、競技以外で十分に発揮しきれていないこともあります。

選手が引退した後も、スポーツで培ったそうしたスキルを活かして社会で活躍することは、スポーツ業界だけでなく、日本社会の成長や希望につながると信じています。

キャリアサポートの原動力

私が選手の力になりたいと思ったきっかけのひとつは、大学時代の経験です。私は「高いレベルでサッカーを続けたい」「サッカーに関われる仕事に就きたい」という思いで筑波大学体育専門学群に進学し、蹴球部（サッカー部）に入部しました。同期には、後に日本代表に選出されたり、関東リーグの得点記録を塗り替えたりする選手がいました。しかし、私は大半を2軍で過ごし、トップチームの練習試合にも数試合は出させてもらえましたが、全く通用しませんでした。

この経験は「プロサッカー選手になる」ことの難しさを再確認すると同時に、私自身のキャリアについても改めて深く考えるきっかけにもなりました。また、多くの選手たちが引退後のキャリアを築くことの難しさに直面している現実を身近に感じました。

そのため、選手が引退後も社会で活躍できるように支援することの重要性を強く感じています。そして命をかけてプレーをする選手たちにとって、少しでも役立つ存在になるために精進していきたいと考えています。この想いが、選手のサポートをする原動力になっています。

スポーツで培ったスキルが持つ可能性は無限大

皆さんのなかには、将来プロスポーツ選手やオリンピック・パラリンピックで活躍する選手になることを目指している人もいるかもしれません。スポーツに真剣に打ち込むなかで得られるスキルや経験、そして人とのつながりは、決して無駄にはなりません。スポーツで培ったスキルは、どのような形であれ、あなたの人生の可能性を広げてくれます。そしてスポーツに対する情熱は、スポーツの仕事をするうえで大きな原動力になるでしょう。

本書を読むことが、皆さんにとって意義を感じられる、やってみたいと思える仕事に出合うきっかけになればうれしいです。

CHAPTER 2

スポーツに関連する組織

Encyclopedia of sports-related jobs

1 ≫ スポーツに関わる組織にはどのようなものがあるか

「組織」とは、「特定の目的を達成するために集まった人々の集団」のことです。特にスポーツに関わる組織は、「人々の健康を促進する」「人々の豊かな生活を実現する」「国際交流を進める」「地域や国を活性化する」「青少年の健全な発育発達に貢献する」などの目的を持ち、スポーツを通じて様々な形で社会の役に立っています。

ここでは、スポーツに関わる組織の全体像と業界のトレンドについて見ていきたいと思います。

❶「スポーツに特化した組織」と「スポーツ部門がある組織」

スポーツに関わる組織というときには、「組織全体」がスポーツに関わることを指す場合と、「一部の部門のみ」が関わることを指す場合があります。

例えば、スポーツメーカー（72頁）は、スポーツに関連する商品やサービスを作り、販売する企業です。また、スポーツ施設やフィットネスクラブは、人々が運動やスポーツを楽しむ場所やサービスを提供しています。これらの組織では、「組織全体」がスポーツに関わっていることがわかります。

それでは、新聞社や出版社（68頁）の場合はどうでしょうか。スポーツ紙に特化したスポーツ新聞社やスポーツ出版社は、「組織全体」がスポーツに関わっています。しかし、総合新聞社や総合出版社では、スポーツ部門に配属されない限り、仕事でスポーツに関わる機会は限られます。例えば、総合新聞社には、「運動部」と呼ばれるスポーツ部門があり、総合出版社には、スポーツ特集を担当する部門やスポーツ関連の書籍を扱う部門があります。

❷様々な法人形態

スポーツに関わる組織には、様々な法人形態があります。まず、「法人」とは、「法律によって人と同じように権利や義務が認められた組織のこと」を指します。これには、公（おおやけ）のために存在する組織である「公法人」と、民間の組織である「私法人」があります。

スポーツは、「人々の健康増進」や「地域や国の活性化」など、個人や企業の枠を超えて社会全体にとって重要な価値をもたらします。そのため、スポーツに関わる組織には、国や地方自治体によって設置される公益財団法人や独立行政法人などの「公法人」がたくさんあるのです。例えば、スポーツ団体（28頁）やスポーツ振興センター（32頁）がこれにあたります。

一方、私法人には、「営利法人」と「非営利法人」があります。「営利法人」は、株式会社や合同会社など、組織で得た利益を社員や株主に分配することを目的とする組織です。スポーツに関わる営利法人には、スポーツマネジメント企業（52頁）やスポーツテック企業（80頁）などが含まれます。これらの企業は、利益を追求しながらも、スポーツを通じて多くの人々に様々な価値を提供しています。

「非営利法人」は、NPO法人や一般社団法人など、利益を職員や寄付者に分配するのではなく、社会貢献などの目的を達成するために活動する組織です。スポーツに関わる非営利法人には、地域のスポーツ教室（96頁）や私立の学校法人が含まれます。これらの組織は、社会的意義を重視し、スポーツを通じて社会の発展に貢献しています。

❸ 発展し続けるスポーツ業界

スポーツ業界全体は大きな変革を遂げています。日本では、東京2020オリンピック・パラリンピック競技大会をはじめとした国際大会の開催を背景に、政府はスポーツを有望な産業と位置づけ、2012年に5・5兆円だったスポーツ産業の規模を2025年に15・2兆円へと成長させることを目指しています（表「日本のスポーツ市場規模（試算）」参照）。その過程で、プロスポーツや大学スポーツをはじめとするアマチュアスポーツの活性化、スタジアム・アリーナ（44頁）への投資、スポーツツーリズム（84頁）を通じた地域振興、健康・体力づくり志向の産業拡大などが推進されています。また、スポーツテック（80頁）分野の発展や、eスポーツ（100頁）などの新たなスポーツの台頭もみられます。

世界に目を向けると、スポーツ産業は、2030年に約90兆円規模にまで成長するという予想もされています。**それだけにスポーツに関わる組織も多く、その求人数も無数にあるのです。今後、日本も世界もスポーツ業界はさらなる成長と変革を遂げ、新たなスポーツの仕事も多く生まれるでしょう。**これらの成長と変革の担い手は、本書を手にとっている皆さんです！

● 日本のスポーツ市場規模（試算）

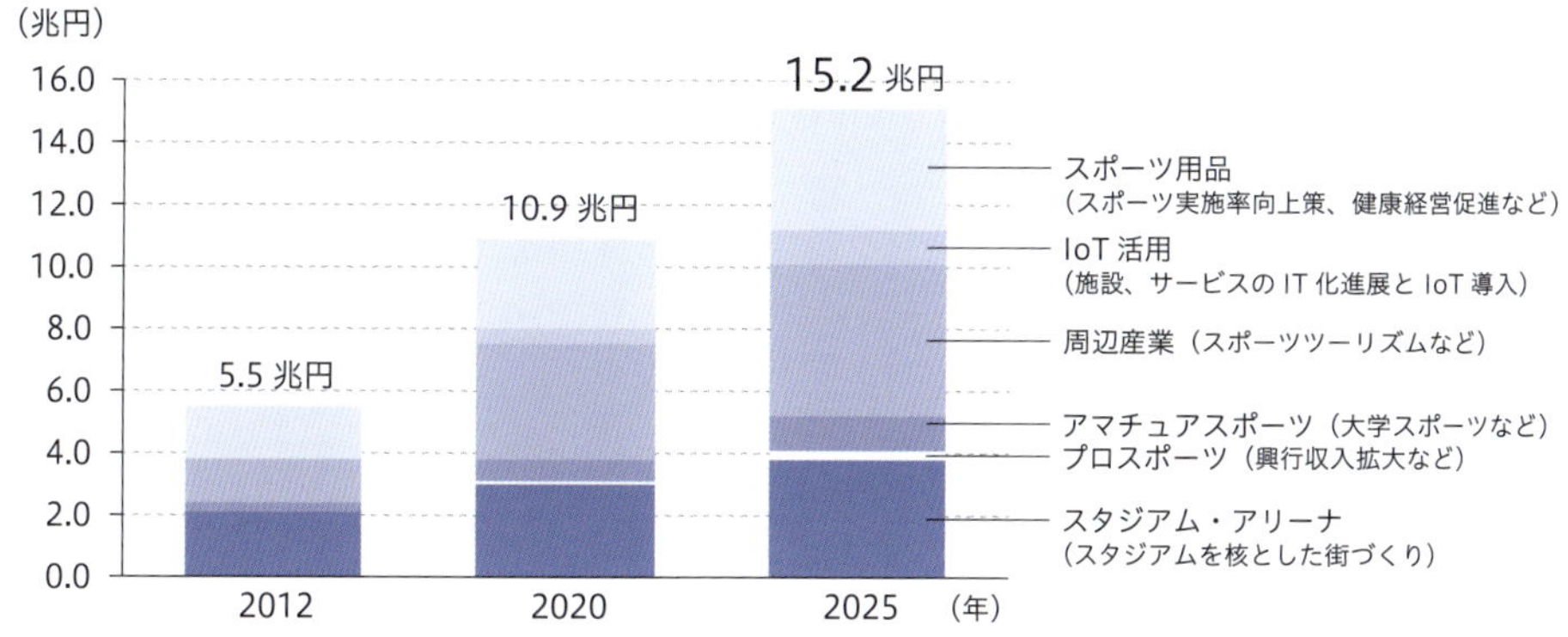

第二期スポーツ未来開拓会議中間報告をもとに作成

2 ≫ 組織で働くということ

CHAPTER1－2で説明したように、組織で働くことは「正社員（職員）」として働くことだけとは限りません。「契約社員（職員）」として所属したり、「個人事業主」として組織から業務を引き受けたり、副業やボランティアとして関わることなど、様々な働き方があります。

そもそも、なぜ人は組織で働くのでしょうか。ここでは組織で働くことの醍醐味について考えてみましょう。

❶一人ではできない大きな仕事に携われる

組織で働くことの醍醐味のひとつに、**一人では成し得ない大きな仕事に携われることが挙げられます**。組織には、明確なミッション（使命）やビジョン（未来像）があり、これらは個人の力だけではなかなか達成できないものです。

例えば、国際オリンピック委員会のミッションは、「世界中でオリンピズム（近代オリンピックの父であるピエール・ド・クーベルタンによって提唱された哲学）を促進し、オリンピック・ムーブメント（オリンピズムを実現するための様々な活動）を牽引すること」です。その先には「スポーツを通じてより良い世界を築く」というビジョンを描いています。これらを達成するために、世界中の多くの人々が協力し、オリンピックという大規模なスポーツイベントを開催するだけでなく、様々な活動を行っているのです。

また、本書で紹介するスポーツのプロフェッショナルたちは、**所属する組織のミッションやビジョンに共感しながらも、自分自身が成し遂げたいミッションや目指すビジョンを同時に持っていました**。

皆さんは、自分自身のミッションやビジョンについて考えたことがあるでしょうか。この機会に、本書で紹介する組織やスポーツのプロフェッショナルたちのストーリーを参考にしながら、自分自身を振り返り、ぜひ自分のミッションやビジョンについて考えてみてください。

❷仲間と学び合える

組織で働くもうひとつの醍醐味は、**仲間と学び合うことができる点**です。部活動での練習と同じように、組織内でもお互いに学び合い、切磋琢磨しながらスキルを高め、成長することができます。特に仕事の経験が浅いうちには、先輩の背中を見ながら、あるいは先輩に指導を受けながら仕事を学ぶことで、より効果的に仕事を覚えることができると思います。さらに、組織によっては社員（職員）の知識やスキルを磨くための研修が設けられることもあります。

また、組織や雇用形態によっては、部署異動や転勤の機会があります。これにより、新しい仕事に挑戦したり、異なる環境で新たな仲間と共に働く経験が得られます。例えば、プロスポーツチームでは、営業部門からマーケティング部門への異動など、様々な仕事を経験することができるかもしれません。この場合、プロスポーツチームという、組織全体がスポーツに関わる組織内での異動であるため、仕事は変わってもスポーツの仕事であることに変わりはありません。

一方で、一部の部門だけしかスポーツに関わらない組織では、スポーツとは関係のない部署への異動もあります。これも捉え方によっては、幅広い専門知識とスキルを身につける絶好の機会と考えることもできるでしょう。

実際、スポーツのプロフェッショナルたちのなかには、スポーツに関わらない仕事の経験が今の仕事に活きていると語った人もたくさんいました。このように、組織で様々な仲間と共に働き、学び合い、多様な経験を積み重ねることで、自分のキャリアの幅を広げることができるのです。

③組織の一員になれる

いつの時代も変わらず、人は何らかの集団や組織に属して、安心感を抱きたいという欲求を持っています。皆さんも学校や部活動など、様々な組織に所属していると思います。各組織には、独自の文化があり、それは「理念」や「行動指針」として明示されている場合もあれば、集まる人々の特徴として暗黙のうちに感じられる場合もあります。

例えば、皆さんの学校や部活動にも「理念」や「行動指針」があったり、そこに集まる人の特徴があるでしょう。組織の一員になるときには、その組織の文化に自分自身の価値観が合致していることが大切だといえます。居心地の良い組織で働くことで安心感を得られ、働くことがより楽しくなるでしょう。

一方で、ひとつの組織で生涯働き続ける必要はありません。自分の働く目的やライフステージに応じて働く組織を選び続けることが重要です。

そうは言っても、初めて働く組織を選ぶことは、とても勇気のいることかもしれません。だからこそ、まずは本書を読んで、スポーツに関わる組織にはどのような組織があるのかを知ることから始めましょう。また、スポーツのプロフェッショナルたちが、どのようなミッションやビジョンを持ち、そしてなぜその組織で働いているのかを知ることで、皆さんの進路選びのヒントにしてほしいと思います。

これから19のスポーツに関わる組織を見ていきたいと思います。本書では、前半の見開き2頁で各組織の概要を説明し、後半の見開き2頁で具体的な組織で働くスポーツのプロフェッショナルたちへのインタビューを紹介します。なかには、ひとつの組織で働き続けている人もいれば、10回以上転職をしている人も登場します。スポーツのプロフェッショナルたちが所属する組織や働き方についてだけでなく、その背景にあるライフストーリーにも注目しながら読んでみてください。

スポーツに関わる組織 Q&A

Q1 新卒でスポーツに関わる組織には入らないほうがよいと社会人の先輩に言われました。本当にやめたほうがよいでしょうか？

A1 一言でスポーツに関わる組織といっても国際的な組織から一般企業までその業種も規模も様々です。新卒でいきなりスポーツに関わる組織に就職する人もいれば、スポーツ以外の組織からスポーツに関わる組織に転職をする人もいます。なかには新卒採用をしていない組織も少なからずあります。

先輩のアドバイスで不安になるのは当然ですが、大切なのは自分自身の気持ちに従って決断することであり、自分が何をやりたいのかをしっかりと見据えることです。まずは、先輩が止める理由を冷静に聞いてみましょう。そのうえで、それでも本当に挑戦してみたいと思うなら、一歩踏み出してみてください。もちろん、スポーツ以外の組織で経験を積んでから、自分の専門性を活かしてスポーツに関わり始めるのもひとつの選択肢です。

Q2 スポーツに関わる組織で働く際、休日出勤が多いと聞きますが、実際の働き方はどのようになっているのでしょうか？

A2 試合やイベントがあるときには、休日出勤が多くなることがあります。スポーツの仕事では、現場の状況に合わせて働く必要があり、柔軟な働き方が求められる場面も出てくるでしょう。

スポーツの仕事に限らずどの仕事でもそうですが、働く際には自分の時間を大切にするための工夫が必要です。多くの組織では、ワークライフバランスを大事にしようとする取り組みが進んでいます。自分に合った働き方を見つけ、上司やチームと相談しながら調整することが重要です。

Q3 将来は、海外のスポーツに関わる組織で働きたいです。そのために高校生や大学生から準備できることはありますか？

A3 まずは、興味を持った組織がある国に実際に訪れてみることをおすすめします。その国の文化や言語を学びながら（できればスポーツもしながら！）、現地で働く人たちと話すことで、将来のイメージがより鮮明になるでしょう。

現地の組織で働くためには、現地の人よりも外国人であるあなたを雇うための理由が必要になります。そのためには、仕事をするうえで最低限支障をきたさない言語力と高い専門性が求められるでしょう。

文部科学省が「トビタテ！留学JAPAN」という官民協働の留学促進キャンペーンを展開しています。詳しくは、ウェブサイトを確認してみてください。

「私」がスポーツで世界や地域に貢献できるの？

篠原 果歩（スポーツ国際開発専門家）

スポーツで世界を良くしたい！

皆さんは「スポーツには世界を変える力がある」「スポーツは言語の壁を超える」という言葉を耳にしたり、実際に体感したことがありますか？　私はこれまでの仕事を通してこの２つの言葉を世界中で実感してきました。

私は国際パラリンピック委員会とローレウス・スポーツ・フォー・グッド財団にこれまで所属し、スポーツを通じて社会課題を解決する活動に取り組んできました。例えば、スポーツを通して障害への理解を深めるための学校向け教材を作ったり、女の子がスポーツに参加しやすい環境を整えるために、地域のスポーツチームや指導者に対して知識や助成金などを提供する支援を行ってきました。スポーツを通じて子ども・若者のために機会をより良くしていくことは、世界を良くしていくためのひとつの方法であり、スポーツは言語を超えた人と人とをつなげる手段なのです。

本当はスポーツと英語が苦手

昔の自分からみれば、今の自分は想像もつきません。まず私はスポーツをすることが苦手です。「(背が高いのに) なんでシュート入らへんねん」。中学生の頃バスケットボールの授業中、先生に言われた一言です。先生や友達から何気なく言われる言葉や「やらされている感」で、スポーツ・運動すること自体に苦手意識を持つようになっていました。一方で、スポーツが盛んな地域で育ったことからスポーツを観戦するのは大好きでした。

「スポーツを観戦することは好きだけど、運動が苦手な私にスポーツ関連でどんな仕事ができるんだろうか……」という疑問を解決する糸口になったのが、高校の修学旅行でアメリカのプロスポーツを観戦したときでした。当時は運動だけではなく、英語も苦手だったのですが、スポーツがエンターテインメントとして人々に楽しまれ、観衆同士がつながりを持ちながら熱狂する体験に感銘を受けました。そこから「スポーツを通じて豊かな社会を形成する」ことを軸に勉強や活動をすることになりました。

苦手意識をバネに

軸を持つようになってからは「とりあえずやってみよう」という想いのもと、「スポーツを通じて社会のためにできること」を念頭に行動を続け（相談にのってくださったオトナの方々、ありがとうございました！)、いつの間にか苦手だった英語を使いながら国際機関の一員として、苦手なスポーツを「楽しいからみんなも一緒にやろう」と呼びかけることが仕事になりました。苦手意識があることを活用して仕事をしているからこそ、どうやって多様な人を巻き込めるか、その人たちが参加するためのハードルを低くする仕組みづくりに励み、私たちの住む地球・国際社会の一員として、日本人として、どのように力になれるかを考えています。何よりワクワクする・楽しいと思う自分の素直な気持ちを大切に行動に移すことを心がけています。

皆さんはどんな苦手意識や違和感を自身や社会に対して持っていますか。皆さんが（本書を手に取られたということで）大好きなスポーツを手段として活用し、「それ」に取り組みませんか。世界は皆さんが思っているよりずっと近くてつながっています。私たちの暮らす社会を良くするために、ぜひ自分や世界に挑戦してみてください。

スポーツは「世界を変える力がある」そして、「あなたの世界観を変える力」もあるのです。

FILE 01

行政機関

行政機関は、法律や規則に基づいて公共の利益を図るための政策をつくり、それを実施しています。そのなかでも、スポーツに関する政策の策定と実施を「スポーツ行政」と呼びます。ここでは、スポーツ行政の仕事を国と地方自治体に分けて説明していきます。

国のスポーツ行政

国では、**スポーツ庁が中心となって、ほかの府省庁と協力してスポーツ行政を進めています**。具体的には、トップ選手の競技力向上に向けた支援をはじめ、スポーツ実施による健康増進や広く国民へのスポーツの普及、スポーツの成長産業化、スポーツ国際交流など、スポーツを通じたより良い社会の実現に向けた政策を推進しています。

例えば、トップ選手の競技力向上については、「第3期スポーツ基本計画」および「持続可能な国際競技力向上プラン」では、アスリートが居住地域に関わらずサポートを受けられる環境を整備することが掲げられました。この方針を具体化するため、スポーツ庁は「地域におけるスポーツ医・科学支援の在り方に関する検討会議」を設置し、2023年度より全国でスポーツ医・科学支援機能の向上を図る体制づくりの支援を始めています。

地方自治体のスポーツ行政

地方自治体は、**地域に根ざした様々な施策を担っています**。

例えば、地域のスポーツクラブや団体に対して補助金を提供し、その地域の子どもから高齢者まで幅広い層がスポーツに参加しやすい環境を整備しています。また、公共スポーツ施設の管理運営も大切な役割です。これらの施設は比較的低料金で利用することができ、地域住民にとって重要な健康増進の場となっています。そこでは地域住民に向けて、子どもたちの体力向上や高齢者の健康維持、障害者スポーツの推進など、地域のニーズに応じたスポーツや運動プログラムも提供されています。

さらに、地方自治体は地域活性化を目的として、マラソン大会をはじめとした多様なスポーツイベントを企画、実施しています。また、国際スポーツイベントを招致し、開催することで、スポーツ振

興のみならず地域経済の活性化や国際交流を推進している地方自治体もあります。

スポーツ行政のやりがい

国のスポーツ行政では、**日本全国を対象としたスポーツ政策を策定し、実施します**。これにより広く国全体のスポーツの発展に貢献することができます。

一方、地方自治体のスポーツ行政では、**各地域のニーズに応じた具体的な取り組みに関わり、地域社会に直接的な影響を与えることができます**。それぞれ異なる規模感やアプローチを持ちながらも、スポーツを通じたより良い社会の実現という大きなやりがいを実感することができるでしょう。

スポーツ行政に携わるためには

スポーツ行政は、政府機関、研究者、民間企業、競技団体など、様々な関係者と共に仕事を進めます。そのため、政策や手続きをわかりやすく説明し、異なる人々の意見やニーズを理解し、合意形成を図るといった調整能力が求められます。また、「スポーツ基本法」などの法令や「スポーツ基本計画」などのスポーツ政策に関する知識と理解が必要です。公共の利益を追求するための倫理感や責任感を持つことも重要です。

国のスポーツ行政に携わるためには、国家公務員試験を受けて、文部科学省（スポーツ庁は文部科学省の外局）もしくは関係府省庁に入る必要があります。また地方自治体の場合は、各自治体の採用試験を受ける必要があります。ただし、どちらの場合も、入職後にスポーツに関わる仕事ができるとは限りません。ほかにも、経験者選考によってスポーツに関連する特定の職（例えば、国際競技力向上に関する仕事やスポーツを通じた国際交流に関する仕事など）に採用される方法もあります。

また、**スポーツ行政に携わる道は日本国内に限られません**。東南アジアの国々をはじめ、スポーツ関連の行政機関において国際公募を行っている国もあります。日本で培われてきたスポーツ政策の知見が、世界で役立つこともあるでしょう。

● スポーツ庁が中心となり、他省庁とも連携して様々な施策を展開

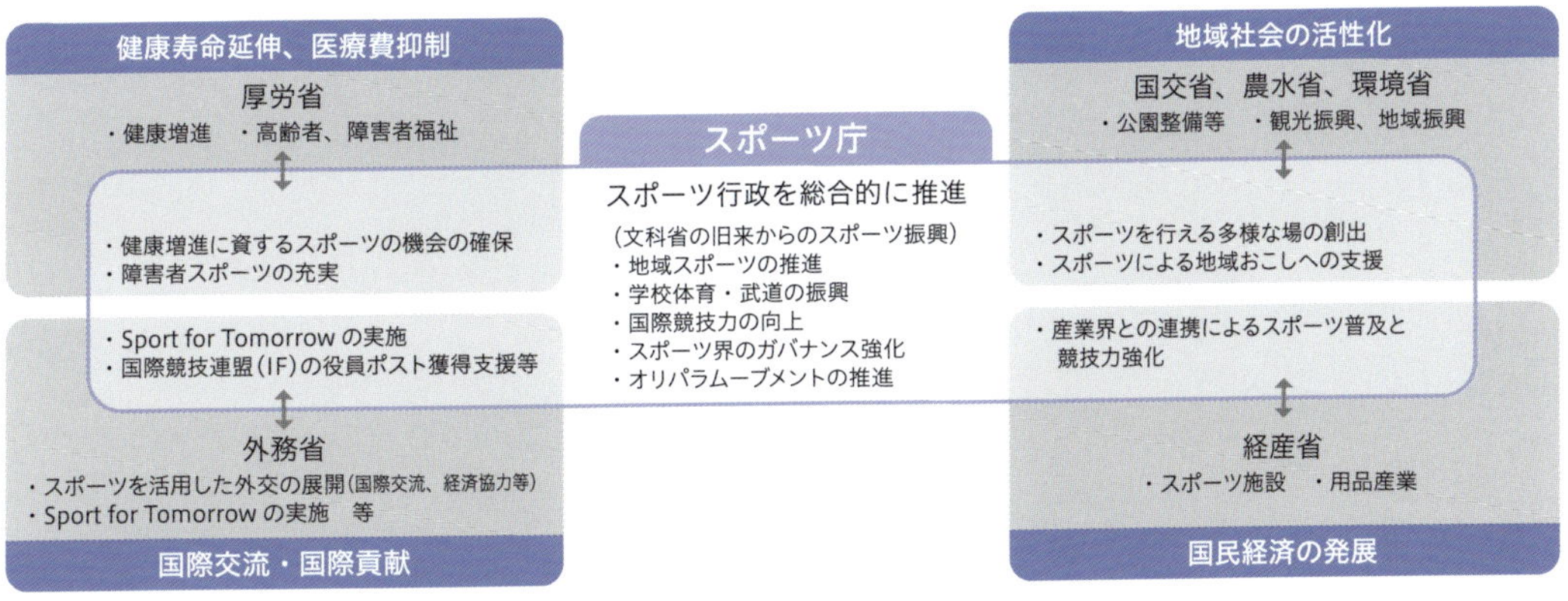

◆文部科学省で働くプロフェッショナル

国家公務員としてスポーツ行政で活躍

筒井 諒太郎さん

PROFILE

1987年生まれ、高知県出身。スポーツマネジメント（修士）。文部科学省初等中等教育局初等中等教育企画課。文部科学省入省後、スポーツ庁をはじめ、教育部局や内閣府出向など複数の行政分野を経験。2018〜2020年、イギリス大学院留学（スポーツマネジメント専攻）。

スポーツ行政の仕事

現在は、文部科学省初等中等教育局初等中等教育企画課という学校教育を所管する部局におりますが、文部科学省入省から3年目にスポーツ・青少年局（現スポーツ庁）に異動し、スポーツ庁の立ち上げ（２０１５年設置）に関わりました。その後は同庁で地域振興担当参事官という新たにできた部署に移り、大学スポーツ振興に関する検討会議の立ち上げに関わりました。

２０１８年から2年間は、スポーツ行政の専門性を高めたいと思い、国家公務員の留学制度を活用し、イギリスのラフバラ大学とロンドン大学の修士課程（共にスポーツマネジメント専攻）に留学し、スポーツ行政について学びました。修士論文では、日英のスポーツ行政の仕組みについての比較や中央競技団体のガバナンスコード（適切な組織運営をするうえでのルール）について研究していました。

帰国後は、スポーツ庁競技スポーツ課で、スポーツ医・科学政策やガバナンスコードの改定作業を担当しました。

スポーツ行政をライフワークに

私はもともと積極的にスポーツをしたり、見たりするような学生ではなく、スポーツの仕事を学生時代から志望していたわけでもありませんでした。文学部で哲学・倫理学を学んでいて、そもそも国家公務員志望の学生も周りに多くいませんでした。ゼミの先生であり、当時文部科学副大臣を務められていた鈴木寛先生の影響で教育行政に興味を持ち始め、国家公務員採用試験を経て文部科学省に入省しました。

文部科学省で働き始めて3年目にスポーツ・青少年局へ異動し、そこでの刺激的な経験からスポーツ行政を自分のライフワークとして追求したいと思うようになりました。今でこそ、学生時代にスポーツに関わらなかったことを後悔していますが、一歩引いているからこそ提供できる視点もあると思っています。

行政官の実務

スポーツ行政に限らず、官公庁全般において、仕事の進め方の基本形は同じです。ある政策について議論し国の方向性を決める際には、まず会議体をつくって、

Message

知られざるスポーツ行政の世界へようこそ

行政官はその事務局的な役割を担います。会議体が発足すると、会議の資料作成や関係者との連絡調整をします。会議では、多くの関係者との調整業務が重要な仕事になるので、コミュニケーション能力が求められます。また、会議の議題を事前に準備したり、会議で出た内容を報告書にまとめる業務があります。

加えて、担当する業界の構造を詳細に理解する必要があります。例えば、スポーツに関する政策を検討するときにスポーツ業界に関わる様々な職業に関する知識がないと、信頼関係も築けないので、日々アンテナを高く立てて情報収集していく姿勢が求められます。

スポーツ行政の未来を切り拓く

国におけるスポーツ行政の仕事は、政策という形で日本のスポーツ分野の大きな方向性を決めていく非常にインパクトのあるものですので、魅力的であるとともに責任のある仕事だと感じています。また、研究者や民間企業、競技団体の役員など、スポーツ分野の様々な関係者との調整を積み重ねながら施策を推進させていくことは、スポーツ行政の仕事ならではのやりがいだと感じています。

スポーツ行政の分野は、まだ成熟していないと思っています。様々な法律や制度が整備されていないので、ほかの行政分野に比べると新しい制度などをつくっていける反面、スポーツ団体関係者をはじめとするステークホルダーと議論を戦わせるためにも、自ら進んで学んでいく姿勢が本当に大事になってきます。また、国際性の強い分野なので海外の動きにも常に関心を持っておかなければなりません。それを面白いと思う人はスポーツ行政に向いている人かもしれません。

スポーツ分野で働きたいから国家公務員になる、といった方が増えると国のスポーツ行政も活性化し、発展していくと思います。「スポーツ行政のパイオニアになる」という気概がある方にぜひチャレンジしてもらいたいと思います。

FILE 02

スポーツ団体

スポーツ団体は、各スポーツの振興を支える重要な組織です。これらの団体は、大きく分けて、国際的な活動を行う「国際競技団体」と、各国国内で活動を行う「国内競技団体」の2つに分類されます。

国際競技団体とは

国際競技団体は、各スポーツにおいて、世界各国を統括する役割を持ちます。例えば、サッカーの国際サッカー連盟（FIFA）、陸上競技の世界陸連（World Athletics）などが挙げられます。

それらの国際競技団体は、世界における各スポーツの競技ルールの策定、教育や普及、審判の講習や派遣、指導者育成などに携わっています。また、世界選手権などの国際大会を主催し、大会組織委員会と共に運営することも大切な役割です。

国内競技団体とは

国内競技団体は、国際競技団体に加盟し、各国国内における各スポーツの振興を担っています。日本であれば、公益財団法人日本サッカー協会や公益財団法人日本陸上競技連盟などが挙げられます。

国内競技団体は、具体的には、国内における各スポーツの競技ルールの策定、大会の企画や運営、国際大会への選手選出および派遣を行っています。さらには、国内における各スポーツの教育や普及、審判の講習や派遣、指導者育成なども重要な役割です。

スポーツ団体の仕事

スポーツ団体には大きく分けて役員、委員、事務局職員が働いています。

理事などの役員は団体の大きな方針や戦略を決定します。

委員は、競技ルールや医事、審判などの専門委員会に属し、特定の専門分野に関する方針を定めます。

事務局職員は組織の運営を支える仕事で、大会の企画や運営、競技の進行管理、大会の情報発信やメディアとの連携、スポンサー営業、グッズの販売、審判や指導者の育成など多岐にわたる業務があります。ほかにも、バックオフィスと呼ば

れる経理・財務、法務、人事総務の仕事があります。

スポーツ団体で働くやりがい

国際競技団体で働くことで、全世界における当該スポーツの発展と普及に関わることができます。また、様々な国の人々と協力しながら仕事をするため、国際的なネットワークを築くことができるでしょう。

国内競技団体では、当該スポーツに参加する人たちのために国内の環境を整え、文化を醸成することに貢献できます。選手やコーチなどとも直接的に関わることが多く、現場に近い仕事といえます。また、地域コミュニティと密接に関わる仕事をする機会も多いので社会貢献もできます。

国際競技団体と国内競技団体は仕事の範囲や内容に違いはありますが、共にスポーツの振興に役立っており、それらの仕事は大きなやりがいを実感させてくれるものです。

スポーツ団体で働くために

国際競技団体では、職員募集は公募によって行われます。基本的には、空いたポジションがあればウェブサイトに公募情報が公開され、各ポジションに応募をする流れです。世界中から即戦力になる人材の応募が殺到するため、英語などの語学力はもちろん、当該競技団体における各ポジション（経営企画、広報、法務など）に沿った専門知識やスキル、職務経験が求められます。

また、役員や専門委員会委員は加盟している国内競技団体による選挙で選出されるか、会長や理事会から指名される必要があります。特に役員は、国際競技団体の大きな方針に関わるため、日本では、スポーツ庁が中心となって、日本人役員の増加を目指した施策に取り組んでいます。

国内の競技団体の場合、競技団体の規模によって中途採用が中心の団体もあれば、新卒採用を行っている団体もあります。なかには、本業のかたわら競技団体で副業として働く人を採用している団体もみられます。

団体が掲げているスポーツの競技経験がないと採用されないと思われがちですが、そんなことはありません。そのスポーツの振興に貢献したいという思いと共に、各ポジションに沿った専門知識やスキル、職務経験があれば、応募する準備は整っていると考えてよいでしょう。また、役員や専門委員会委員は、理事会または評議会によって選任されます。

PICK UP そのほかのスポーツ団体

本文では主に競技団体について紹介をしましたが、スポーツ団体には「日本スポーツ協会」「都道府県体育・スポーツ協会」「日本中学校体育連盟」「全国高等学校体育連盟」「大学スポーツ協会」「日本プロサッカーリーグ」「日本プロ野球機構」といった公法人もあります。

一方で、格闘技のように私法人として運営されているスポーツ団体もあります。例えば「UFC（Ultimate Fighting Championship）」（アメリカ合衆国の総合格闘技団体）や「One Championship」（シンガポールを拠点とする総合格闘技、ムエタイ、キックボクシング団体）は、今や世界規模のビジネスになっています。

◆世界パラ陸上競技連盟で働くプロフェッショナル

国際大会の運営担当として活躍

大久保マイケル拓磨さん

PROFILE

1997年生まれ、茨城県出身。World Para Athletics Competition Coordinator。日本大学卒業後、日本陸上競技連盟、東京2020組織委員会を経て、ドイツ体育大学ケルンにて修士（オリンピック学）を取得。世界陸連での勤務経験を経て、現職。

大会開催のプロジェクトマネジメント

私の仕事は、世界パラ陸上競技連盟（ＷＰＡ）が主催する大会のプロジェクトマネジメントです。世界各地で行われる世界選手権大会などを大会組織委員会と準備し、運営に関わる各担当者に引き継ぎすることが仕事です。

視察を通じて大会組織委員会との信頼関係を築くことから始まり、全体スケジュールの作成、各担当者への業務割り当てをし、細部にわたって計画通りにプロジェクトが進行しているかモニタリングします。また、ウェブサイト、メール、オンラインセッションなどを通して各国チームへ情報を共有してもらうといったチームサービス的な役割も担っています。

大会期間中は、運営上の役割は持たずに、世界パラ陸上競技連盟の代表と共に行動し、問題があった場合に対処します。

大会開催のプロジェクトは、年間2、3大会ほど担当しており、大きな大会をひとつ担当しながら、ＷＰＡが主催するグランプリシリーズを少しずつ担当します。

陸上競技の経験と英語を活かして

中学時代から陸上競技を始め、高校では４００ｍハードルでインターハイ５位に入賞しました。この経験から陸上競技を続けたいと考え、日本大学に進学し、陸上部に所属しました。英語が得意だったため、部活動の監督が海外の指導者を招いて研修会を開催した際には、私が通訳を務めていました。この経験をきっかけに、日本陸上競技連盟の翻訳・通訳の仕事を任せてもらうようになり、大学卒業後、同連盟事務局に入局しました。そこで1年間、主に競技会の運営を担当し、日本で開催された「世界リレー」をはじめ、多くの国内大会の運営に関わりました。

そうしたなかで、東京２０２０オリンピックの大会前の視察で、国際オリンピック委員会や国際競技団体の方々のなかにアジア人や日本人が少ない現状に違和感を覚えました。それならば、私が日本人として国際競技団体で働こうと考え、そのためにはさらなる学びが必要であると思い、大学院への進学を決意しました。大学院では、ドイツ体育大学ケルンのOlympic Studies修士プログラムという33か国から36人が集まる国際的な環境で、スポーツ政治学を学びました。同時に、国際陸上競技連盟で広報として働き、東京2020オリンピックにも参加し、非常に密度の濃い1年間を過ごしました。

国際陸上競技連盟との契約終了後、WPAの公募に応募し、面接を経て採用されました。WPAにはスタッフが9名しかおらず、そのなかでも大会担当は2、3名で仕事は大変ですが、国際的な環境で働けることにやりがいを感じています。また、陸上競技という共通言語を通じて、様々な国の人と知り合い、コミュニケーションをとれるのは本当に素晴らしいことです。陸上競技をしていた身として、世界選手権に携われること自体も誇らしく思います。

そして、大会に参加した選手が喜ぶ姿を見るたびに、この仕事をしてよかったと感じます。選手が自分のパフォーマンスを最大限に発揮し、大会を盛り上げてくれることに、運営側として大きな喜びを感じます。

国際競技団体で働くには

国際競技団体で働くには、ほぼネイティブレベルの英語力が求められます。また、競技の基本的なルールを理解する必要もありますし、競技の大会運営についても詳しいことが求められます。さらに、複数の締め切りがあるタスクを管理するために、プロジェクトマネジメント能力は非常に重要です。

学生時代の経験を振り返ると、もっと陸上競技の記録会運営に携わっておけばよかったと感じます。陸上競技の大会運営を経験してきた人は多くないので、若いうちから大会運営を経験することは大いに役立つと思います。

大会運営に限らず、仕事では「細かい人」になることが重要です。「細かい」というとネガティブに聞こえるかもしれませんが、細かいミスが積み重なると大きな問題に発展する可能性があります。細かいことに注意を払い、ミスを未然に防ぐことが、自分の力になります。

Message

「細かい人」になろう。それが必ず力になる

FILE 03

スポーツ振興センター

多くの国では、国が策定したスポーツ政策の実施を担う公的な機関が存在します。例えば、日本の「日本スポーツ振興センター」、オーストラリアの「オーストラリア・スポーツ・コミッション」、フランスの「国立スポーツ振興センター」、インドの「インドスポーツ機関」などが挙げられます。

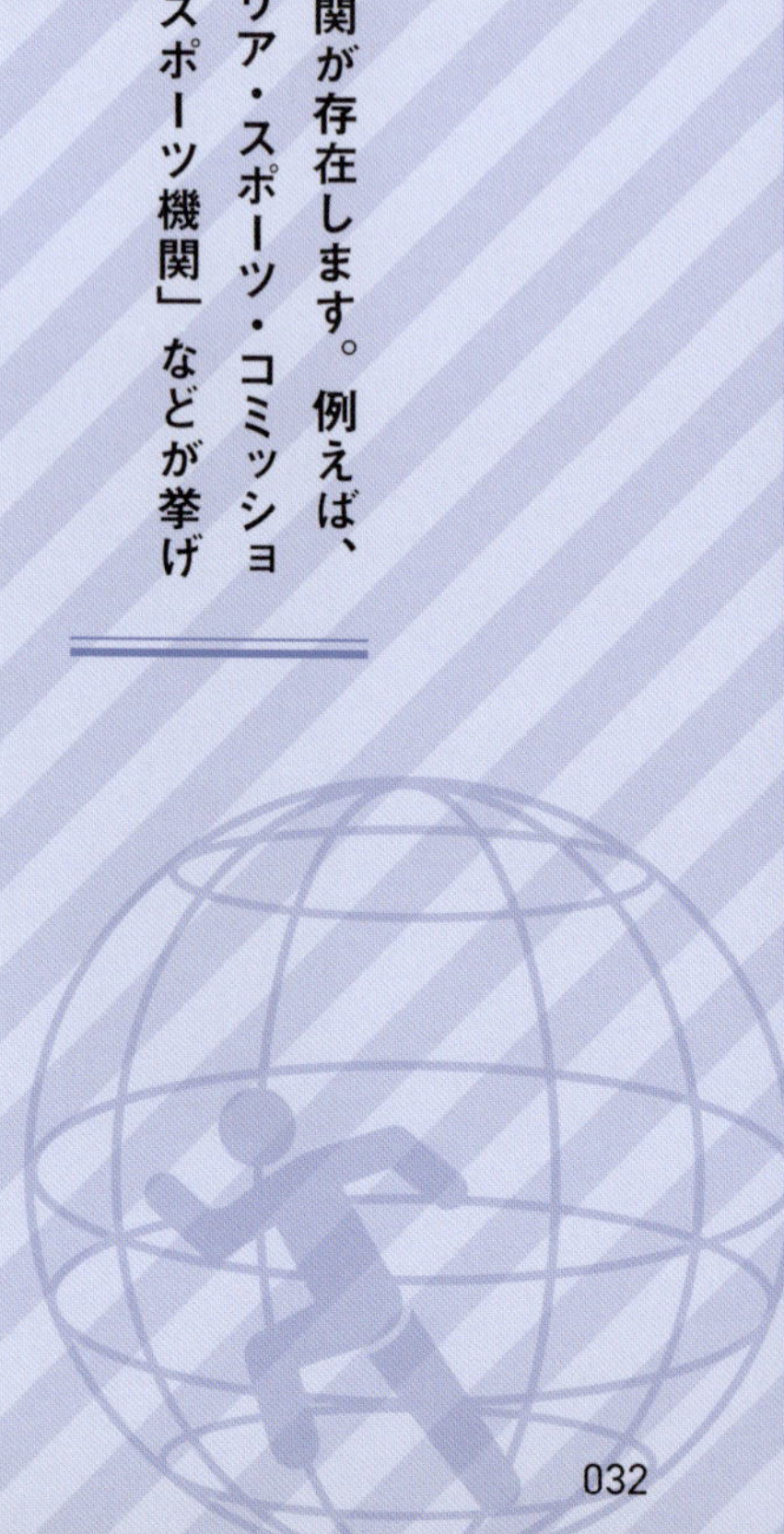

日本スポーツ振興センター（JSC）

文部科学省とこども家庭庁の共管する独立行政法人であり、スポーツの振興や子どもたちの健康の保持増進のため、スポーツ施設の適切で効率的な運営、スポーツの振興のために必要な援助、学校管理下の災害に対する給付、スポーツや子どもたちの健康の保持増進に関する調査研究などを行い、国民の心身の健全な発達に貢献することを目的としています。

日本のスポーツ振興の中核機関として、スポーツ基本法やスポーツ基本計画に基づき、国、地方公共団体、スポーツ関係団体などと連携・協働しながら、スポーツの発展を支えるとともに、学校管理下における子どもたちの事故を限りなく少なくさせるため、学校保健安全法などに基づき、学校安全に係る施策に取り組んでいます。

具体的な業務として次のものが挙げられます。

・スポーツ施設の運営およびスポーツの普及・振興に関する業務
・国際競技力向上のための研究・支援等に関する業務
・スポーツ振興投票等業務（「ｔｏｔｏ」「ＢＩＧ」「ＷＩＮＮＥＲ」などのスポーツくじ）
・登山に関する指導者養成および調査研究業務
・関係機関との連携・協働に関する取組
・災害共済給付事業
・スポーツ・インテグリティの確保に関する業務
・スポーツ振興のための助成業務
・スポーツ博物館・図書館の管理・運営業務
・その他の受託業務

また、ＪＳＣ内には、国際競技力向上のための研究・支援等に関する業務を実施する機関として、ハイパフォーマンススポーツセンター（ＨＰＳＣ）が設置されています。ＨＰＳＣでは、オリンピック競技とパラリンピック競技を一体的に捉え、国立スポーツ科学センターとナショナルトレーニングセンターが持つスポーツ医・科学、情報等による研究、支援および高度な科学的トレーニング環境を提供し、ハイパフォーマンススポーツの強化に貢献しています。

スポーツ政策実施機関で働くやりがい

スポーツの振興とスポーツを通じた国民の心身の健康増進や豊かな生活の実現に貢献できることは、大きなやりがいとなります。また、ハイパフォーマンススポーツに関わる事業では、次世代の選手からトップ選手までと直接関わり、支援することになるので、ハイパフォーマンススポーツに興味のある人にとって非常に魅力的な職場だと思います。

スポーツ政策実施機関で働くために

スポーツ政策実施機関では、各国行政機関で策定されたスポーツ政策の実質的な実施を担うため、それぞれの政策分野を実施できるだけの専門性が求められます。例えば、国際競技力向上のためのスポーツ科学・研究に関わる業務を担当する場合、スポーツ科学のなかでも生理学やバイオメカニクスの分野で博士号を取得するなどの専門性を持ったうえで、実際に代表選手の科学的支援をします。また、世界中のスポーツ機関と連携して働くこともあり、語学力や国際感覚を持つことも大切です。そのような力があれば、ほかの国々にある同様のポジションにも応募することができます。

日本スポーツ振興センターでは、文部科学省文教団体職員採用試験（一般事務職）、ホームページや求人サイトにおける公募等（一般事務職・研究系・技術系・専門職）で採用を行っています。

● 日本スポーツ振興センター組織図

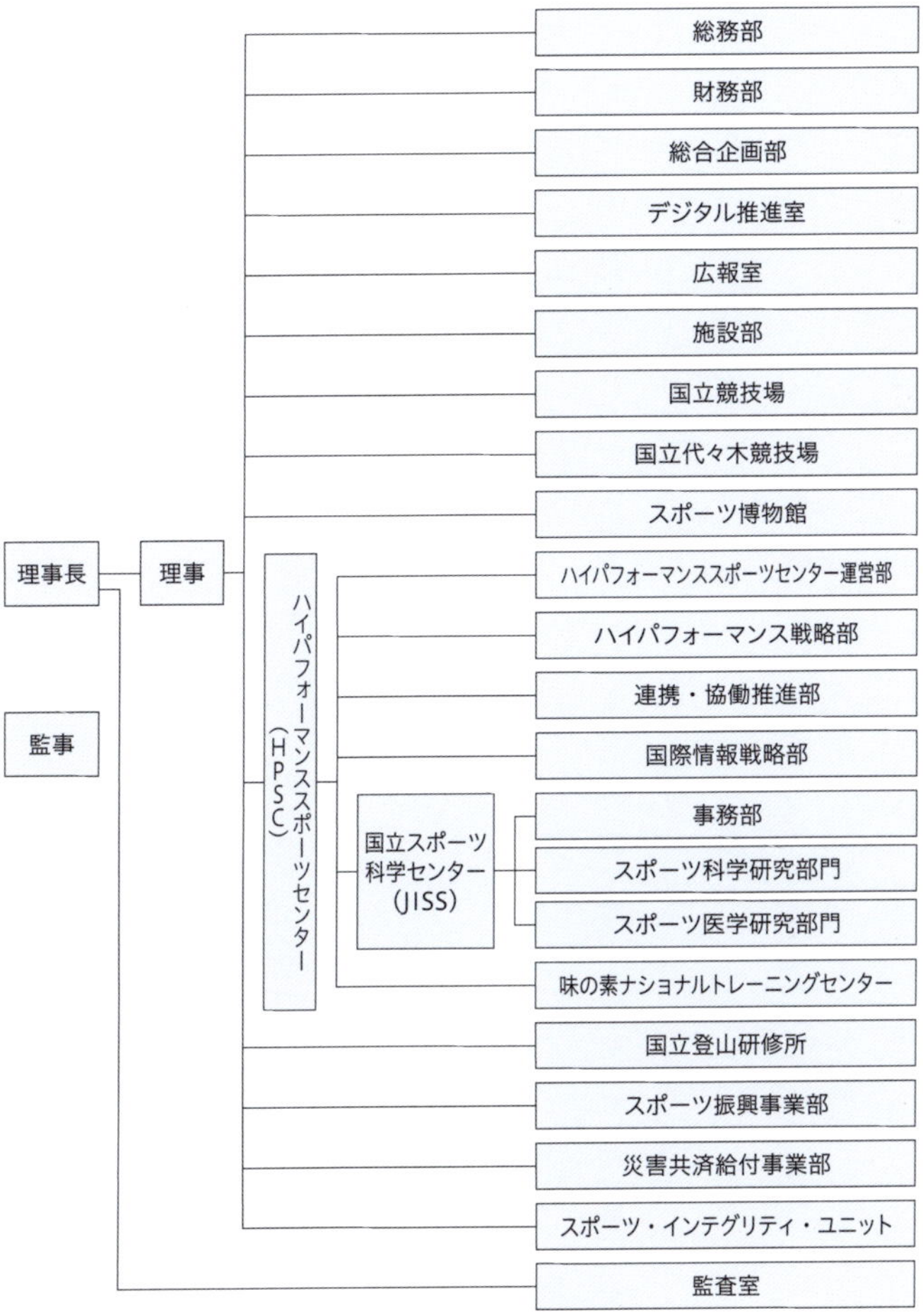

INTERVIEW

◆日本スポーツ振興センターで働くプロフェッショナル

スポーツの振興を図るとともにアスリートの育成を科学的にサポートする

衣笠 泰介さん

PROFILE

1975年生まれ、茨城県出身。日本スポーツ振興センター ハイパフォーマンススポーツセンター 国立スポーツ科学センター スポーツ科学研究部門 副主任研究員。専門はスポーツ生理学。シンガポールスポーツスクール、シンガポールスポーツインスティテュートで勤務経験を持つ。

アスリート育成パスウェイとトータルコンディショニング

私は、日本スポーツ振興センター（JSC）ハイパフォーマンススポーツセンター、国立スポーツ科学センター（JISS）のスポーツ科学研究部門に所属しています。

JSCでは、子どもがスポーツに触れてからトップ選手に至るまでの過程である「アスリート育成パスウェイ」の構築を支援しています。日本のスポーツの選手育成の包括的な枠組みである「日本版FTEM」を活用し、20以上の中央競技団体と共にトップ選手に至るまでの地図であるパスウェイモデルを構築支援しています。

JISSでは、各専門分野のスポーツ科学者が協力して包括的な活動を行う「トータルコンディショニング」の概念を活用し、ハイパフォーマンススポーツにおける研究と支援の在り方などについて研究しています。

スポーツ科学者として選手をサポートする道へ

幼少期から水泳、スキー、サッカー、バレーボールなど様々なスポーツに取り組んできた私は、スポーツについて深く探求したいという想いから筑波大学に進学しました。高校と大学ではテニスに熱中していましたが、大学3年生のときに腰痛になったことをきっかけに、スポーツ科学やコンディショニングに興味を持つようになりました。これを機に硬式庭球部の学生トレーナーとして活動し、選手を科学的にサポートすることに魅力を感じ始めました。

大学院修士課程でコンディショニングの研究をしていた際に、オーストラリアのクイーンズランド大学のSue Hooper先生の論文に触れ、その研究に深く感銘を受け、博士課程の学生として学ぶことを決断しました。シドニー2000オリンピックのときにオーストラリアに留学し、トップ選手のコンディショニング評価に関する研究でPhDを取得することができました。アテネ2004オリンピック以降は、シンガポールに移り、シンガポールスポーツスクールや、シンガポールスポーツインスティテュートでの仕事を経験しました。

シンガポールスポーツスクールでは、ユース世代の選手の科学的サポートを提供しているなかで、北京2008オリンピックにおいて、サポートしていた競泳選手が100mバタフライの決勝に進出し、シンガポールの女性選手として初めて5位入賞を果たしたことが印象に残っています。

12年間の海外経験を通じて、「自分が日本人であること」を自覚し、スポーツ科学者として日本人選手をサポートしたいという想いが強くなりました。ロンドン2012オリンピックの後、JSCがスポーツタレントの発掘・育成システムを構築する文部科学省のプロジェクトを立ち上げることを知り、自らの経験と知識、スキルを活かして日本の未来の選手を支援するためにJSCに就職しました。

スポーツ振興の一助として

今後、少子化が進み、スポーツをしていない子どももいるなかで、スポーツ実施率を高めるための方策のひとつとして、中央競技団体が構築したパスウェイモデルの活用があります。パスウェイモデルを用いることで、競技の魅力だけでなく、各競技を通して得られる経験や可能性を子どもに伝えることができます。これにより、オリンピックやパラリンピックの80種目ものなかから適性のあるスポーツを見つけるきっかけになります。最終的には、選手としてだけでなく、引退後もスポーツや選手をささえる者として関わり続ける可能性が高まることで、スポーツ環境の整備やスポーツ振興につながる可能性があります。

既存の枠組みを変えよう

日本のスポーツ環境は今見直しの時期であり、特にハイパフォーマンススポーツでは、進化し続けるスポーツ環境が求められています。一方で、スポーツに関わる仕事は専門性が多様化しており、10年後にスポーツのどの仕事が残っているかは不透明です。そのため、好奇心や情熱だけでは既存の枠組みは変えられません。こうすれば日本のスポーツ環境がより良くなるというビジョンを即行動に移せる新たな人材が、日本のスポーツの可能性をさらに押し広げることができると信じています。

Message

あなたの探究心、情熱、行動力が、スポーツの可能性を切り拓く

FILE 04

オリンピック・パラリンピック委員会

オリンピック・パラリンピック委員会は、選手にとって「世界最高峰のスポーツ大会」と呼ばれるオリンピックとパラリンピック競技大会を運営する組織です。同委員会は、これらの大会を主催し、スポーツを通じた世界平和と社会の発展を目指しています。また、国内の各委員会は、選手の選出や育成を行い、国内スポーツの振興に努めています。

オリンピック・パラリンピック委員会とは

国際オリンピック委員会（IOC）は、夏季、冬季、ユースオリンピックを含むオリンピック競技大会を主催する非政府組織（NGO）です。20頁でも触れましたが、IOCは「スポーツを通じてより良い世界を築く」というビジョンを描いています。その実現のために、オリンピズムに則り、全世界でオリンピック・ムーブメントを主導する役割を担っています。

一方、各国には国内オリンピック委員会（NOC）があります。これは、国内または地域内のオリンピック代表団を選出し、管理する責任を持っています。また、NOCは国内のスポーツ選手の育成・強化にも取り組んでおり、オリンピズムに基づいてスポーツの普及と振興に寄与するための活動も行っています。

国際パラリンピック委員会（IPC）は、障害のある選手が競い合う、パラリンピック競技大会を主催しています。これには夏季と冬季のパラリンピックが含まれます。IPCの描くビジョン（未来像）は、「パラスポーツを通じてインクルーシブな世界をつくること」です。そのために、IPCはパラリンピック・ムーブメントを全世界で主導し、障害のある人々にも平等にスポーツに参加する機会を提供するための活動を行っています。

各国には国内パラリンピック委員会（NPC）が設置されており、国内のパラリンピック代表団の選出と管理を行っています。NPCは国内のパラリンピック・ムーブメントを推進し、障害者スポーツの発展に努め、パラスポーツ選手の育成と強化に重点を置いています。

オリンピック・パラリンピック委員会の仕事

オリンピック・パラリンピック委員会の仕事は多岐にわたります。IOC・IPCの場合、大会運営、競技管理、広報、マーケティング、渉外、経理・財務、法務、人事総務などが挙げられます。また、オリンピック放送機構（OBS）というオリンピック・パラリンピックのホスト放送局の仕事もあります。

NOC・NPCは、国内選手のサポートを行います。具体的には、大会派遣やスポーツ選手の育成・強化、広報、マーケティング、渉外、経理・財務、法務、人事総務の仕事があります。これらに加えて、理事会やアスリート委員会をはじめとする各種専門委員会が設けられています。

オリンピック・パラリンピック委員会でのやりがい

スポーツを愛する皆さんにとって、オリンピック・パラリンピック競技大会に関わることはとても魅力的だと思います。国際組織で働き、世界中の人々と協力しながら、スポーツを通してより良い社会をつくるための活動に貢献することで、大きなやりがいを感じられるでしょう。

NOC・NPCという国内組織での仕事もまた、国際的な舞台での経験を積むことができる貴重な機会です。ここでは、国内のトップ選手と直接関わり、国のスポーツの発展に貢献ができます。

オリンピック・パラリンピック委員会で働くために

IOC・IPCでは、国際競技団体と同様に、職員募集は公募によって行われます。空いているポジションがある場合、公式ウェブサイトに公募情報が掲載され、オンラインで応募をすることができます。求められる知識やスキル、経験はポジションによって異なりますが、世界中から即戦力となる人材の応募が殺到するため、英語やフランス語などの語学力や、法務であれば法律、経理・財務であれば会計などの高度な専門知識、そして豊富な実務経験は欠かせません。

日本のNOCである「公益財団法人日本オリンピック委員会」では、特定のポジションに関わらない、新卒者の採用も積極的に行われています。また、NPCである「公益財団法人日本パラリンピック委員会」は、「公益財団法人日本パラスポーツ協会」の内部組織であるため、日本パラスポーツ協会を通じて新卒採用が行われています。

オリンピックの3つの価値

卓越 (Excellence)	友情 (Friendship)	敬意 / 尊重 (Respect)
スポーツに限らず人生においてベストを尽くすこと。大切なのは勝利することではなく、目標に向かって全力で取り組むことであり、体と頭と心の健全な調和をはぐくむことである。	スポーツでの喜びやチームスピリット、対戦相手との交流は人と人とを結び付け、互いの理解を深める。そのことは平和でよりよい世界の構築に寄与する。	互いに敬意を払い、ルールを尊重することはフェアプレー精神をはぐくむ。これはオリンピック・ムーブメントに参加するすべての人にとっての原則である。

パラリンピックの4つの価値

勇気 (Courage)	強い意志 (Determination)	インスピレーション (Inspiration)	公平 (Equality)
マイナスの感情に向き合い、乗り越えようと思う精神力	困難があっても、諦めず限界を突破しようとする力	人の心を揺さぶり、駆り立てる力	多様性を認め、創意工夫をすれば、誰もが同じスタートラインに立てることを気づかせる力

◆日本オリンピック委員会で働くプロフェッショナル

オリンピックで活躍する選手を支える仕事

秋葉 将秀さん

PROFILE
1976年生まれ、神奈川県出身。日本オリンピック委員会強化部副部長。日本体育大学体育学部社会体育学科、ニューヨークに留学および音楽レーベル会社でインターンシップ。横浜マリノス、日本オリンピック委員会、東京2020組織委員会で勤務経験を持つ。

選手の最高のパフォーマンスのために

私は日本オリンピック委員会の強化部に所属しています。仕事は、競技スポーツにおける統括団体として、主にオリンピックに参加する競技団体と協力して、選手が試合で最高のパフォーマンスを発揮できるよう環境を整えることです。そのために、国やスポンサーからの支援および協力を得て、活動資金等を各競技団体に分配（合宿や国際競技大会での活動費用等の支援）、オリンピック競技大会への派遣、そしてスポーツ界の将来を見据え中長期的な強化戦略の策定を行っています。

国際競技大会における具体的な業務としては、会場や選手村で利用する大会参加証の登録手続、代表ユニフォームの採寸、事前視察と最新情報の共有、宿泊棟や医務室の準備等の業務を行い、細かな配慮をしながら環境整備に努めています。

試合は、勝ったり負けたり、喜びや悔しさはありますが、選手の活躍を目の前で見ると「このために仕事をしている」という充実した実感を得られます。また、国民の皆様が喜び、感動していただけることは大変うれしいですね。

スポーツの仕事に関わるまで

子どもの頃からスポーツが好きで、中学校では野球、高校では野球とバスケットボールを行っていました。日本体育大学に進学し、卒業後はスポーツチームで仕事をしたいと考えていました。就職活動では、いくつかのプロスポーツチームに履歴書を送りアプローチをしましたが、思うような結果は得られませんでした。

それでも諦めず、スポーツ業界で働くために、まずは足りない英語力を磨こうと考え、アメリカはニューヨークへの留学を決意しました。留学中は英語を学ぶだけでなく、スポーツマネジメントのクラスを受講し、さらには音楽レーベルでインターンシップを行い、エンターテインメント業界でも貴重な経験をしました。

30歳を目前にして帰国し、再びスポーツチームの仕事を探し始めました。幸いにも横浜F・マリノスのフロント職に就くことができ、スポンサー営業や地域活動への貢献など、多岐にわたる業務を行いました。これまでの経験等を評価いただき、あわせてご縁もあり、日本オリンピック委員会へ転職しました。広報・マーケティング・事業・強化を17年間担当し、その内の5年間は東京2020オリンピック・パラリンピック組織委員会に出向し広報を担当しました。

スポーツの仕事の多様な魅力

これまでオリンピックやアジア競技大会等でTEAM JAPANの一員として汗をかき、選手たちが共に競い合い健闘を称え合う、とても素晴らしい瞬間を見てきました。また、スポーツを通じた「夢」「幸せ」「未来」等を感じる、あるいは感じとっていただくこともありました。

また、オリンピックに出場した陸上競技の選手が走り方を指導したことにより、「陸上競技を好きになり始めました」「物事を前向きに取り組めるようになりました」と言ってもらえることがあります。スポーツやトップ選手に触れたことをきっかけに、人生が前向きになっていく、このような機会に携われることもこの仕事の魅力のひとつです。

コミュニケーションの大切さ

スポーツにも多様な仕事があります。どの仕事も1人ではできません。様々な方々と協力して進めていく能力が求められます。そのためにはコミュニケーションが不可欠です。学生時代の友人・知人は、社会人になっても大切な仲間なので多くの方々と継続したコミュニケーションを行い、ネットワークを構築しておくことも重要です。私自身、大学の友人とスポーツの現場で会えば情報交換を行い、仕事でわからないことがあれば相談をします。

個人的な活動になりますが、スポーツ業界で働くことを希望する皆さんを、微力ではありますがサポートできるような活動もしていきたいです。積み重ねてきた知識や経験を、できる限り多くの人と共有し、皆さんと一緒に成長していきたいと思います。

Message

一歩一歩を丁寧に、そして確実に。前を向いて歩みを進めよう

FILE
05

大会組織委員会

スポーツの大会組織委員会は、特定のスポーツ大会を企画し、運営するための期間限定の組織です。この組織は、大会がスムーズに行われ、選手たちが最高のパフォーマンスを発揮できるようにサポートします。主な大会には、オリンピック・パラリンピック競技大会やアジア大会などの地域大会、各スポーツの世界選手権が挙げられます。

大会組織委員会の目的と役割

大会組織委員会は、スポーツ大会の企画、準備、運営、そして次の大会に引き継ぐための時限的な組織です。大会組織委員会の主な目的は、それぞれの大会を「成功」させることです。例えば、オリンピック・パラリンピック競技大会の組織委員会は、ＩＯＣ・ＩＰＣによって選出された招致都市が立ち上げ、その大会の準備や運営を一手に担います。ほかにも、アジア大会などの地域大会や各スポーツにおける世界選手権の開催に向けて設立されることがあります。

大会組織委員会は、大会の準備、実施、引き継ぎまで、様々な段階で多様な業務があるため、いくつもの部署で構成され、多くの異なる役割を持つ人たちが働いています。例えば、世界最大のスポーツ大会のひとつであるオリンピック・パラリンピック競技大会を見てみましょう。東京２０２０組織委員会では、大会の準備段階で、総務局、企画財務局、広報局、マーケティング局、国際局、スポーツ局、大会運営局、警備局、テクノロジーサービス局、会場整備局、輸送局の11局によって編成され、50を超える様々な機能・部門をそれぞれが分担していました（図「東京２０２０組織委員会の各局と機能・部門」参照）。

東京２０２０オリンピックは、２０５の国と地域のオリンピック委員会と難民選手団から1万１４２０人の選手が、東京２０２０パラリンピックには１６１の国と地域のパラリンピック委員会と難民選手団から４４０３人の選手が参加しました。競技は43の異なる競技会場で行われました。この大会は新型コロナウイルスの感染拡大という困難な状況のなか、原則、無観客で行われましたが、通常、選手たちだけでなく、各国からのスタッフやオリンピック・パラリンピック関係者、観光客も訪れる大規模な大会です。そのため、大会組織委員会にも非常に多くの関係者が関わり、複雑で多様な仕事

を全ての人が一丸となって進めることになります。

やりがいと魅力

大会組織委員会は、数日から数週間の開催期間の大会のために、数年間にわたって準備をします。世界中から集まった様々な専門性を持つ人々と共に、大会の開催に向けて働くことは、非常にやりがいのあることです。また、大会をただ開催するだけでなく、選手が最高のパフォーマンスを発揮できる環境を整えたり、世界中の観客に感動を与えたり、大会を通じて社会に良い影響をもたらすことにも貢献ができます。大会が無事に終了したとき、その成果に対して喜びや誇りを感じられると思います。

大会組織委員会で働くために

大会組織委員会では、様々な機能・部門があり、それぞれに専門性が要求されます。

また、国際的なスポーツイベントの大会組織委員会は、官民連携事業として、政府や地方自治体、民間企業と連携して運営されることが多いです。そのため、公務員や民間企業からの出向者、直接雇用された職員など、様々な背景を持つ人々が一緒に働いています。こうした多様な人々が集まる組織で働く際は、異なる立場や文化の人と効果的にコミュニケーションをとる能力が非常に重要です。また、世界中からの大会参加者に適切に対応するためには、国際的な教養やインクルーシブな視点が求められます。これには、異なる言語や文化を理解し、みんなが受け入れられるような環境をつくることが含まれます。また、大会は人間だけでなく環境にも配慮する必要があり、持続可能な方法で大会を運営する倫理観を持つことが必要でしょう。

最初に述べたように大会組織委員会は時限的な組織なので、大会終了後は解散しますが、そこで働いた経験は、スポーツ業界でのキャリアアップには大きな足がかりとなると思います。

● 東京2020組織委員会の各局と機能・部門

総務局	法務、リスクマネジメント、人事管理、持続可能性
企画財務局	文化、教育、レガシー、財政、調達
広報局	プレスオペレーション、コミュニケーション、顧客経験、都市活動、ライブサイト
マーケティング局	大会のブランド・アイデンティティ・ルック、ブランド保護、ビジネス開発、チケッティング、ライセンシング、マーケティングパートナーサービス
国際局	NOC・NPCサービス、オリンピックファミリーサービス、言語サービス、情報・知識マネジメント
スポーツ局	スポーツ、国際競技団体サービス
大会準備運営局	会場マネジメント、イベント・サービス、テストイベントマネジメント、計画調整、運営実践準備管理、放送サービス、アクレディテーション、選手村マネジメント、メディカルサービス、都市運営調整、コミュニケーション・コマンド・コントロール、道案内標識、飲食、ドーピングコントロール、国・自治体調整、清掃
警備局	警備
テクノロジーサービス局	テクノロジー
会場整備局	会場インフラ、エネルギー
輸送局	輸送、宿泊、出入国、ロジスティクス
パラリンピック統括局	パラリンピックインテグレーション
セレモニー室	セレモニー
聖火リレー室	聖火リレー

◆パリ2024組織委員会で働くプロフェッショナル

テコンドー・パラテコンドーの競技運営で活躍

Yuchi (Karen) Huangさん

競技運営の舞台裏

私は、パリ2024オリンピック・パラリンピック競技大会組織委員会で、テコンドー・パラテコンドーのテクニカルオペレーション、シニアマネージャーとして働いています。担当業務は、テコンドー・パラテコンドーの競技運営に関わる計画、準備、そして実施です。競技運営の準備は、実際の試合だけではなく、競技スケジュールや機材の準備、そしてトレーニング会場の準備といった舞台裏での作業も含まれます。

日々の業務は、大会当日に競技がスムーズに進行するために必要となる、会場内での選手や審判の動きと導線の管理から、放送計画や競技運営計画の作成に至るまで多岐にわたります。さらに、競技進行や会場演出の面では、会場プロデューサーと共にアナウンスや音楽など、会場内の雰囲気づくりも行っています。また、国際的な技術役員や審判、フランス国内の技術役員の管理など、人事関連の業務も担当しています。

選手から組織委員会へ

私は、10歳でテコンドーを始めて、2004年には台湾ジュニアテコンドー選手権で優勝しました。台湾の選手がアテネ2004オリンピックでテコンドーの金メダルを2つ獲得したこともあり、選手としてオリンピックに出場したいという夢が大きくなりましたが、大学生になるとその夢は叶うことがないと気づき、キャリアを考え直す必要に迫られました。

国立台湾師範大学で、体育教師を目指しましたが、卒業後は、スポーツ政策の修士課程に進学しました。そのなかで、東京でオリンピック・パラリンピックが開催されることを知り、東京2020組織委員会で働く機会を模索したいと思い、つくば国際スポーツアカデミー（TIAS）に進学しました。TIASでは、スイスにあるワールドテコンドーのパラテコンドー部門でインターンシップをする機会を得ました。この経験がテコンドーの国際大会で働くきっかけとなり、東京2020組織委員会、そしてパリ2024の仕事につながりました。

PROFILE

1990年生まれ、台湾出身。パリ2024組織委員会テコンドー・パラテコンドーテクニカルオペレーションシニアマネージャー。東京2020組織委員会での勤務を経て現職。筑波大学大学院人間総合科学研究科博士後期課程体育科学専攻（スポーツ社会学）在籍中。

オリンピック・パラリンピックの仕事に携わるということ

オリンピック・パラリンピックは、世界最大のスポーツイベントです。こうした環境で働けることにとてもやりがいを感じます。また、異なる国々から集まった人々と、ひとつのプロジェクトを実現させるために協力して働いていることも刺激になります。

また、スポーツだけでなく、技術、エネルギー、建設、放送、メディアなど、様々な分野の専門家に会う機会も得られます。オリンピック・パラリンピックの仕事に携わると「スポーツはスポーツの枠に収まらない」ということを実感します。

競技運営に必要なこと

競技運営を担当するにはその競技を熟知していることは必須ですし、国際レベルでの競技マネジメントや現場経験も求められます。また、全ての競技組織には異なる文化があるため、それぞれの競技ルールや構造、運営方法について知っている必要があります。私は大学院生のときに国際大会でボランティアをしましたが、現場での経験は、学問的な知識よりも重要で役立つと思っています。もちろんスポーツマネジメント、スポーツ政策など、授業で学んだことも役立っていますし、幼い頃からのテコンドーの練習も今の仕事の基礎を築いていると思います。そして最後に、スポーツイベントを成功させるための野心と情熱は必要だと思います。

スポーツに関わる女性をエンパワメントしたい

スポーツに情熱を持っている人がスポーツイベントで働くと、そこから常にエネルギーを感じることができます。また、様々な業界の人と共に働くなかで、スポーツイベントの仕事が持つ特別な雰囲気を楽しむことができます。

しかし一方で、競技運営に関わる女性スタッフが特に少ないことが、この業界の課題です。現在、スポーツは、選手だけでなく、オリンピックに関わるコーチ、役員、マネジメント層においてもジェンダー平等を実現しようとする動きがあります。女性にとってスポーツで働ける機会は確実に増えてきています。私の体験を共有することで、皆さんがスポーツで働くにあたっての目的や目標を見つけるきっかけとなり、スポーツに関わる女性をエンパワメントできればうれしく思います。

Message

あなたの熱意で、世界最大のスポーツイベントを一緒につくりあげよう

FILE 06

スタジアム・アリーナ関連企業

スタジアムやアリーナは、スポーツ大会をはじめとする大規模なイベントに使用される施設です。これらの施設は多くの場合、地域のランドマークとしても機能し、地域経済の活性化にも大きく貢献しています。関連企業は、これらの施設の設計、建設、管理、そして運営を行い、スポーツ大会の成功を支える重要な役割を果たしています。

スタジアム・アリーナとは

世界には、無数のスタジアムやアリーナが存在し、**大規模スポーツ大会やプロスポーツに欠かせないもの**となっています。それらの施設はスポーツだけでなく、コンサートや展示会など様々なイベントにも使われます。**新しいスタジアムやアリーナの建設は、しばしば都市の再開発の一環として計画される**ので、周辺地域の道路や公共の施設などのインフラ整備が期待されます。また、多くの人が訪れるため、スタジアムやアリーナ周辺のホテルやレストラン、小売業などが恩恵を受け、地域経済に収益をもたらします。

近年では、スタジアムやアリーナが単なるスポーツ施設だけでなく、行政や医療福祉施設、商業施設を含む地域コミュニティの中心地として機能し、地域のシンボルになっているものもあります。

スタジアムやアリーナの運営にはいくつかの形式があります。自治体が所有し、民間企業が管理・運営を担当している場合と、民間企業と自治体が一緒に施設を建設し、その後、民間企業が管理・運営を行う場合があります。また、民間企業が所有し、管理・運営を行う場合もあります。これらの多くは、地域のまちづくりの一環として整備されています。

一方、地域の体育館などの公共スポーツ施設は、主に自治体や国が所有し、運営・管理を行っています。これらの施設は、市民の健康促進やレクリエーションの場を提供することを目的とし、公共の利益を重視されているので使用料は一般的に低く設定されています。

スタジアム・アリーナでの仕事

「管理・運営」「営業」「コーポレート」の3部門に分けることができます。

管理・運営部門は、施設が最適な状態に保たれるようにメンテナンスや備品の管理を行います。人の動きをスムーズにするための動線設計や、セキュリティと緊急時の対応計画の策定もこの部門の責

任です。また、主催イベントの企画や運営、ITやデータを活用したマネジメントを行います。直営店を持つ場合には、運営および商品販売管理も担います。

営業部門は、スポーツ大会などを主催する興行主に対して、施設使用の提案をします。企業向けには、施設の命名権や広告看板やビジョンCMなどの広告商品の販売、テナントスペースの貸し出しなどを行います。また、シーズンシートやVIP席、ホスピタリティプログラムの販売もこの部門の役割です。場合によっては、プロスポーツチームなどの興行主が自らスタジアム・アリーナの管理・運営を担っていることもあります。

コーポレート部門では、企業の経営戦略の策定、経理・財務の管理、広報活動、人事総務など、企業の運営を支える基本的な機能を担っています。

そのほかにも、野球場、サッカー場を整備するグランドキーパーなどの専門的な仕事もありますが、外部の専門業者に委託していることが多いです。

スタジアム・アリーナで働くことのやりがい

スタジアム・アリーナ関連企業で働くことで、スポーツ大会の企画から準備、実際の開催までの全過程に関わることができます。様々なパートナー企業と協力して大会やイベントを支え、参加した選手が活躍をし、ファンや観客に感動を与え、成功裏に終えられるように努めることは大きなやりがいとなるでしょう。さらに、施設の管理・運営にとどまらず、地域の自治体や関係者と協力して、より良いまちづくりの実現や地域全体の発展に貢献することができます。

スタジアム・アリーナで働くために

スタジアム・アリーナ関連企業では、自治体や地域、スポーツ団体など様々な関係者と一緒に仕事をすることが多いです。そのため、良い関係を築くためのコミュニケーション能力が求められます。また、スポーツのみならず、エンターテインメントや権利ビジネス、管理・運営におけるIT・データなどの活用、都市開発に至るまで、広く総合的な視野で物事を考えることも重要でしょう。採用情報については、各スタジアム・アリーナのウェブサイトからスタジアム・アリーナの運営管理を確認してみてください。

● スタジアムとアリーナ

	スタジアム	アリーナ
施設規模	大規模な屋外施設	屋内施設
開催されるスポーツ	野球、サッカー、陸上競技など	バスケットボール、バレーボールなど
収容能力	数万人規模の観客を収容	数千から数万人規模
利用目的	主にスポーツイベント（特に野外スポーツ）やコンサート 特定のスポーツに特化していることが多い	スポーツイベントに加え、コンサート、見本市、エキシビションなど、多目的に利用される 屋内という特性を活かして、天候に左右されないイベント開催が可能
音響	オープンスペースのため、音響効果は屋内施設に比べて劣ることがある	屋内のため、音響効果が良く、コンサートや音楽イベントに適している
イベントの規模	大規模な国際スポーツイベント（オリンピック、ワールドカップなど）にも対応可能	地元のプロスポーツチームのホームゲームや国内の大会、地域イベントなどに適している

INTERVIEW

◆NTTドコモでベニュービジネスに挑むプロフェッショナル

IGアリーナの立役者として活躍

上村 哲也さん

PROFILE

1979年生まれ、オーストラリア出身。NTTドコモから、愛知国際アリーナ（IGアリーナ運営会社）に出向。早稲田大学在学中、シドニーオリンピック・パラリンピックスタッフとして現地派遣。日本テレビグループ、ラグビーワールドカップ2019組織委員会、東京2020組織委員会等での勤務経験を持つ。

アリーナの運営をマネジメントする

私はNTTドコモにおいてベニュービジネスに携わっています。ベニューとは開催地・会場という意味で、スタジアムやアリーナの開発・運営が仕事になります。現在は2025年に開業するIGアリーナ（愛知県新体育館）を運営する愛知国際アリーナに出向し、広報渉外室長、運営・営業部およびマーケティングコミュニケーションディレクターを務めています。

ベニューの仕事は大きく、運営、営業、コーポレートの3つに分けられます。運営では、利用者に安全かつ快適なアリーナ体験をしてもらえるように運営のデザインをしています。例えば、会場内での利用者の流れがスムーズになるような動線設計や館内地図の作成も運営の重要な役割です。

営業では、コマーシャルパートナーやイベントの興行主、スポーツ団体と連携し、アリーナを活用した様々なエンターテインメントの提供を目指しています。例として、証券会社「IGグループ」がネーミングライツパートナーとなり、「IGアリーナ」の名前が決定したこともそのひとつです。さらに、ホスピタリティスペースといった特別な体験ができる観客席の販売も営業の仕事です。

コーポレートでは、プロジェクトを支える人事・総務・経理・広報・渉外などのバックオフィス業務を担っています。この3つを通じて、アリーナが地域や社会にとってプラスの影響をもたらすことを目指しています。

アリーナ運営で一番大事なのは利用者の安全安心です。利用者が快適に楽しみ、無事にアリーナを後にできるように、開業前に何をどのようにできるのかを突き詰めてマネジメントしています。

全ての経験は役に立つ

新規のベニュービジネスとして、前例がないなかで判断を下さなければならないこともありますが、そうした場合には、自分のこれまでの仕事の経験が役立っています。大学卒業後のテレビ局でのクラブワールドカップのPR業務から始まり、マーケティングリサーチ会社、航空会社や鉄道会社でのマーケティング業務、ラグビーワールドカップ2019組織委員会、東京オリンピック・パラリンピック競技大会組織委員会など、様々な業種や組織で仕事をしてきました。その間に社会人クラブチームに所属して野球をしていたこともあります。10回ほど転職しているのですが、そのなかでスポーツとは無縁の業界や組織で仕事をしてきたことが、ビジネスの全体像を描いたり、方向性を定めたりすることに役立っています。むしろ、スポーツではない仕事での経験が新しい価値観をスポーツにもたらせると思います。

例えば、ラグビーワールドカップ２０１９組織委員会では、マーケティング、広報、チケッティング、開会式とスポーツプレゼンテーションの準備、シティドレッシング（街の装飾）など、様々な業務で、前職の経験が役立ちました。チケット販売では、マーケティングの知識と経験を活かし、販売方法をデザインしました。結果、単独スポーツとしては、日本のチケット販売史上最大の販売数を記録することができました。

「スポーツライフスタイル」の実現

ＩＧアリーナは、1万７０００人を収容する日本でも最大規模の施設です。日々、建物が完成に近づくにつれて、応援者が増え、新しいイベントを発表できることにやりがいを感じています。ただ、運営の成果は開業してから問われるものなので、現在はやりがいというよりも、開業までの責任感の方が大きいです。

開業後は、アリーナ内だけではなく、アリーナの外、公園や市街地でもスポーツの国際大会やライブが楽しめるような企画を実現してみたいです。ニュージーランドで開催されたラグビーワールドカップ２０１１で、街の人たちがパブリックビューイング（公園・広場などに設置された大型スクリーンで、スポーツの試合を観戦すること）でお祭り騒ぎをし、敵・味方関係なく、健闘したら拍手をしている光景がとても心に残っています。そうしたスポーツの楽しみ方を私は「スポーツライフスタイル」と呼んでいるのですが、ＩＧアリーナのイベントのなかでお祭りのような「スポーツライフスタイル」を実現できたなら、スポーツに育ててもらった人間としてはうれしいです。

Message

庭前《ていぜんの》柏樹《はくじゅ》子《し》。目の前のことに取り組むことが、未来への最良の準備になる

FILE 07

プロスポーツチーム

プロスポーツチームは、競技において高いレベルの成績を目指す一方で、ビジネスとしての側面も持ち合わせています。また、多くのプロスポーツチームは、地域コミュニティと密接に連携し、地域経済にも寄与しています。

プロスポーツチームとは

プロスポーツチームとは、特定のスポーツで競技を行う専門の組織です。

世界各国のプロスポーツは、その規模やビジネスモデルが大きく異なりますが、共通しているのは、各プロスポーツチームの発展がリーグ全体の成長に直結し、より多くのファンやスポンサーを惹きつける結果を生み出している点です。

日本では、プロ野球（12球団）、サッカーのJリーグ（60クラブ）、女子サッカーのWEリーグ（12クラブ）、バスケットボールのBリーグ（38クラブ）、バレーボールのSVリーグ（24チーム）、ラグビーリーグワン（26チーム）を合わせるだけでも、合計160のチームが存在することになります。

これらのプロスポーツチームは全国各地をホームタウンとして活動しており、地域に大きな経済効果をもたらしています。また、チームは行政機関、民間企業、教育機関などと多様な連携活動を展開し、地域の新たなコミュニティの形成、スポーツ活動の活性化などに大きな影響を及ぼしています。

プロスポーツチームの仕事

プロスポーツチームの組織は、国やスポーツによっても異なりますが、一般的に競技部門とビジネス部門の2つに分けて考えることができます。

競技部門は、ゼネラルマネージャー、スポーツディレクター、選手、コーチ・監督、チームドクター、スポーツトレーナー、アナリスト、メンタルトレーナー、スカウト、用具係、育成・アカデミースタッフなどのポジションから成り立っています。この部門は、チームが試合で最高の成績を収めることを目的としています。

ビジネス部門には、経営戦略、スポンサー営業、広報、マーケティング、チケット・グッズ販売、イベント・ファンクラブ企画、試合運営、施設管理、地域連携、

経理・財務、人事総務、法務などの担当者がいます。この部門は、チームの財政的基盤と成長を支え、その価値を最大化させるための重要な役割を担っています。

これら2つの部門は密接に連携し、ひとつのチームとして機能します。競技部門が試合での成功を追求する一方で、ビジネス部門は、経済的に健全に成長し続けるための支援を行い、さらに多くのファンやスポンサーを獲得することでチーム全体の成長に貢献します。チームのビジョンやミッション、価値観に沿ってお互いが補完し合う関係性にあることが求められるのです。

プロスポーツチームで働くやりがいと魅力

プロスポーツチームで働くことは、そのスポーツが好きな人にとって、情熱を仕事に活かせる絶好の機会です。また、チーム一丸となって試合に臨み、喜怒哀楽を共有することで、ファンにも感動を与えることができます。さらに、ホストタウンの地域経済を支えるだけでなく、地域の子どもたちにスポーツの楽しさを伝え、健康で豊かなライフスタイルを促進する役割も果たします。チームの勝利が地域全体で祝福される瞬間は、チームと地域の一体感を強く感じる特別な体験です。

プロスポーツチームで働くために

プロスポーツチームでは、競技部門、ビジネス部門においても即戦力が求められます。つまり、各ポジションに応じた専門性や職務経験・業績などが必要となります。

特にプロスポーツチームの競技部門では、監督やコーチ（112頁）のように資格が求められるポジションもあります。基本的に空いているポジションがあれば、リファラル（紹介）や公募を通じての採用が行われます（選手については、108頁で詳しく説明）。

ビジネス部門では、当該スポーツを経験したことがないという人も多く働いています。それぞれが各ポジションに求められる専門性（営業や広報など）を持って、チーム経営・運営の役に立っているのです。

プロスポーツチームのなかには、新卒採用を定期的に行っているチームもあります。また、学生時代からインターンとして業務に関わるなかで、卒業時に空いているポジションがあれば、採用されることもあります。スポンサー企業や親会社からの出向者として、チーム内で働くことも少なくありません。

PICK UP

実業団スポーツ

実業団スポーツとは、日本の企業が運営するスポーツチームのことです。これらのチームは、企業に所属する選手やスタッフが社員として働きながら、練習や試合に参加するという特徴があります。日本だけでなく、ほかの国でも実業団に似た形態のスポーツチームがあります。例えば、選手が警察や軍隊に所属しながら競技を行う場合です。

日本では、実業団スポーツがスポーツ文化の一部として長い歴史を持ち、今もなお多くのトップ選手を輩出し続けています。

INTERVIEW

◆横浜F・マリノスのビジネススタッフとして働くプロフェッショナル

マーケティングの側面からクラブに貢献

永井 紘さん

PROFILE
1984年生まれ、横浜市出身。横浜マリノスマーケティング本部長。早稲田大学スポーツ科学部卒業後、横浜マリノス入社。チケット、ホームタウン、スポンサーセールスを担当し、2014年からマーケティングを担当。

ファンとのエンゲージメントを高める

横浜F・マリノスでマーケティング本部長として、チケット販売、試合運営、ファンクラブの管理、SNSを通じたプロモーション、グッズ販売など、ファンとの接点を持つ仕事を担当するスタッフのまとめ役をしています。具体的にチケット販売は、多くの皆さんにスタジアムにご来場いただき入場料収入を上げることを目標としています。ファンクラブでは、SNSなどを活用し、ファンとのエンゲージメント（結び付き、思い入れ）を高める戦略を練っています。

仕事の方法や進め方は、サッカーの試合同様、常に変化があり、その変化に柔軟に応じていくことが必要です。私の仕事も一日として同じ日はありません。同じことがあるとしたならば、それは「何かしら困っている」ということです。自分でコントロールできないことが多く、毎日様々なことが起こります。

コントロールできないからこそ面白い

例えば、試合の勝敗や順位もそうですし、天気もそうです。同じチームとの試合でも、去年と今年で同じような質になるとは保証されませんし、期待されていた試合が期待どおりの結果になることもありません。チケット販売でも、集客が見込める試合のカードが平日開催になってしまうこともあります。しかし、そうした状況のなかでどのようにすれば結果を出せるのかを常に考え、スタッフを率いて実行するのが私の仕事の面白いところですし、コントロールができないことが多いところもこの仕事の魅力のひとつなのかもしれません。

私がこの仕事で経験したなかで、最も心が動かされたのは、2023年の柏レイソルとの試合で、ケガによる長期離脱から復帰した宮市亮選手がアディショナルタイムで逆転ゴールを決めた瞬間です。その瞬間のスタジアムは感動的な雰囲気に包まれました。スタジアム全体が「喜び」の感情で一体となったあの瞬間は、どれだけデジタル技術が発達しても、リアルな場面でしか感じられないと思います。そうした瞬間に関われることが、この仕事の大きなやりがいです。

仕事でも求められる姿勢

この仕事で求められるのは、必ずしもスポーツビジネスに関する専門的な知識だけではありません。むしろ毎日の仕事をするうえで、予測やコントロールができない困難な状況にも動じないある種の鈍感さや前向きな姿勢が重要です。

また、オープンマインドであることも不可欠です。特にスポーツビジネスははっきりとした正解がなく、方程式がつくりづらいビジネスです。自分が正しいと思っていたことに対して、ほかの人から、全く違う視点で指摘や提案がされるケースが多々あります。自分が絶対に正しいと思わないことは、この業界ではとても大事ですし、多様な視点や意見を受け入れる姿勢や柔軟さも必要だと思います。

意欲と覚悟があるなら飛び込んでほしい

私がスポーツビジネスに興味を持ち始めたのは15~16歳頃で、スポーツビジネスを学びたいと思い、早稲田大学に進学しました。卒論では、プロサッカークラブの地域密着度調査を行いました。サッカーサークルでは副幹事長を務め、たまたま出会ったOBを通じて、横浜F・マリノスの取締役にお会いする機会を得ました。当時のF・マリノスは新卒の採用をしていなかったのですが、いただいた名刺の連絡先に月に1回ほど、自分が会社やチームのためにできることをまとめたレポートを送り続けるなど、猛烈にアプローチしました。これが功を奏し、現在の職場で仕事を得ることができました。

新卒でプロサッカークラブに就職することは、当時、あまり前例がなかったと思います。私も大学のゼミの先生から「社会経験を積み、実力をつけてから入るべきだ」とアドバイスをいただきました。しかし、やりたいことが明確で、本当にそれをやりたいという想いがあり、そのために自分で学んでいく意欲と覚悟のある人は、ぜひ新卒でクラブへ飛び込んでほしいですね。こんなにエキサイティングで難しい業種はないと思いますが、覚悟を持って仕事に取り組めるのなら最高に面白いと思います。

Message

真の楽しさは、挑戦のなかにある。君の勇気を待っている

FILE 08

スポーツマネジメント企業

スポーツマネジメント企業は、スポーツに関わるビジネス全般の管理や運営を行う組織です。これらの企業は、選手やチームのマネジメント、スポンサーシップ、イベントの企画・運営などを手がけています。

スポーツマネジメント企業の仕事

スポーツマネジメント企業の主な仕事は、選手やチームのマネジメントです。具体的には、スポンサーの獲得から、スポンサー企業（56頁）の商品やサービスのプロモーション活動、メディアを通じた広報活動まで、幅広くサポートを行います。また、選手やチームの特徴や魅力をブランド化し、その名前やロゴ、写真などの商標使用権を企業に販売するライセンス事業も展開しています。さらに、選手やチームの合宿や遠征の手配、トレーナーや栄養士をはじめとするサポートスタッフの調整も行い、現役を引退した後のキャリア形成に対するサポートも行います。このように、選手やチームを多面的にマネジメントしています。

スポーツイベントの企画・運営も、スポーツマネジメント企業の重要な仕事のひとつです。これには、大規模な国際スポーツ大会から地域のスポーツ大会、学校などで行われる選手との交流イベントも含まれます。特に大規模スポーツ大会のマネジメントでは、放映権（スポーツイベントをテレビなどのメディアで放送するための権利）が重要な収入源となります。例えば、ＩＭＧ（International Management Group）などの世界的なスポーツマネジメント企業は、放映権を設計し、テレビ局やデジタルメディアに販売する役割も担っています。

さらに、スポーツマネジメント企業は、スポーツに関わるビジネスやマーケティング活動を行う民間企業や行政機関などの組織に対するコンサルティングサービスも提供します。

これらの仕事は、経理・財務、法務、広報、人事総務といったコーポレート機能によって支えられています。

スポーツマネジメント企業で働くやりがいと魅力

スポーツマネジメント企業で働くと、

トップ選手やチームと直接関わり、パフォーマンスの向上だけでなく、一人ひとりの人生に寄り添いながら、引退後も含めて多面的なサポートを行うことができます。それだけに、大きな責任が伴う仕事でもあります。選手の活躍を間近で支えることは非常に充実感があり、選手が競技で成功を収めたときや人生の目標を達成したときの喜びは格別です。

また、世界中の様々なスポーツイベントに関わる機会があり、多様な関係者と共に働く経験を積むことができます。これにより、国内外における数多くのスポーツへの理解と共に、異文化間のコミュニケーション能力も磨かれます。

これらを通じて、個々の選手だけでなく、チーム、イベント、さらにはスポーツそのものの価値を高める仕事に携われることは、大きなやりがいをもたらします。また、スポーツビジネスはもとよりスポーツ界全体の発展に貢献できる魅力的な仕事です。

スポーツマネジメント企業で働くために

スポーツマネジメント企業で働くにあたって、選手やチーム、スポンサー企業をはじめ様々な立場の関係者と良好な関係性を築くことが重要です。これには、相手のニーズを理解し、それに応えるためのコミュニケーション能力が不可欠です。そのため、学生時代から競技スポーツに取り組んだり、大会運営や部活動の主務、コーチングなどの経験を通じて、スポーツ現場への深い理解があるとよいかもしれません。

スポーツビジネスの世界では予期せぬ問題が発生することも少なくありません。そうしたときには、複雑な問題を的確に捉え、効果的な解決策を見つけ出す能力が求められます。そのためには、様々な視点で考える力や創造性も大切になります。

また仕事では、スポンサーシップの契約交渉やプレゼンテーションの機会が多く、そうした場面では戦略的思考と説得力のある話し方が求められます。スポーツマネジメントの仕事は国際的な場も多いため、英語をはじめとする語学力も必要です。

一人ひとりの選手や各チームに寄り添いながらも、同時にビジネスとして様々な企業と共に複数のプロジェクトを管理するため、プロジェクトマネジメントの能力も必要となります。時間管理や資源の最適化、チームメンバーの調整などを行い、各プロジェクトが滞りなく進むように管理することが求められます。

PICK UP

スポーツマネジメントが舞台のドラマ

『オールドルーキー』（2022年）

元サッカー選手の主人公（綾野剛）が、セカンドキャリアとして新たにスポーツマネジメントの世界で、様々な困難に立ち向かい、再び夢を追い求める姿を描くドラマ。

制作にあたって実際のトップ選手たちに取材を行い、その声をドラマ中に反映しており、スポーツマネジメントの仕事やスポーツビジネスの裏側、選手たちの想いを知ることができます。

◆スポーツビズで働くプロフェッショナル

選手やチームのパートナーとして活躍

近藤 聖さん

PROFILE

1977年生まれ、神奈川県出身。スポーツビズアスリートプロデュース事業部副部長として、60組のアスリートマネジメントに従事。駒澤大学在学中に硬式野球部の主務、日米大学野球選手権の学生本部長を経験。東京2020組織委員会出向中には聖火リレーの広報責任者を務めた。

選手の価値を高める

スポーツビズで、スポーツ選手やチームのマネジメント業務をしています。具体的には、現役選手のサポートとして、国際大会出場のための海外遠征費や、コーチやトレーナーを雇用するための費用を賄うためのスポンサー獲得を積極的に手助けしています。そのため、メディアの協力も得ながら、選手の取り組みへの認知度を高め、各企業への営業活動をしています。引退した選手には、企業や自治体の講演会、イベント出演、国際大会の解説などの機会を探し、引退後もスポーツを通じて活躍できる環境を整えています。また、競技人口が少ないスポーツの普及に貢献するために、そのスポーツの魅力を選手たちと共に伝えるイベントの企画と実施もしています。

マネジメントは、「選手のパートナーとして、その人の価値をどうやって高めていくか、その競技力を高めていくか」を一緒に考えていくことです。実際、選手からも「自分の価値が知りたい」「選手として、競技以外で付加価値を高めるにはどうしたらいいか」という相談がとても多いです。

選手と共に

マネジメントにおいては、パートナーである選手とのコミュニケーションは非常に重要です。初対面でお互いの理解がないなかで手探りの場合もありますし、人間同士なので時には言い合いになることもあります。それでも本音でぶつかりあったからこそ、お互いに通じ合えるものがあります。選手に自分をさらけ出してもらえるような信頼関係を築くことが大切になります。この信頼は、選手個人だけでなく、その家族、所属企業、スポンサー企業を含む選手を取り巻く全ての関係者との間で築くことが求められます。これらの関係者全員が一致団結し、共通の目標に向かえるようにコミュニケーションをとりつないでいくことも、私たちの大事な役割のひとつです。

選手はそれぞれ目標や夢を持っており、それに向かって一生懸命練習しています。ケガや苦難を乗り越えながら、大会で果敢に挑み、力を発揮する姿を見たときは、サポートしてきたことにやりがいを感じます。選手のそうした姿を見て、何回か自然に涙が出てきたことがあります。メダル獲得や好成績を記録したときはもちろんうれしいですが、そこに至るプロセスを選手と一緒に共有できたことにも喜びを感じます。

スポーツマネジメントとの出合いと変わりゆく姿

スポーツマネジメントに出合ったのは大学3年生のときです。学生本部長として日米大学野球選手権大会の運営に携わった際、アメリカのマイナーリーグチームでマネジメントを担当している日本人の方と話をしたことがきっかけでした。

大学卒業後は、スポーツとは関係のない車用品の会社に入社し、総務として働いていましたが、スポーツマネジメントを仕事にしたい、スポーツに貢献したいという思いは持ち続けていました。その後、アメリカのマイナーリーグチームのマネジメントの方を通じて、スポーツビズの社長と出会い、何度か話をするなかで、スポーツマネジメントの道を歩む決心を固めました。履歴書を持って社長に直接会い、「働かせてください」と直談判し、スポーツビズでのキャリアが始まりました。

今でこそ、テレビドラマなどでアスリートマネジメントやエージェントが取り上げられることが増えましたが、１９９０年代後半から２０００年代初頭にかけては、スポーツマネジメントという言葉や仕事は一般にはあまり知られていませんでした。当時は、テレビ局に挨拶に行っても、「競技団体と直接やり取りできるので、あなたたちは必要ない」と言われることもありましたが、現在はスポーツ選手とメディアをつなぐ役割として、私たちの仕事は欠かせないものだと思っています。スポンサー営業も、以前は企業の広告として選手のウェアに会社のロゴがついていればＯＫということが多かったのですが、最近では、選手や競技の知名度、影響力、ＳＮＳフォロワー数やその属性なども示しながら、「この年齢層に効果があります」といった提案をします。選手の意識、メディアの発達、企業のニーズ、そしてスポーツの影響力が大きく変化していることを実感しています。

Message

スポーツへの関わり方は様々。
まずは、知ることから始めよう

FILE 09

スポンサー企業

スポンサー企業は、スポーツに関連する活動に資金や資源を提供する企業です。これにより、スポーツ選手やチーム、大会の運営を支援すると同時に、自社の課題に応じた目的を達成するための様々な活動を行っています。スポンサーシップは、企業とスポーツ界の双方にとって重要なビジネスパートナーシップです。

スポンサー企業とは

企業は、自社の経営戦略や事業課題に応じた様々な目的を持って、選手やチーム、大会などに資金や資源を投資します。この活動をスポンサーシップと言い、スポンサー企業とは、その活動をする企業を指します。例えば、国際オリンピック委員会のスポンサー企業（ワールドワイドパートナー）には、「VISA」や「コカ・コーラ」が含まれています。オリンピックのような大規模なスポーツイベントやプロスポーツに限らず、地域などで開催される小規模のスポーツイベントやアマチュアスポーツにもスポンサーシップは行われています。スポンサーシップは、パートナーシップと呼ばれることもあります。

スポンサーシップは、選手やチーム、大会にとって重要な収入源となります。一方のスポンサー企業にとっても、効果的なマーケティング手法となるなど、企業活動の一貫として大きな役割を果たします。

スポンサー企業の仕事

スポンサーシップに関連する業務は、マーケティング部門の仕事として位置づけられていることが多いです。販売促進、企業PRなど、自社の目的に沿って、選手個人、チーム、イベントなど、どのスポンサーシップを選択し、どのように活用していくのかを考えます。例えば、選手の写真や名前の広告利用、自社の広報イベントへの出演、ユニフォームへの企業ロゴの掲載、試合会場の看板、SNSでの紹介など、認知度を高める活用が代表的です。また、商品やサービス開発のための選手からのフィードバックもスポンサーシップの活用です。

スポンサーシップの活用を企画し、効果的に形にしていくのがスポンサー企業の仕事ですが、その過程でスポンサーシップを扱う広告代理店や制作会社と一緒に仕事をすることもあります。

スポンサー企業で働くやりがいと魅力

スポンサー企業でのスポーツスポンサーシップを活用する仕事には多くの魅力があります。まず、企業が提供する資金や資源によって、選手やチームを支援し、選手の活躍に間接的に貢献できる点が挙げられます。また、大会のスポンサー企業として関わることにより、選手やチームが活躍し、観客に楽しんでもらえる環境を整えることができます。

さらに、スポーツを通じて自社のブランド認知を向上させることができるだけでなく、商品やサービスの販売促進や改善、従業員のエンゲージメントの向上など、自社の経営や事業課題に応じた価値を生み出すこともできます。

加えて、スポンサーシップ契約の内容によっては、一般には入ることができないホスピタリティエリアやVIPルームへのアクセスや特別なイベントへの参加権が与えられることもあります。この特権をビジネス機会として活用し、試合を楽しみながら新たな取引やネットワークの拡大につなげることが可能です。

スポーツスポンサーシップの仕事をするために

スポンサーシップの仕事では、企業の価値を高め、ターゲットとする層に効果的にアプローチするための戦略が求められます。そのため、効果的なプロモーション活動やスポンサーシップの効果を最大化するためのマーケティングの知識が必須となります。また、この仕事には独創性と創造性が必要不可欠です。既存の枠を超えたアイデアを考え、それを実際のプロモーション活動やキャンペーンにどのように活かすかが求められます。

仕事に就く際には、まず選手やチーム、大会などでどの企業がスポンサーシップ契約を結んでいるかを調べることが重要です。しかし、既存のスポンサー企業だけではなく、スポンサーシップを行っていない企業にも目を向けてほしいです。スポンサーシップの効果や価値を社内で認めてもらい、新たに企業のマーケティングの一環として活用してもらう。それには、あなたのスポーツへの熱意と努力がカギとなります。

● スポーツスポンサーシップとは

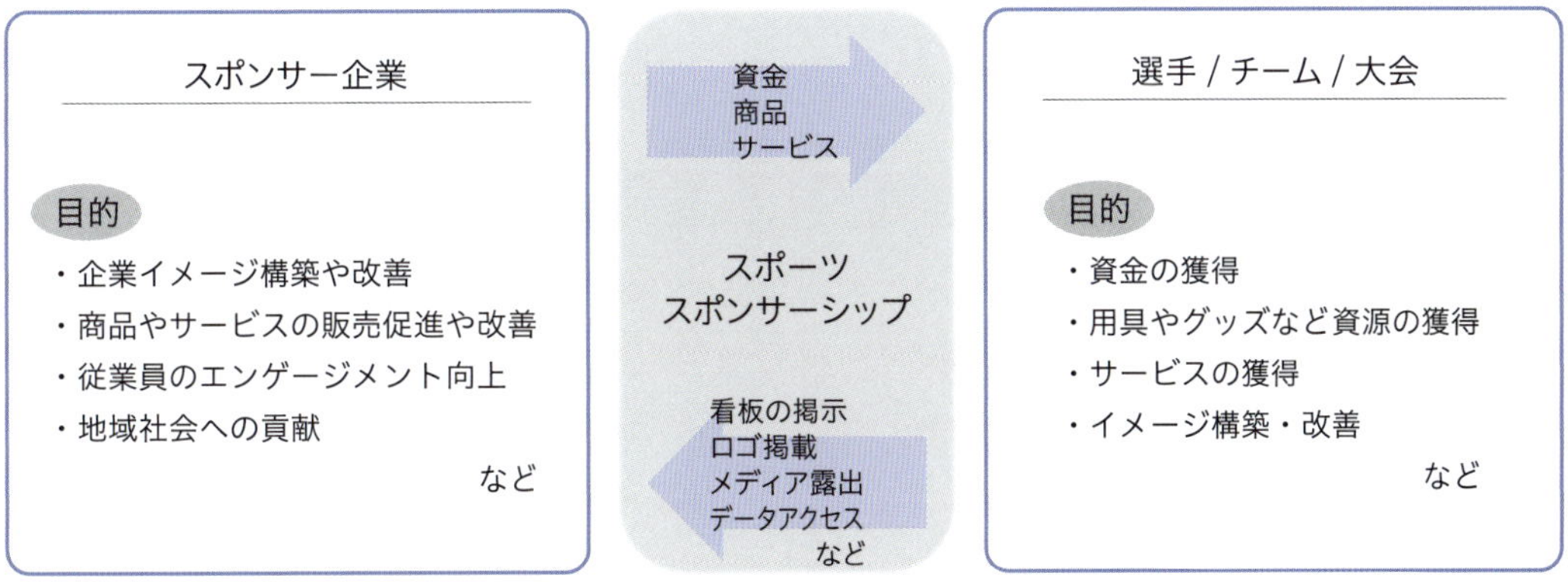

◆マネーフォワードで働くプロフェッショナル

スポーツスポンサーシップの活用可能性

石戸 健さん

PROFILE

1993年生まれ、神奈川県出身。マネーフォワード Corporate Identity推進室 Sports Strategyグループ所属。立命館アジア太平洋大学（APU）からイギリス交換留学中に現地で観戦したサッカーの試合は20試合以上。

中学生頃から、テレビや海外サッカーの雑誌など、サッカーに関わる仕事をしたいと考え、外国語が学べる立命館アジア太平洋大学に進学を決めました。

大学では英語やスペイン語を学びながら、メディア論を専攻しました。メディア論での「広告やクリエイティブなものは、その時代の価値観を映しだすものであるからこそ、変化し続けていかなければならないし、キャッチアップし続けなければならない」という考え方は、今の仕事に役立っています。

また、スポーツビジネスに触れることのできる短期インターンにも参加し、試合運営などを体験しました。そこで今まで自分が見ていたスポーツの世界はとても狭く、スポーツには様々な関わり方が

Jリーグのクラブスポンサーとして

マネーフォワードは、横浜F・マリノス、アビスパ福岡、北海道コンサドーレ札幌、3つのJリーグクラブとスポンサー契約を結んでおり、私はスポンサーシップを活用したマーケティング活動を担当しています。

スポンサーシップの活用で代表的なものは、マネーフォワードをより多くの人に知ってもらう活動になります。例えば、スタジアムへの広告看板の掲示、SNSでの情報発信、クラブとの共同企画の展開といった会社の認知度やブランド価値を高めるマーケティングなどです。

ほかには、マネーフォワードの社員に、スポーツを通じて社内外での交流機会を生むとともに、マネーフォワードで働いてよかったと感じてもらうことです。例えば、社内での試合観戦会や「マネーフォワードDAY」という冠試合を開催することで、スポーツを一緒に楽しみ、社内コミュニケーションを活性化させています。

各クラブやそのほかのパートナー企業、地域の自治体と連携して、クラブがある地域の課題解決のための取り組みも行っています。例えば、北海道コンサドーレ札幌と札幌市とマネーフォワードで行っている、札幌市内の企業のDXを推進する活動もそのひとつです。

スポンサーシップを仕事にするまで

私は子どもの頃からサッカーに親しみ、海外サッカーを見ることも好きでした。

Message

どのような形でスポーツに関わる? あなたのビジョンを鮮明に

あることを実感するとともに、「企業側のスポンサーシップ担当」を志すようになりました。

大学卒業後は、デジタルマーケティングを専門とする電通グループの会社に入社しました。ここでは、アクセス解析やウェブ行動分析、SNS上の意見を分析し、改善案を提案する業務に携わりました。個人では、スポンサーシップに関する記事の執筆、Jリーグのスポンサー営業支援などの活動にも取り組んでいました。

そうしたなか、2020年にマネーフォワードとF・マリノスとのパートナー契約が締結されました。そのとき、F・マリノスのサポーターやマネーフォワードの社員がSNSで積極的に交流している様子を見て、マネーフォワードがスポンサーシップに真剣に取り組んでいることに感銘を受け、F・マリノスの営業の方を通じてマネーフォワードを紹介していただき入社しました。

スポンサーシップを活用して世界に

この仕事のやりがいは、大きく2つあると思っています。

ひとつは、スポーツチームと会社が一緒に成長していく物語を自分たちで描ける点です。スポンサーシップは、企業としてそのチームを応援することなので、クラブがタイトルを獲得したり、逆転勝利したりするのを見ると、自分自身もすごくうれしいですし、クラブが新しい歴史をつくっていく瞬間に寄り添えることは大きな魅力ですね。また、自分の会社だけでなく、サポーターやクラブの方々、みんなにとってスポンサーシップが良いものになるよう意識しながら仕事に取り組めることにもやりがいを感じています。

もうひとつは、自分の視野が広がる仕事だという点です。スポンサーシップは本当に幅広い活用ができるので、会社の経営資源とスポーツをどのように活用したらブランド価値向上につながるかを常に考えるようになりました。

現在、マネーフォワードは組織のグローバル化を進めており、事業のグローバル展開も視野に入ってきています。今後はスポーツの持つ可能性とマネーフォワードの持つ力を、スポンサーシップを活用することで掛け合わせて、「マネーフォワードのグローバル展開はスポンサーシップがあったから加速した」と自信を持って言えるような未来をつくりたいです。

FILE 10

広告代理店

広告代理店は、広告主と広告媒体をつなぐ役割を担う組織です。スポーツにおいて、広告代理店は、選手、チーム、大会、そして企業と協力して広告やプロモーション活動を行います。例えば、スポンサーシップ契約の交渉や、スポンサーシップを活用した様々な活動をサポートします。

広告代理店とは

広告代理店は、一般に広告を出したい広告主と、広告を出してほしい広告媒体をつなぐ役割を担っています。テレビやデジタルメディアなど、様々な広告媒体が存在するなかで、スポーツもそのひとつとして重要なコンテンツとなっています。

広告代理店は、選手やスポーツチーム、大会を担う組織委員会などと共に様々なコンテンツを作ります。例えば、選手のコンテンツには、選手の写真や名前を広告に使用できる権利、イベントに出演する権利、ユニフォームにロゴを掲載する権利、SNSでの商品やサービスの紹介を行う権利などが含まれます。大会になると、会場で企業のロゴを露出する権利やブースを出店する権利、イベントを企画できる権利などを含む様々なコンテンツを大会主催者と共にパッケージとして検討します。

それらのスポーツコンテンツを広告主、スポンサー企業（56頁）に提案します。さらに、スポンサーシップ契約の締結後には、そのコンテンツに含まれる様々な権利をスポンサー企業と共に実施し、その成果の評価をするところまでが仕事です。

また、大会自体の放映権をテレビやデジタルメディアなどの広告媒体に対して販売することもあります。

広告代理店の仕事

広告代理店におけるスポーツの仕事には、前述の一連のプロセスに、コンテンツホルダー（コンテンツに関する権利を持つ者）担当者、営業担当者、クリエイティブ担当者、メディア担当者などが関わります。コンテンツホルダー担当者は、選手やスポーツチーム、大会と共にコンテンツを作り、スポンサー企業の持つ権利をデリバリー（受け渡す・実施する）する役割を担っています。営業担当者は、スポンサー企業に対して様々なスポー

ツコンテンツの提案を行い、スポンサーシップ契約の交渉を調整します。契約後もスポンサー企業の持つ権利のデリバリーと評価を手伝います。クリエイティブ担当者は、必要に応じて広告やキャッチコピー、動画、印刷物などを含む制作物を作成します。メディア担当者は、それらの制作物を掲載する広告媒体を調整します。

広告代理店で働くやりがいと魅力

広告代理店においてスポーツの仕事に携わる魅力は、世界中の様々な選手やスポーツチーム、大会、スポンサー企業、メディアと協力してスポーツの価値を最大化し、多くの人々に影響を与えられることです。また、スポーツを通じて、スポンサー企業のブランドや商品・サービスの価値を高めることに貢献し、その結果が明確に見える瞬間は、この仕事の大きなやりがいとなります。

また、アイデアを形にする機会が豊富なので、新しいキャンペーンやプロモーションのコンセプトを考え、要望に応じたコンテンツを制作するなどクリエイティブな仕事をしたい人には向いていると思います。

広告代理店でスポーツの仕事をするために

広告代理店におけるスポーツの仕事には、スポーツと広告戦略に関する広範な知識が求められます。各スポーツが持つ独自の文化や歴史、そこに関わる人々の情熱や価値観を深く理解し、そのスポーツの価値を高めるための広告戦略を練る必要があります。広告戦略を練るにあたっては、放映権やスポンサーシップ、グッズ販売など、選手やスポーツチーム、大会の価値を収益化できる手段に関する知識も不可欠です。

一方で、適切なコンテンツをスポンサー企業に対して提案するためには、スポンサー企業のビジョンやニーズ、製品に対する理解が必要です。多くの関係者の間に立って仕事をする広告代理店におけるスポーツの仕事では、関係者との信頼関係を築き、効果的なコミュニケーションをとる能力も欠かせません。

なお、スポーツに特化した広告代理店に入らない限り、たとえ広告代理店に入社したとしてもスポーツの仕事に関わることができるとはいえません。

PICK UP スポーツスポンサーシップの効果はどのように評価する？

企業はスポーツスポンサーシップを行った効果を定期的に評価します。その評価の仕方は、各企業の目的によって変わります。例えば、企業や商品・サービスの認知度向上を目指すスポンサーシップの場合、メディアでのロゴの露出度について、視聴率や視聴者数、露出時間、露出場所などを調査します。また、スタジアム内の観戦者を対象としたアンケートを実施したり、SNSの反応を調査したりすることもあります。さらに、企業内の従業員のエンゲージメント向上を目的としたスポンサーシップでは、スポンサー企業内での調査を行うこともあります。そのようなスポンサーシップの評価をサービスとして提供する「Nielsen Sports」という企業もあります。

◆電通スポーツインターナショナルで働くプロフェッショナル

アジアにおけるスポーツスポンサーシップの営業職として活躍

橘 斉嗣 さん

PROFILE

1990年生まれ、大阪府出身。電通スポーツインターナショナルシニアマネージャー。アジア地域におけるスポンサーシップセールスを担当。2014年にロンドン大学バークベック校スポーツマネジメント＆フットボールビジネス大学院を修了後、EY Japanを経て現職。

スポンサーシップを企業に提案

電通スポーツインターナショナルのシンガポールオフィスに所属し、主にアジアの市場で活動する企業に向けてスポーツスポンサーシップの営業をしています。

私が扱うコンテンツは、この地域で人気があるサッカーの大会やオリンピック・パラリンピックで活躍する選手など、多岐にわたります。また、2年に1回開催される東南アジア競技大会など、様々なイベントにも携わっています。スポンサーシップの提案では、ロゴの使用権、看板露出、ブースの設置、チケットの提供、会場のホスピタリティエリアの使用権などを含むパッケージを組み立てます。また、権利元（大会組織委員会やチーム）と協力して、スポンサー企業に魅力的なパッケージを提案することもあります。

最近は多くの企業がＣＳＲ（企業の社会的責任）活動やＳＤＧｓ（持続可能な開発目標）に積極的ですので、選手に企業アンバサダーになってもらい、社会貢献の文脈で話をしてもらったり、女性のエンパワーメントの文脈では女性選手にアンバサダーになってもらい、彼女のこれまでのチャレンジを語ってもらったりと、企業のマーケティング活動に合わせてスポンサーシップを提案します。

サッカー×英語×マーケティング

私は幼少期からサッカー一筋で、将来は体育教員になろうと考えていました。そのため、体育の教員免許が取得できて、サッカーが続けられる高知大学に進学し、体育会サッカー部で4年間プレーしました。

勉強にはそれほど熱心ではなかったのですが、英語を話すことや海外映画、海外サッカーを見ることが好きでした。プレミアリーグなどを見ながら、スタジアム内にある日本企業の看板を見て、「サッカー×英語×マーケティング」を組み合わせた仕事ができればいいなと考えていました。

ある日、ＦＩＦＡマスター（国際サッカー連盟が運営する大学院）で学んでいる方のブログを発見し、これがきっかけでロンドン大学バークベック校のスポーツマネジメント大学院の存在を知りました。大学卒業後、英語を1年間猛勉強し、大学院に合格してロンドンへ行き、スポーツビジネスについて深く学びました。そこで出会ったクラスメイトに、スポーツの仕事に就くためには即戦力で通用するビジネススキルが必要であり、それを最速で習得できる会社で経験を積むのがいいという助言を受けました。大学院修了後、外資系のEYストラテジー・アンド・コンサルティングでビジネス経験を積み、現在の電通スポーツインターナショナルに就職しました。

スポーツマーケティングに携わることの魅力

企業のマーケティング戦略と、大会組織委員会やチーム、選手の志向が一致し、スポンサーシップを購入いただいたときはうれしいですし、購入後に、その権利を確実に実行することにもやりがいを感じます。例えば、2023年東南アジア競技大会の開会式をカンボジアの子どもたちが目を輝かせながら見る様子や、それを見たスポンサー企業の社員の方々が喜んでいる光景を目の当たりにしたのですが、そうした瞬間に自分が携われていることがとてもうれしく感じました。

また、自分の好きなスポーツを通じて国々の発展に貢献できることも、この仕事の魅力です。スポーツイベントを誘致すると、道路や空港の改装、スタジアムの建設などインフラが整備され、その国の発展につながります。こうした国の発展に、スポーツイベントを通じて携われることに充実感を感じています。

世界で仕事をするうえで大切にしていること

この仕事で特に大切にしていることは、常にチャレンジし続け、自らビジネスを創ることです。そのために、スポーツスポンサーシップの営業をするなかで、日々、世界中の権利元や企業とやり取りをしながら情報を集めています。

また、ビジネスの状況は常に変化が速いため、スポーツスポンサーシップを活用したマーケティング活動のチャンスがあると感じたら、すぐに行動することが重要です。立ち止まっていると、新しいビジネスチャンスを逃してしまいます。だからこそ、日頃からアンテナを高くして、情報収集を怠らず、企業に対して魅力的な提案を素早くできるように、アイデアを準備しておくことを心がけています。

Message

勇気を持って、その一歩を踏み出そう。夢は行動から生まれる

FILE 11

放送・配信局

放送・配信局は、スポーツの興奮や感動を世界中の人々に伝えるための重要な役割を果たしています。スポーツニュースの取材・制作や試合中継、番組編集など、放送を支える仕事は多岐にわたり、それによって視聴者はテレビやインターネットを通じてスポーツを手軽に楽しむことができます。スポーツがこれほど多くの人々に親しまれ、広く知られるのは、放送・配信の力があってこそです。

放送局・配信局とは

スポーツの興奮や感動を世界中の人に伝えるためには、放送・配信局の存在が欠かせません。これまではテレビやラジオが主な手段でしたが、2010年代中頃からインターネットを利用した配信サービスが急速に普及してきました。企業規模は様々で、スポーツ専門の放送・配信局もあります。特に、インターネット配信局では、各スポーツリーグなどのスポーツ組織が自ら運営する事例も増えてきています。また、これまで取り上げられてこなかったスポーツも紹介されるようになり、スポーツの魅力を伝える機会が増えました。その結果、多くの人が手軽にスポーツを楽しむことができるようになってきています。

放送・配信局の仕事

放送・配信局におけるスポーツ関連の仕事は非常に重要で、多くの局にスポーツ部門が設置されています。また、スポーツ番組に特化した局も存在します。これらの仕事には、スポーツニュースの取材・制作、スポーツ中継、スポーツをテーマにしたドキュメンタリーやバラエティ番組、国際スポーツイベントの特別番組の制作が含まれます。

一つの番組を作成し放送・配信するまでには、様々な役割を持った人々が関わっています。

プロデューサーは、全体の企画立案や予算管理、チームの管理を行い、番組内容の方向性と品質に責任を持っています。ディレクターは、技術スタッフとの調整をし、番組の進行管理や撮影のディレクションを行います。技術スタッフには、カメラ、音声、照明担当者だけでなく、回線や電波を扱う担当者なども含まれます。アナウンサーや解説者は、試合の実況や解説、ニュースを伝えるという役割を担っています。編集スタッフは、撮影された映像や音声を編集し、グラフィックデザインやテロップなどの視覚

的な要素を加え、ひとつのコンテンツとして仕上げをします。これらに加えて、マーケティング担当者は、番組の宣伝や視聴者とのコミュニケーション管理などを行っています。

放送・配信局で働くやりがいと魅力

スポーツの興奮や感動的な瞬間、そして選手たちの魅力を視聴者に伝えることは、大きなやりがいです。特にスポーツ中継では、記録的な瞬間をリアルタイムで伝えることができ、視聴者とその感動を共有する喜びがあります。

また、選手やチームと直接関わる機会も多く、インタビューや密着取材を通じて、その活躍の舞台裏を垣間見ることができるでしょう。

放送や配信の手法が日々進化している現代において、新しい表現方法を模索して、クリエイティブな挑戦ができる点も、この仕事の大きな魅力です。

放送・配信局でスポーツの仕事をするために

放送・配信局におけるスポーツの仕事には、スポーツそのものに対する深い理解と映像制作に関する知識が求められます。

担当するスポーツのルール、文化や歴史、そこに関わる人々の情熱や価値観を把握することが大切です。ターゲットとなる視聴者が、そのスポーツのどこに魅力を感じ、熱狂し、どの情報を得たい、どのシーンを見たいと思っているのかについて理解し、視聴者にとって魅力的な映像を制作し、届ける必要があります。

また、映像を制作し、視聴者に届けるまでに多くの人と協力しながら仕事を進めていくので、コミュニケーション能力やチームで働くというスキルも重要です。

放送・配信局では、職種別に採用を行っていることがほとんどです。そのため、自分がどの職種で、放送・配信に関わりたいのかを明確にする必要があります。またスポーツに特化した放送・配信局あるいは制作会社に入らない限り、たとえ実際に入社できたとしても、確実にスポーツの放送・配信に関わることができるとはいえません。

● 映像配信方法・メディア媒体の多様化

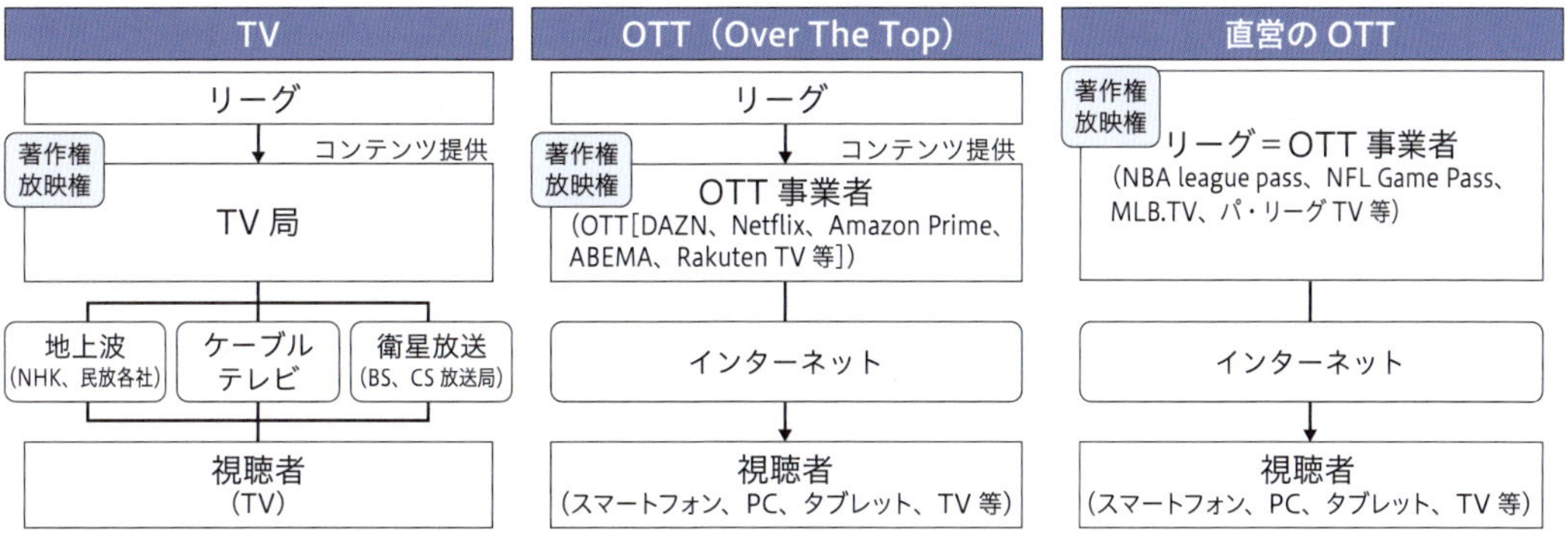

出典：スポーツコンテンツ・データビジネスの拡大に向けた権利の在り方研究会『スポーツＤＸレポート』経済産業省・スポーツ庁　2022年をもとに作成

ABEMAで働くスポーツ中継のプロフェッショナル

スポーツで人々の熱狂を生み出す

藤井 大河さん

PROFILE

1995年生まれ、岡山県出身。AbemaTVスポーツエンタメ局プロデューサー。学生時代はマイナーリーグや国際トライアスロン連合など海外スポーツ団体でのインターンを経験。東京2020組織委員会、AbemaTVで勤務経験を持つ。

世界のスポーツを「新しい未来のテレビ」で

ABEMAという「新しい未来のテレビ」でスポーツ中継を担当しています。これまではメジャーリーグやワールドカップなどを担当してきましたが、現在はモータースポーツのカテゴリーで、世界ラリー選手権やスーパーフォーミュラを担当しています。

業務は、放送権の調達から編成、制作、プロモーション、視聴分析まで、放送の始まりから放送後までの全てに関わっています。放映権とは、スポーツイベントを放送するための権利で、権利元と交渉して調達します。調達した放映権をもとに、どの試合をいつどのように放送するかを編成します。次に、視聴者にどのような内容をどのように届けるかを具体的に考えて制作に取りかかります。国際映像の場合は、日本の視聴者に見やすくするために、外国語の実況を日本語に置きかえたり、英語のテロップを日本語で補うなどの工夫や作業が必要となります。放送内容が決まったら、より多くの人に見てもらうためのプロモーション活動に移ります。これには、SNSでの発信やリリースを通じて記者や専門誌に取り上げてもらうことが含まれます。

放送終了後は視聴分析をして、どのような視聴者がどの程度の時間視聴したかを把握し、今後の改善点を探ります。

新しい番組を始める準備は、年単位のものもあれば2、3か月のものもあります。権利調達の交渉から編成、制作の準備まで同時に進めていくことになるので大変なこともありますが、「スポーツで人々の熱狂を生み出す」というやりがいに支えられて日々走り続けています。

スポーツを見る人の熱狂を生み出す仕事

今の仕事に就くまでには紆余曲折がありましたが、人々がスポーツを見て熱狂する姿が私を動かしてきたと思います。幼い頃、野球観戦に連れて行ってもらい、みんなが同じものを見て感情をあらわに喜び、悲しむ姿が私のスポーツの熱狂の原体験で、野球の虜になった理由です。

プロ野球選手になる夢は小学生頃に諦めましたが、中学生のときにプロ野球のベンチ席にいた外国人選手の通訳を見て

Message

スポーツで働きたいという夢に出合えたこと自体が幸せなこと。スポーツの力を信じ続けよう

「野球がうまくなくてもチームの一員になれるのか」と思い、高校は英語科を選択し、大学も外国人学生が多い立命館アジア太平洋大学に進学しました。大学時代にメジャーリーグ・マイナーリーグでのインターンの際に、ファン動員数増加のイベント立案・運営を経験し、通訳よりもスポーツ観戦で熱狂を生み出す仕事がしたいと思いました。

そのとき、東京２０２０オリンピックで野球が正式種目として採用されたことを知り、母国で開催されるオリンピックで働きたいと思い、つくば国際スポーツアカデミーに進学しました。修了後は知り合いを通じて東京２０２０組織委員会に就職し、野球・ソフトボールの競技運営に携わりました。大会で日本代表が金メダルを取った瞬間、みんなが国旗を掲げて喜んでいる光景を見て、「熱狂を生む仕事の素晴らしさ」を改めて感じました。スポーツメディアに携わり、より多くの人の熱狂を生み出すことも楽しそうだと思い、ＡＢＥＭＡで働く知人の紹介で、ＡｂｅｍａＴＶスポーツエンタメ局で働き始めました。

スポーツメディアで働くことの魅力

メディアの影響力を本当に実感したのは、入社して2年目に大谷翔平選手が活躍するメジャーリーグの開幕戦を担当したときです。その試合は３００万人の視聴がありました。東京ドームの収容人数が5万５０００人ですので、その50倍以上の人が大谷選手の活躍を見て熱狂してくれたことになります。無料で配信していたこともあり、たくさんの「ありがとう」というコメントもいただき、本当にうれしかったですし、３００万人の視聴者と熱狂を共有できたことにスポーツメディアの仕事に対するやりがいを感じました。私は、スポーツには人々をひとつにする力があり、それは熱狂を共有する瞬間から生まれると信じています。その瞬間を届けるこの仕事に魅力を感じています。

今後はＡＢＥＭＡを世界中のスポーツが視聴できるプラットフォームに発展させたいと考えています。このプラットフォームを通じて、視聴者の熱狂を生み出し、日本全体をスポーツで盛り上げていくことが私の目標です。

FILE 12

新聞・出版社

新聞・出版社は、様々なスポーツ情報の発信により、スポーツ界に重要な貢献をしている歴史のある組織です。試合・大会の取材記事、写真やコラム、特集記事、書籍の出版など多岐にわたる仕事から生み出されたコンテンツにより、読者はスポーツを深く楽しむことができます。スポーツがこれだけ多くの人々に知られ、支持されてきたのは、新聞・出版社のおかげといえるでしょう。

新聞・出版社とは

スポーツにおいて、新聞社や出版社が果たす役割は、情報提供から文化的貢献まで多岐にわたります。

試合の結果や選手の動向、今後のスポーツイベントの情報提供はもちろんのこと、試合の解説、写真やコラムなどのエンターテインメントの提供、スポーツに関する社会的・倫理的課題を取り上げ、議論を深めるような記事も掲載しています。さらに、選手やチームの歩み、後世に残る記録にまつわる物語、国際的な大会などのイベントの歴史的意義に目を向け、書き表すことにより、スポーツの文化的価値を高める役割も担っています。

近年では、従来の印刷物だけではなく、ウェブ記事やポッドキャスト、さらにはメールマガジンや動画など、新たなフォーマットでの情報発信も行われています。

新聞・出版の仕事

新聞社でスポーツの仕事に携わる人は、主に新聞社の運動部もしくはスポーツ新聞社に所属する記者です。スポーツ記者の仕事は、単に試合結果を書くだけではなく、読者が知りたい、面白いと思う記事にまとめることにあります。そのため、選手や関係者に取材を重ねたりするなど日々準備をして記事の引き出しを増やしています。また、国際的な大会や記録達成などのイベントの際には、特集記事や連載記事など、多様なコンテンツを作成します。

出版社でのスポーツの仕事は、スポーツ専門雑誌や一般雑誌のスポーツ特集の編集・刊行が挙げられます。出版には、多くの人が関わります。編集者は編集長のもと、特集や内容を企画し、どのような記事が必要か、どのスポーツや選手に焦点を当てるかを決め、必要なライターやデザイナー、イラストレーター、フォトグラファーなどを選び、スケジュールを管理しながら作業を進めます。

出版社によっては、スポーツノンフィクションをはじめとしたスポーツに関連する書籍の出版も行います。そのほか、雑誌の広告スペースを販売する営業担当者や、雑誌や書籍の販売促進を行うマーケティング担当者、経理・財務をはじめとするバックオフィスの担当者が出版社の仕事を支えています。

新聞・出版社で働くやりがいと魅力

新聞・出版社でのスポーツの仕事は、スポーツの世界で起こる出来事や選手のストーリーについて、「自分」というフィルターを通して書き表し、多くの人とそのストーリーを共有することができます。それはひとつの自己表現でもあり、自身の感性を問われることですが、表現者として大きな責任感と共に大きな魅力を感じることができるでしょう。さらに、自分の書いた記事が読者にインスピレーションを与える可能性があり、人々の考えや心情に長期的な影響を与えることができるのも大きなやりがいです。

また、大規模なスポーツイベントの現場取材では、興奮を味わえると同時に、選手やチームの喜怒哀楽を伝えることで、多くの人に感動を届ける充実感があります。取材を重ね、スポーツの楽しさや価値を広めることで、スポーツ文化の普及にも貢献できます。

新聞・出版社でスポーツの仕事をするためには

新聞社であれば、記者として入社し、運動部に配属される必要があります。スポーツ新聞社に入社することもひとつの方法です。いずれにしても、ジャーナリズムに関する知識を土台としてスポーツの世界で起きる出来事や問題などについて情報を収集し、記事を書くというスキルが求められます。

出版社の場合、編集者なのか営業なのか、どの立場で仕事に関わりたいのかを明確にしたうえで、一般雑誌のスポーツ特集の担当になるか、スポーツ専門雑誌の出版社に入社する必要があります。もしくは、ライターやフォトグラファーなど、自分の専門性を高めて個人事業主として出版社からの仕事を受けるという方法も考えられます。

PICK UP

出版に関わる職種

- **編集者**
  雑誌・書籍の全体の構成や内容を企画し、編集から発行までを管理します。
- **ライター**
  スポーツイベントや選手に関する記事を執筆し、読者に魅力的なコンテンツを提供します。
- **フォトグラファー**
  スポーツの試合やイベントを撮影し、迫力ある写真で雑誌のビジュアルを豊かにします。
- **デザイナー**
  雑誌のレイアウトやデザインを担当し、視覚的に魅力的な誌面を作りあげます。
- **校閲者**
  記事や写真の内容を細かくチェックし、誤字脱字や事実関係の誤りを修正します。

◆産経新聞社で働くプロフェッショナル

スポーツ記者として活躍

宝田　将志さん

大相撲を「書く」

　産経新聞社の運動部でスポーツの取材や記事の執筆をしています。主に大相撲を担当しています。朝8時頃に相撲部屋を訪れて、力士たちの朝稽古を見学し、稽古後に力士や親方から話を聞きます。新聞に取り上げる話題があった場合には、その日に記事を書きます。本場所開催中は、東京であれば両国国技館を訪れて、18時まで取組を観戦しながら支度部屋で、取組を終えた力士に取材を行い、会場に設けられた記者室で記事を書きあげます。

　個別取材のときは、まずアポイントをとります。事前に必要なリサーチと準備をし、取材に臨みます。その後、取材内容を持ち帰り、締切期限までに記事を仕上げる流れになります。

　基本は、私のような現場の記者と記事を確認するデスクという担当者とで執筆・確認をしています。相撲の記事の内容や切り口についてはほぼ任されているので、私自身が読んでもらいたい話を取り上げています。

産経新聞社で「書く」

　浪人期間中に、たまたま読んだスポーツ雑誌『Ｎｕｍｂｅｒ』に掲載されていた山梨学院大学の陸上部を題材とした作品との出合いからスポーツノンフィクションを読むようになり、「スポーツを書く」という仕事があることを知りました。

　早稲田大学教育学部では国語を専攻し、現代文のゼミでスポーツノンフィクションについて深く学びました。国語の教員になり、スポーツノンフィクションを授業で扱ってみたいと考えたこともありましたが、産経新聞社に応募してみたところ、内定をもらうことができました。サンケイスポーツを志望していたのですが、初配属は産経新聞本紙の地方部で、記者として神奈川県と長野県を担当しました。その後、整理部に異動し、見出しやレイアウトの仕事を経験し、社会部で警視庁担当も務めました。その間も、運動部への異動希望を出し続け、ようやく9年目に運動部への異動が叶ったわけですが、今となっては最初からスポーツだけを書く仕事をするよりよかったと思っています。

PROFILE

1977年生まれ、千葉県出身。産経新聞運動部記者。早稲田大学教育学部卒業後、2001年に産経新聞入社。オリンピックは2014年ソチ、2016年リオデジャネイロ、2021年東京と夏冬合わせて３大会を現地で取材。著書『四継　2016リオ五輪、彼らの真実』（文藝春秋）。

Message

スポーツの本質を問い続け、自分の言葉で表現しよう

運動部では、最初に野球を担当し、神宮球場でヤクルトスワローズや学生野球の取材を半年間しました。その後、２年半の大相撲担当を経て、２０１３年から９年にわたり陸上競技と体操競技を担当し、２０２２年からは再び大相撲を担当しています。

スポーツを「書く」ことの喜び

自分のなかで「書けた」と実感できる瞬間は特別です。取材が充実し、その内容をうまく記事に反映させて、自分らしい表現で書きあげたときにその喜びを感じます。

陸上競技を担当していた頃に、桐生祥秀選手が日本人として初めて１００ｍを９秒台で走ったときのことは忘れられません。この歴史的な瞬間が訪れるかもしれないと言われ始めてから、たくさんの取材を積み重ねてきました。実際に桐生選手が、福井県の大会で9秒98を記録したときには、記事を「書けた」という実感とともに、「(桐生選手の努力が報われて)書けてよかった」という気持ちもありました。

また、この仕事の魅力は、スポーツや選手について「立体的」に書き残して、読者に何かを伝えられることだと思います。単に選手の視点だけではなく、指導者や家族まで含めた幅広い取材を行います。これによって、記事を時間的にも空間的にも広がりのある「立体的」な内容にしていきます。そうしてパフォーマンスや記録の意義を自分なりにまとめて提示することができるのが、この仕事の大きなやりがいです。

スポーツを「書く」ために

スポーツ記者としては、「スポーツを読む」という行為自体をより価値あるものにしたいという思いがあります。そのためには「スポーツを書く」こと、つまり良い記事を書くことに励まなければなりません。感性が豊かで文章が上手な人、選手とのコミュニケーションに長けた人、スポーツと歴史を掛け合わせて書ける人、スポーツを科学的に分析できる人など、それぞれの得意分野を活かして独自の表現ができるのが、この仕事の良さだと思います。

ただ、スポーツに携わる仕事である以上は、「スポーツとは何か」「スポーツの価値」について、自分なりに考え続けることが大切です。それが「スポーツを書く」ときの土台になってくると思います。

FILE 13

スポーツメーカー

スポーツメーカーとは、スポーツに関連する商品やサービスの企画から開発、販売をする企業です。これにより、人々がスポーツをすることがもっと楽しくなり、健康的な生活を送るサポートをしています。

スポーツメーカーとは

スポーツメーカーとは、スポーツに関連する商品を製造・販売する企業です。スポーツ用具やシューズ、アパレル（スポーツウェア）などの商品を企画して作るだけでなく、ＩＴ技術を駆使したアプリなどのサービスを提供することもあります。これらの商品やサービスを通じて、スポーツを楽しみたい人からトップ選手まで、あらゆる人々の心身の健康や豊かなライフスタイルに貢献することを目指しています。

スポーツメーカーには、「ナイキ」や「アシックス」のように様々なスポーツや運動を取り扱う総合スポーツメーカーもあれば、特定のスポーツや運動に特化した専門スポーツメーカーもあります。例えば、あるメーカーはランニングシューズに特化していたり、別のメーカーはテニスやバドミントンの用具に特化していることがあります。

スポーツメーカーの仕事

スポーツメーカーでは、まず商品企画部門が経営戦略に沿って消費者ニーズに応じた商品を企画します。その後、研究部門が人間の特性や使用する材料、商品構造、生産技術などについて研究を行います。デザイン部門は商品のデザインやカラーを提案し、商品開発部門が生産工場と協力して実際の商品を形にします。商品化が決定すると、生産部門が工場との調整を行い、量産に移行します。同時に、マーケティング部門がプロモーション戦略を立案し、ＳＮＳやメディアでのコンテンツ作成や店舗でのディスプレイを行います。スポーツメーカーの場合、選手やチーム、大会との契約を通じてマーケティング活動に協力を得られます。実際に選手が商品を着用することで、ブランドや商品の認知度が向上します。最終的に、商品は営業部門を通じてスポーツ用品小売店や直営店・オンラインストアで消費者に届けられます。

また、アプリやデジタルサービスを提供する部門がある企業もあります。この部門では、運動プログラムを含むアプリの開発や、デジタルコンテンツの制作を行います。例えば、ランニングを記録するアプリや、トレーニングプランを提供するオンラインサービスなどを企画・開発し、ユーザーがより効果的に運動を楽しめるようにサポートします。

こうした企画から販売までのプロセスは、経営企画部門、経理財務部門、法務部門、デジタル部門、人事総務部門、広報部門などの部門によって支えられています。

スポーツメーカーで働くやりがいと魅力

スポーツメーカーで提供する商品やサービスは、トップ選手のパフォーマンス向上だけでなく、一般の人々の心身の健康を増進させ、豊かなライフスタイルの形成に貢献します。

スポーツメーカーで働くやりがいは、企画から販売まで関わった商品やサービスが、多くの人々に喜ばれることです。特に大手メーカーでは、それが世界中に広がることもあり、自分の仕事の影響がグローバルに感じられるでしょう。

スポーツメーカーで働くために

スポーツメーカーで働くにあたって、スポーツ経験は問われません。ただ、スポーツに関わる仕事であることから、自然と運動やスポーツが好きな人が集まる傾向にあります。

自分がどの部門や職種で働きたいのかを明確にし、その仕事に必要な知識やスキルを学ぶ必要があります。例えば、研究部門であれば、大学院で、バイオメカニクスや機械工学、計算科学（シミュレーションなど）、材料科学などに関する学びを深めた人たち、デザイン部門であれば、美術系の大学や大学院で学んだ人など、様々な分野で学びを深めた人たちがそれぞれの部門で活躍しています。

また、国内、国外メーカー問わず、商品やサービスをグローバル展開している企業の場合には、英語をはじめとする語学力や異文化理解能力が求められます。

PICK UP

カスタマイズ職人

トップ選手の最高のパフォーマンスを支えるために、スポーツ用品を一人ひとりに合わせてカスタマイズする職人がいます。例えば、シューズの場合、選手の身体や動きを詳細に計測し、それぞれの足型に合うように調整します。左右で異なるサイズを0.5ミリ以下の単位で調節し、選手の要望に応じて中敷きを入れたり、シューズのアッパー（上部の部分）やソール（底の部分）の素材を変更したりします。

現在では、テクノロジーの発展により、市販のスポーツ用品も、一人ひとりに最適化された状態で販売され始めているものもあります。これにより、一般の人々もトップ選手と同じように、自分に合ったスポーツ用品を手に入れることができ、より快適にスポーツを楽しめるようになってきています。

◆アシックスで商品開発を行うプロフェッショナル

世界のトップ選手と共に商品開発を行うプロジェクトで活躍

竹村 周平さん

PROFILE

1978年生まれ、兵庫県出身。アシックスCプロジェクト部部長。兵庫県立姫路工業大学（現：兵庫県立大学）卒業後、2001年にアシックス入社。一貫してサッカーやランニングなどのシューズ開発に携わり、2020年1月Cプロジェクトのリーダーに就任。2023年1月より現職。

選手に「Ｗｏｗ」を届けよう

私はアシックスのＣプロジェクトの部長として、トップ選手を対象にした商品開発や契約業務をしています。Ｃプロジェクトの「Ｃ」は「Ｃｈｏｊｏ」のことで、創業者鬼塚喜八郎が進めた「頂上作戦」の戦略の下、社長直轄のプロジェクトとして発足し、トップ選手と協力して、陸上競技用の短距離から中長距離向けスパイク、マラソンシューズなどを開発しています。また、トップ選手と契約を結び、ケニアとフランスを拠点にＣｈｏｊｏキャンプというマラソンに特化した選手育成キャンプも運営しています。Ｃプロジェクトには、開発者だけではなく、スポーツマーケティングや知的財産の担当者、スポーツ工学研究所の研究員、カスタマイズシューズの専門家など18名が参加しています。開発には困難がつきものですが、メンバーには「選手に『Ｗｏｗ』を届けよう」と常に言っており、選手の期待を超えるものを作って驚かせたいと思っています。

シューズ好きが高じてスポーツシューズの開発へ

中学時代に陸上競技部で長距離走をしていたとき、アシックスの「ターサー」というシューズに感銘を受け、そこからシューズの魅力に惹かれていきました。高校生頃から、日本では販売されていないシューズを輸入し、構造や素材について調べるほど夢中になりました。姫路工業大学（現兵庫県立大学）では、物理や応用数学を中心に学ぶ一方で、アメリカンフットボールに熱中しました。就職はシューズ好きが高じてスポーツメーカーを志望し、２００１年にアシックスに入社しました。

配属されたシューズ開発部門では、サッカーとラグビーのスパイク開発を皮切りに、ランニングシューズ、レーシングシューズなど、10年以上、シューズの開発に携わりました。２０１６年から2年間は、中国での駐在員として生産工場の窓口業務を担当し、帰国後はスポーツスタイルのシューズやパフォーマンスランニングシューズの開発に携わりました。その後、２０２０年にＣプロジェクトのリーダーになり、トップ選手の声を聞きながらシューズを開発しています。

努力が報われる瞬間

Cプロジェクトの発足当時は、アシックスのシューズは、残念ながらトップ選手に評価されていませんでした。それでもアシックスを信じてくれた選手に満足してもらえるシューズを作るために、選手からのフィードバックをもとに開発を続けました。共同開発したシューズを履いた選手が活躍する姿を見たときは感慨深いですし、その瞬間に全ての努力が報われたように感じます。

2021年3月末に、Cプロジェクトで初めて開発したマラソンシューズ「メタスピード」をローンチしたのですが、そのシューズを共に開発した選手が東京2020オリンピックのマラソンレースでひとつでも順位を上げようと奮闘する姿を目の当たりにしたときは、熱いものが込みあげてきました。また、トライアスロン競技では、競技現場にいるプロジェクトメンバーから「真っ赤です！」との連絡が届きました。これは、多くの選手がアシックスの「サンライズレッド」カラーのシューズを履いていたことを意味するもので、最終的には男女共に金メダルを獲得してくれたことを知り、胸が熱くなったことを今でも覚えています。

最近では、パリ2024オリンピックのマラソンレースで、バシル・アブディ（ベルギー）選手が銀メダルを獲得したことも忘れられません。Chojoキャンプでトレーニングした選手がワールドマラソンメジャーズのひとつで素晴らしい成績を収めた後に、「このシューズのおかげです」と言ってくれたときの喜びは、言葉では言い表せません。

商品開発に必要なもの

日本だけでなくグローバルに仕事を展開しているので、英語は大切だと感じています。また、社内のメンバーや選手との円滑なコミュニケーション能力も求められます。特にCプロジェクトは、生産管理担当者や工場スタッフ、マーケティングチームなど、多くの関係者とのやり取りが必要です。そのため、全員が一致団結して目標に向かえるように、情報を整理し伝える能力、そしてモチベーションを高める能力が必要です。あとは、スポーツメーカーの商品開発に携わる以上、スポーツが好き、ものづくりが好き、選手のサポートをしたいという強い想いも求められます。

Message

真剣に取り組み、やり切ること。それがあなたの自信につながる

FILE 14

スポーツ用品店

スポーツ用品店は、スポーツに必要な商品を販売するお店です。個人用やチーム用のスポーツ用品、アウトドア用品、フィットネス器具、アパレルやシューズなどを扱います。特定のスポーツに特化した店舗から、多種多様な商品を揃えた大型店舗まで、様々な規模や形態があります。

スポーツ用品店とは

スポーツ用品店は、様々なスポーツ関連商品を顧客に提供しています。例えば、個人用のテニスラケットや剣道の防具、チームで使用するバスケットボール、スポーツ施設や学校に設置するためのゴールなど、幅広いスポーツ用品を取り扱っています。また、キャンプやハイキング用のテントやバックパック、フィットネス器具など、アウトドアや健康維持のための道具も豊富に揃えています。さらに、スポーツをする際に必要なアパレルやシューズの販売にも力を入れています。

スポーツ用品店には、多種多様な商品を扱う大型店舗や、野球やスキーなど特定のスポーツに特化した専門店、メーカー直販店など、様々な形態があります。

スポーツ用品店での仕事

スポーツ用品店の仕事は、商品の仕入れから販売、顧客サービス、マーケティングまで多岐にわたります。

まず市場調査を行い、どんな商品が必要とされているのかを調べ、そのニーズに応じて取り扱う商品のラインナップを決定します。それに基づき、スポーツメーカーや卸売業者から商品の仕入れを行います。

実店舗では、商品発注や陳列、接客、販売管理が主な仕事です。店員は顧客と直接コミュニケーションを取り、商品の説明や身体計測、試着のサポートを行います。また、店舗内でイベントを開催したり、新商品のプロモーションを行ったりします。商品利用後のフィードバックを直接聞くことができるのも実店舗の魅力です。

オンライン販売では、ウェブサイトやアプリを通じて商品を販売します。商品の写真撮影や説明文の作成、サイトの更新が大切な仕事になります。注文管理や発送準備も行い、迅速かつ正確に商品を届けることが求められます。また、オンラインでのプロモーションやSNSを使ったマーケティング活動も行います。オンラインでは24時間いつでも購入できる便利さが魅力です。

また、店舗の人材の採用や研修、評価などの管理や、売上や予算の管理も重要な仕事のひとつです。

大規模なスポーツ用品店では、これらの一連の作業を本部が一括して管理し、各店舗の店長と協力して地域の特徴に合わせた商品を展開しています。

スポーツ用品店でのやりがいと魅力

運動やスポーツをする人にとって、スポーツ用品店は最も身近な企業のひとつといえます。顧客のニーズに沿った適切な商品の選択をお手伝いすることで、顧客のスポーツ体験を豊かにすることができます。顧客から「このシューズのおかげで試合に勝てた！」といった喜びの声や感謝の気持ちを直接聞けることは、スポーツ用品店で働くやりがいのひとつです。

また、スポーツ用品店は、地域社会やスポーツコミュニティの一員として、スポーツの普及や人々の健康促進にも貢献しています。例えば、地域のスポーツイベントを支援したり、スポーツチームと連携して特別なキャンペーンを行ったりすることがあります。こうした活動を通じて、スポーツの楽しさや健康の大切さを広めることができるため、大きな社会的な意義を感じることができるでしょう。

スポーツ用品店で働くために

スポーツ用品店で働くには、商品に関する深い知識と顧客のニーズに対する理解が必要です。各商品の素材や用途、価格、メーカーなどの特徴を把握し、一人ひとりの顧客のニーズに合った商品を提案することが求められます。

また、販売は接客業でもあるので、丁寧な言葉遣いや礼儀正しい態度といった基本的なビジネスマナーを身につけておくことも大切です。

全国に店舗を展開する大きなスポーツ用品店では、本社勤務を含めて店舗運営、商品仕入れ、マーケティング、物流など、部門ごとに仕事が分かれているため、職種も働き方も様々です。自分が何をしたいのかをはっきりさせ、自分に合った企業を見つける必要があるでしょう。

スポーツ用品店での仕事に興味がある人には、アルバイトを通じて実際に現場を体験してみることをおすすめします。また、普段自分がスポーツ用品店を利用する際に、店員さんの働き方や店舗の運営方法に目を向けてみると、新たな発見があるかもしれません。

PICK UP

スポーツ用品店の自社ブランド商品

スポーツ用品店では、ウェアをはじめシューズやアウトドア商品などを自社ブランドの商品として企画・開発・販売する企業が増えてきています。自社で商品を企画・開発することで、コストを削減し、顧客に対して手頃な価格で、ニーズに応じた商品を提供することができます。また、自社ブランドの商品を持つことで、独自のブランドイメージを構築することにもつながるのです。

◆ゼビオで働くプロフェッショナル

女性店長として活躍

松井 聡子さん

PROFILE

1994年生まれ、佐賀県出身。熊本大学教育学部生涯スポーツ福祉課程卒業。ゼビオ入社後、なんばパークス、イオンモール京都店、京都ヨドバシ店、ゆめタウン久留米店を経て、ゆめタウン大牟田店の店長に着任。

地域に根差したスポーツ専門店として

スーパースポーツゼビオゆめタウン大牟田店の店長として勤務しています。主な仕事は、スポーツ用品の販売です。店舗では、子どもから高齢者まで幅広い世代のスポーツライフや、初心者からアスリートまでそれぞれのニーズに応じられるように10万点以上の商品を取り扱っています。

ゼビオでは、各店舗に裁量権が与えられているので、地域の特性やニーズに合わせて、展示する商品構成を考えて、売場づくりをしています。例えば、福岡県大牟田市は、少年ソフトボールがとても盛んな地域です。そのため店舗では、少年軟式野球と同等の規模、あるいはそれ以上の広さの売場を設け、ソフトボール用のバットやグローブなどの商品数を他店舗よりも充実させています。また、店舗のあるゆめタウンと協力して少年ソフトボール大会を開催し、地域のスポーツ振興にも貢献しています。

母からの「スポーツはなくならない文化」の一言を胸に

私は、父が小学生のバレーボールのコーチだったこともあり、小学生から大学生までバレーボールをしていました。高校時代、母と進路について話し合った際に「スポーツはなくならない文化」と言われ、その言葉を胸に、熊本大学教育学部の生涯スポーツ福祉課程に進学しました。大学ではスポーツと福祉について幅広く学び、なかでもスポーツ経営学ゼミでは、主にスポーツ教室やチームの運営について学びを深めました。ゼビオに就職したのは、子どもの頃から利用していたゼビオが最も身近なスポーツ企業だったことと、ユーザーとしての経験を活かし、今度は自分が人々のスポーツ活動を支え、健康を促進し、生活を豊かにすることで社会に貢献したいと思ったからです。

お客様のスポーツ体験の伴走者として

ゼビオでは、店長は一人の「経営者」として考えられています。店長の業務は、従業員である「スポーツナビゲーター」の採用と教育、商品手配、接客販売方法の見直し、売場づくりや店舗戦略の立案など、店舗で行われる全ての業務を統括することです。接客・販売業である以上、人材育成・販売力向上には力を入れており、ナビゲーターと共に商品価値が伝わる販売方法を考案し、継続的に改善をしています。その結果、全国の販売コンテストでトップクラスに入ることができました。ナビゲーターのレベルの高さが認められたことは、店長として最もうれしかった出来事のひとつです。

　接客では、入社間もないときに、マラソン初挑戦のお客様を担当し、その方が完走したことを私に報告するためにご来店いただいたときのことは今でも覚えています。自分が提案した商品で上手にプレーできるようになったときや目標を達成したとき、そしてそのことを報告にご来店いただき、リピーターになってくれたことは、私だけではなく店舗の全てのナビゲーターが仕事の魅力として挙げることで、この仕事の楽しさを実感するときです。

スポーツ専門店の店員として求められるもの

　スポーツ専門店で働いていると「スタッフの皆さんはスポーツ経験者ですか？」とよく尋ねられますが、スポーツ経験が必須ではありません。実際に、スポーツ未経験のナビゲーターも活躍しています。大切なのは、お客様の悩みやニーズを聞き出し、適切な説明や提案で解決に導くコミュニケーション能力です。例えば、ランニングをされているお客様から、「足が痛いけど、どんなシューズを選んだらいいのかわからない」と相談を受けることがあります。そうしたときは、お話をよく聞くとともに、足型や足のバランス、サイズを機械で測定して、シューズを提案します。また、商品自体の価値だけでなく、商品を使用することで得られる価値についてもお客様に理解していただけるような工夫も接客には必要です。

　店長になり3年目になりますが、今後は、女性店長の育成に尽力したいと考えています。小売業界ではよく「購入の決定権は女性にある」と言われます。店舗でも、お母様が購入を決定されることが多いため、女性店長の意見はとても大切だと感じています。私自身が周囲のサポートを受けながら店長になれたように、次世代の女性店長育成に関わっていきたいと思います。

Message

共に生み出そう。
ひとつでも多くのこころを動かす体験を

FILE 15

スポーツテック企業

スポーツテックとは、「スポーツ」と「テクノロジー」を組み合わせた言葉で、スポーツテック企業は、スポーツとテクノロジーを融合させ、選手やチーム、ファンに対して新しい価値を提供する企業です。

スポーツテック企業とは

スポーツテック企業は、最新の技術を用いて、スポーツの「する」「みる」「ささえる」全ての面で新たな価値を提供しています（表「スポーツテックの利用例」参照）。

例えば、スポーツテック企業は、選手のパフォーマンスをリアルタイムで計測するウェアラブルデバイスや、試合の映像を分析するソフトウェアを提供し、選手やコーチを支えています。また、ファンに向けては、試合中継だけでなく、仮想現実（VR）などの技術を用いた、まるで試合会場にいるかのような観戦体験ができるアプリも開発しています。さらに、イベント運営に欠かせないチケット販売システムやマーケティング効果を分析するツールも提供しています。

スポーツテックは、スポーツ産業のなかでも成長が見込まれるものであり、日本のスポーツ庁をはじめ、世界中で注目されています。

スポーツテック企業での仕事

スポーツテック企業の仕事は、商品・サービスの企画開発、営業、顧客サポート、マーケティングなど多岐にわたります。

企画担当者は市場調査を行い、ユーザーのニーズやトレンドを把握し、製品のコンセプトを策定します。技術者・エンジニアが様々な技術を活用して設計・試作、プロトタイプの開発、テスト、データ分析を通じて品質や機能の向上を図ります。大学の研究室や選手・チームとの共同研究・連携も重要で、最新の科学的知見や実際の競技データを取り入れることで、製品の精度と信頼性を高めます。

製品化が決定すると、製品の量産体制を構築し、製品開発の進行管理、品質保証、価格設定、ライフサイクル管理などを行います。

営業・顧客サポートの担当者は、製品販売のほか、使用方法や技術的なサポー

トも行います。また顧客からの製品フィードバックを受け取り、製品の改善や新たな企画開発、マーケティングに役立てます。マーケティング担当者は、広告やSNSでのプロモーション、イベントなどのマーケティング施策を展開していきます。

スポーツテック企業でのやりがいと魅力

スポーツテック企業では、スポーツと最先端のテクノロジーを組み合わせて、新たなスポーツの可能性を開拓することができます。特にテクノロジーに興味がある人にとっては、とても魅力的な仕事です。また、異なる専門性を持つ仲間と共に、新しいアイデアを形にする過程はとてもやりがいのあるものです。さらに、世界的に成長が著しい分野でもあるため、各国の先進的なスポーツテック企業と交流したり、場合によっては共同でプロジェクトに取り組む機会もあります。これにより、国際的な視野を広げ、世界各地の最新の動向や技術に触れることができます。

スポーツテック企業で働くために

テクノロジーは常に進化し続けているため、最新のトレンドを追い続ける必要があります。エンジニアやプログラマーなどの技術担当者にとっては日常的なことですが、営業や顧客サポート、マーケティングなどの担当者も、技術の基本について理解しておくことが重要です。一方で、時代が変わっても変わらないスポーツの本質や価値について、自分なりに理解することも必要です。

また、世界各国のスポーツテック企業が開発した製品を未開拓の市場で販売するという仕事もあります。このような場合、販売代理店で働くことになり、地域の市場ニーズに合わせた効果的な販売戦略を立てることが重要になります。

スポーツテック企業はベンチャー企業も多いため、基本的には即戦力を欲しています。各ポジションでの高い専門性や職務経験が求められることもあります。

● スポーツテックの利用例

スポーツを「する」人へ	・心拍数や走行距離、速度などの情報をリアルタイムに測定するウェアラブルデバイス ・動作や戦術を分析するための映像分析ツール ・試合中の公平な判定を助けるビデオ・アシスタント・レフェリー（VAR）
スポーツを「みる」人へ	・ライブ中継だけでなく、詳細な統計情報や選手情報も一緒に提供 ・仮想現実（VR）や拡張現実（AR）を用いた臨場感溢れる試合観戦 ・トレーディングカードの取引プラットフォーム、ギフティング（投げ銭）を用いたファン同士の新たなコミュニケーション
スポーツを「支える」人へ	・ダイナミックプライシング（価格変動制）を用いたチケット販売システムやスタジアム運営ソフトウェアによる、顧客のニーズに応じたサービスの提供と効率的な運営 ・ビジネスインテリジェンスツールによる、マーケティング戦略やスポンサーシップの効果分析

◆ユーフォリアで働くプロフェッショナル

チームのコンディションをデータで支援

早川 真優さん

PROFILE

1993年生まれ、埼玉県出身。ユーフォリア在職。筑波大学大学院では体育学を専攻し運動栄養学研究室に所属。修了後、ユーフォリアにて「ONE TAP SPORTS」のカスタマーサクセスを担当。現在はスクール運営アプリ「Sgrum」を担当。新潟市在住。一児の母。

データの活用をチームスタッフに提案

ユーフォリアのコア事業は、スポーツチームが抱える課題をITを用いて解決するスポーツ事業で、コンディション管理や各種データベース開発、コンサルティングをしています。

そのなかで私は、「ONE TAP SPORTS」のカスタマーサクセスを担当しています。「ONE TAP SPORTS」は、スポーツ選手のコンディションを可視化するためのソフトウェアで、選手の体調や睡眠時間、体重、ケガの有無・状態、フィジカル測定の結果などのデータを一元化し、チーム全体の状態や個々の選手のコンディションを一目で把握することができます。

チームスタッフは、そのデータを活用し、トレーニングの負荷調整やチーム強化をするのですが、チームによって重視することや利用する目的・方法が違うので、それぞれのニーズに合わせたソフトウェアの使用方法の提案やレクチャーなどを私がサポートすることになります。

競技経験と大学院での研究を活かす

私は小学校2年生から祖父が教えていた陸上クラブに入り、「棒遊び」を始めました。高校から本格的に棒高跳びを行い、大学は筑波大学に進学しました。大学では、棒高跳びを続けながら、スポーツ栄養学のゼミで栄養や食事について学びました。私自身、高校時代に過度な体重管理で月経不順になった経験があり、競技のために良かれと思ってしていたことが、競技にも健康にも悪影響になっていたことに気づき、食事や体調管理の大切さを深く理解しました。大学院では、跳躍選手の食行動の変容パターンと競技成績や体格との関係性について研究しました。

研究室の先輩の紹介でユーフォリアのインターンシップに参加し、3か月間の業務体験を通して、自分の競技経験と大学院での研究を活かしながら、選手たちの食事を含めた適切なコンディショニングの手助けができる仕事だと思い、入社を決意しました。

業者ではなくチームの一員として仕事に取り組む

仕事では、業者と顧客の関係ではなく、チームの一員になったつもりでサポートしています。チームスタッフの方からもソフトウェアの使用方法だけでなく、チームが抱える課題やその対応について相談されることもあります。私の専門分野である食事や栄養に関する課題に対しては、自分の知識やほかのチームの事例をもとに、それぞれのチームに合わせた提案をしています。提案を実際に試してもらい、「改善しました！」とフィードバックをいただいた瞬間はとてもうれしいです。また、チームが大会で優勝したり、目標を達成したときは、まるで自分のことのようにうれしいですし、この仕事にやりがいと魅力を感じます。

現在、新潟を拠点にフルリモートで働いているのですが、テック企業で働くことの魅力として、私の場合は働く場所が限定されないことがあります。初めての顔合わせも含めてサポートはオンラインで行うことが多いので、対面と比べてチームスタッフと打ち解けるのに時間がかかったりするなど難しいこともありますが、仕事と生活の両立はうまくできていると感じます。

専門知識を強みに

対面であろうとオンラインであろうと、チーム（人）と密接に関わる仕事なので、コミュニケーション能力がとても大切になってきます。チームスタッフや選手からの話をしっかり聞いて、それをもとにチームに合わせた提案をする力が求められます。ソフトウェアや機器の利用方法をレクチャーするだけなら、特別な専門知識はそれほど必要がないかもしれませんが、それだけではチームスタッフからの信頼は得られませんし、企業としてのミッションも果たせません。課題を把握し、提案するためには、やはり自分の専門知識を持っていることは強みになりますし、仕事の質がさらに高められます。私の場合は、スポーツ栄養学がそのひとつです。

専門的な知識に関しては、社内にも様々な専門家がいるので、知識を共有し合いながら一緒に学んでいけます。ＩＣＴを活用したサポートをこれからも続けていけるように私自身も、海外のものも含めて新しく出てくるデバイスやテクノロジーについて日夜学び続けています。

Message

選手とスポーツの未来を支える、あなたを待っています！

FILE 16

スポーツツーリズム関連組織

スポーツツーリズム関連組織は、スポーツと観光を組み合わせることで、地域の外から人を呼び込み、地域経済を活性化させることを目指しています。その役割は、スポーツイベントの企画・運営、観光客の宿泊や交通手段の手配、地域資源を活用したスポーツツーリズム商品の開発など多岐にわたります。

スポーツツーリズムとは

スポーツツーリズムとは、「スポーツ」と「ツーリズム（観光・旅行）」を組み合わせた取り組みです。つまり、様々なスポーツイベントに参加したり観戦したり、ボランティアをするために旅行することを指します。例えば、プロスポーツの試合を観に行ったり、マラソン大会に参加するためにその地域を訪れることがこれにあたります。スポーツイベントの開催は、多くの人々が集まるので、地域のお店やホテルがにぎわい、地域全体が活性化します。

スポーツツーリズムには、海外から日本を訪れる「インバウンド市場」、日本から海外へ出かける「アウトバウンド市場」、そして国内を移動する「国内市場」の3つの市場があります。

コンテンツにもいくつかの種類があります。例えば、マラソン大会に参加するためにその地域を訪れるように、自分がスポーツを実際に行う「参加型」のコンテンツもあれば、スポーツの試合やイベントを観戦するために旅行をする「観戦型」のコンテンツもあります。また、スポーツに関連する博物館を訪れたり、スタジアムツアーに参加するような「訪問型」と呼ばれるコンテンツもあります。

特に日本発祥の武道（柔道や剣道など）や、日本の美しい自然を活かしたアウトドアスポーツ（スキーやサーフィンなど）は、スポーツツーリズムのコンテンツとして、世界から注目を集めています。

スポーツツーリズムの仕事

スポーツツーリズム関連組織には、地方自治体とスポーツ団体、大学、観光産業などの民間企業などが挙げられます。それらが一体となった組織を地域スポーツコミッションと言い、スポーツイベントの企画、誘致、運営、参加者の宿泊や移動手段の提供、地域の文化紹介など、様々な仕事を行います。

例えば、2018年に設立された金沢

文化スポーツコミッションは、金沢の文化とスポーツを活用して地域を元気にし、金沢の魅力を広めることを目的としています。この組織は、国内外のスポーツイベントを金沢に誘致すること、地域の人々と来訪者との交流を深めること、そして金沢ならではのおもてなしを企画することを主な活動としています。例えば、イベント参加者に向けて、兼六園や21世紀美術館のナイトツアー、金箔工芸体験、水引アクセサリーづくりなど、金沢を楽しむ様々な活動を提供しています。これらの活動により、金沢での大会開催の魅力が高まり、2018年には3件であった大会誘致が2022年には60件に増え、大会の再開催や参加者の宿泊など、地域経済への貢献が拡大しています。

　このように、地域スポーツコミッションのような組織の活動が活発になることで、スポーツを通じて地域を楽しむ旅行が増え、人々により豊かな体験を提供することができるようになります。

やりがいと魅力

スポーツツーリズム関連組織での仕事には、スポーツイベントを通じて、地域の文化や歴史を国内外に発信し、ブランド価値を高めると同時に、地域の活性化に貢献できるというやりがいがあります。

　また、スポーツイベントには国内外から多くの参加者や観光客が集まります。これにより、世界中の人々と交流する機会が増え、異なる文化や価値観に触れることができ、自分の視野を広げることにもつながります。

　スポーツツーリズムの分野は、世界的にも急成長している市場です。このような成長産業の一員として働き、新しいアイデアを試したり、革新的なプロジェクトに参加する機会が多いことも魅力です。

スポーツツーリズム関連組織で働くために

スポーツツーリズム関連組織での仕事には、スポーツイベントの企画、誘致、運営を行うためのプロジェクトマネジメント能力が必要です。イベントに参加する人々を快適に迎えるための準備も必要です。例えば、来訪者の宿泊場所を手配したり、交通手段を確保したりすることも求められるでしょう。

　また、イベントを成功させるためには、スポンサーや地域の関係者と良好な関係性を築くことも重要です。スポンサーからの支援を得たり、地域の協力を引き出したりするためには、相手の立場を理解し、説得力を持って話すなどの交渉力も重要です。

　さらに、その地域の文化に関して深く理解することも大切です。地域の魅力を効果的に発信し、多くの人々を惹きつけるためには、マーケティングやプロモーションのスキルが必要です。例えば、SNSを活用してイベント情報を発信したり、地域の特色をアピールする動画を制作したりすることが考えられます。

PICK UP

JAPAN SPORT TOURISM

スポーツ庁の「JAPAN SPORT TOURISM」では、日本全国のスポーツ施設やイベントを活用し、スポーツと観光を融合させたスポーツツーリズムを推進しています。このプロジェクトは、国内外の観光客に対して、武道やアウトドア、スノースポーツなど、日本各地の多様なスポーツ体験を提供し、地域経済の活性化を目指しています。

JAPAN SPORT TOURISM

◆日本スポーツツーリズム推進機構で働くプロフェッショナル

スポーツの力で地域の課題を解決する

滝田 佐那子さん

PROFILE
1984年生まれ、東京都出身。日本スポーツツーリズム推進機構（JSTA）地域スポーツ戦略プランナー。地域おこしスポーツ協力隊ネットワーク（LSN）設立発起人・理事。アスリート向けキャリアコンサルタントとしても活動中。

スポーツツーリズムの相談役

私は日本スポーツツーリズム推進機構（JSTA）で、スポーツによるまちづくりの支援やスポーツツーリズムの推進に携わっています。JSTAは、スポーツツーリズムに関係する省庁と地方自治体などとの中間支援団体として、各省庁が関係する政策を自治体へ説明したり、自治体からのフィードバックを各省庁に提供して、政策の策定につなげていきます。

まちづくりの支援やスポーツツーリズムの具体的な仕事は、大きいものだと大規模スポーツイベントの誘致です。ラグビーワールドカップ2019は、様々な地域で開催されましたが、会場になることによって多くの人が観戦に訪れて、地域に経済効果を生み出しました。どのような競技大会を誘致するのか、今どのような大会が開催地を決めている最中で、いつ誘致できそうかなど、誘致に向けたサポートをすることもあります。小さいものだと、地域の観光資源やスポーツ資源の活用や事業化、コンテンツの作成などの相談や提案をさせていただき、JSTAのネットワークやノウハウを提供しながらスポーツによる地域振興のお手伝いをしています。

私が担当しているのは、「スポーツによる地域活性化推進事業」というスポーツ庁の事業です。この事業では、地域スポーツコミッションの支援、自治体向けのコンサルティング、まちづくりの担い手の育成等に取り組んでいます。

スポーツの力を感じて

高校3年生のとき、2002FIFAワールドカップが開催され、私はサッカー日本代表の応援に熱中するなかで、スポーツの力とスポーツイベントの魅力を感じました。その経験から、スポーツの力を社会に活かすことに興味を持ち、早稲田大学スポーツ科学部に進学しました。在学中には東京マラソンのボランティアセンターでボランティアマネジメントや大会運営を手伝い、スポーツイベントの魅力を再認識しました。

卒業後は、いくつかの業界で、営業職、人事職などの経験を積みましたが、心の中ではスポーツの力で世の中を良くするような仕事をしたいという思いがありました。そこで転職活動を始め、大学時代

Message

スポーツで何をしたい？ 自分だけの答えを見つけよう

のゼミの先生で、現在は大阪体育大学学長の原田宗彦先生が代表理事を務めるＪＳＴＡの存在を知り、面接を経て仕事をすることになりました。

地域おこしスポーツ協力隊ネットワーク

今は、スポーツの力で地域の課題解決に貢献できることに楽しさとやりがいを感じています。各地を訪れると新しい出会いがあり、初めは外部の者として迎えられるものの、プロジェクトが進むにつれて、地域の方々との間に仲間意識が芽生えて、徐々に受け入れてもらえるようになるとてもうれしいです。

ＪＳＴＡに参画した最初の年、島根県松江市でのコンサルティングに携わりました。結果的に地域スポーツコミッションの立ち上げには至らなかったのですが、そのときに地域おこし協力隊として活動していた女性と出会い、全国で同じような活動をしている人たちがつながることの重要性を実感しました。この出会いがきっかけで、地域おこしスポーツ協力隊ネットワーク（ＬＳＮ）という組織を立ち上げ、２０２２年に一般社団法人として法人化しました。スポーツを通じたまちづくりに関わる人々が、地域で活動し続けるためのサポートや、地域おこし協力隊の採用支援を行っています。

スポーツツーリズムの仕事に就くには

この仕事には、最新のスポーツ政策に関する知識が求められます。また、対象となるスポーツ関係者の背景を理解するために、各時代における主要なスポーツニュースの知識も役に立ちます。まちづくりの文脈では、ＰＲやプロモーション、インバウンド戦略を考えるうえで、その地域が目指す姿やスポーツ資源・観光資源を把握することも重要です。

必要なスキルとしては、プロジェクトマネジメントが挙げられます。また、異なる価値観を持つ人たちをつないで、プロジェクトを推進させるためには、胆力や高いレベルでのコミュニケーションスキルが求められると思います。

FILE 17

スポーツ施設・フィットネスクラブ

スポーツ施設やフィットネスクラブは、人々が運動やスポーツを楽しむための場所であり、ゴルフ場やスキー場、スポーツジムなど様々な種類があります。これらの施設では、運動を楽しむだけでなく、健康をサポートするためのイベントや教室、トレーニングプログラムも提供されています。

スポーツ施設・フィットネスクラブとは

スポーツ施設やフィットネスクラブは、人々が運動やスポーツを楽しむための場所を提供しています。ゴルフ場やスキー場、テニスコート、クライミング施設、プールなどがその例です。また、スケートボードなどのストリートスポーツを楽しむためのアーバンスポーツパークもあります。さらに、スポーツジムでは筋力トレーニングができ、スタジオではヨガやピラティス、ダンス、エアロビクスなどのグループフィットネスクラスが提供されています。

これらの施設は、運動する環境を提供するだけではなく、様々なイベントや教室、トレーニングプログラムが行われています。例えば、スキー場ではスキー教室、フィットネスクラブではダンスやエアロビクスのクラスが開かれています。これらのプログラムは、運動を楽しむだけでなく、人々の健康とウェルビーイングをサポートするためにあります。

スポーツ施設やフィットネスクラブには公共施設と民間施設の両方があります。近年では、24時間営業のフィットネスクラブも増えてきており、自分の生活スタイルに合わせて運動ができるようになってきています。

スポーツ施設・フィットネスクラブでの仕事

スポーツ施設やフィットネスクラブでの仕事は、施設の種類や規模、提供するサービスにより異なりますが、一般的にはフロントデスク業務、プログラムやイベントの企画運営、施設管理、マーケティング、バックオフィス業務があります。

フロントデスク業務は、来訪者の対応、受付、新規会員の登録手続き、会員情報の管理を行います。また、人気プログラムの調査、新しいプログラムの考案、参加者の意見を反映した改善を含む、スポーツプログラムやイベントの企画運営も重要です。さらに、器具や設備の定期メンテナンス、安全管理、清掃を通じて、施設を安全で清潔に保ちます。マーケティングでは、新規会員獲得のためのプロモーション活動やSNS・ウェブサイトでの情報発信を行います。バックオフィス業務には、経理・財務による収支管理や、人事総務によるスタッフの採用・育成が含まれます。

スポーツ施設・フィットネスクラブのやりがいと魅力

スポーツ施設やフィットネスクラブで働くことのやりがいは、人々の健康的で豊かなライフスタイルの実現に貢献できる点にあります。異なる背景を持つ様々な人々が集まり、共通の関心事を楽しみ、お互いを知り、支え合えるコミュニティを築けることも大きな魅力です。

スポーツプログラムやトレーニングプログラムを運営するにあたっては、参加者が新たなスポーツスキルを学び、心身の健康を向上させていく過程をサポートすることにとてもやりがいを感じることでしょう。

スポーツ施設・フィットネスクラブで働くために

スポーツ施設・フィットネスクラブで働くためには、ただスポーツや運動が好きであるというだけでなく、様々な知識やスキルが求められます。

施設運営には、組織マネジメントや安全管理の知識が求められます。会員やスタッフと効果的にコミュニケーションをとる能力も重要です。また、施設のプロモーションや新規会員を惹きつけるためのマーケティングスキルも必要です。

ゴルフ場やスキー場、テニス場、クライミング施設、プールといった、特定のスポーツ施設で働く場合は、そのスポーツに関連する経験や指導者資格、スポーツプログラムマネジャーの資格が求められることもあります。

また、スポーツ施設・フィットネスクラブは会員へのサービス業であることを忘れてはいけません。会員に対して高いホスピタリティを感じてもらうために知識や資格だけではなく、社会人としてのマナーやモラルも身につけておきましょう。

スポーツジムやフィットネススタジオで働く場合には、パーソナルトレーナーやフィットネスインストラクターに関連する資格が必要になることもあります（145・169頁）。また、運動教室（96頁）や栄養講座（140頁）などを運営する場合にも、関連する専門知識が必要になるでしょう。

PICK UP

スポーツ施設やフィットネスクラブを支える仕事

トレーニングマシンのメンテナンスは、安全性とパフォーマンスを維持するために不可欠です。日々の点検や清掃は、施設やクラブのスタッフによって行われていますが、より専門的な定期メンテナンスや消耗品の交換は、製造メーカーや輸入・販売元などの専門業者が担当します。これらの専門業者は、スポーツ施設やフィットネスクラブを陰ながら支える重要な役割を果たしており、スポーツ業界全体の安全性と品質を保つために欠かせない存在です。このように、トレーニングマシンなどのスポーツ器具の製造メーカーや販売店もスポーツに関わる重要な仕事を担っています。

◆セブンハンドレッドの経営者として働くプロフェッショナル

自然と社会と共生する持続可能なゴルフ場運営を目指して

小林 忠広さん

PROFILE

1992年生まれ、東京都出身。祖父の代より続く家業・セブンハンドレッドを事業承継して代表取締役に就任。「みんなが幸せを実感できるゴルフ場」をビジョンとし、自治体や地場企業と連携しながら持続可能なゴルフ場創りに取り組む。NPO法人スポーツコーチング・イニシアチブ代表理事。

美しい自然の中で楽しんでもらう

私は、栃木県さくら市でセブンハンドレッドというゴルフ場の代表をしています。ゴルフ場は、東京ドーム約100個分に相当する広大な森林資源を有しており、自然の中でゴルフを楽しむ体験を提供しています。私の仕事は、この豊かな自然を背景にした施設の運営業務の統括です。

業務内容は大きく2つに分けられます。ひとつは、森林や草木といった自然環境を美しく保ち管理するゴルフコース管理です。もうひとつは、お客様が快適にゴルフを楽しめるようサービスを提供することで、これにはレストランでの飲食提供、予約対応、フロントでのお迎えやお見送りなど、ゴルフ場を訪れる全ての方に対するサービスが含まれます。

また、私たちは、ゴルフをしない方々にもこの美しい自然環境を楽しんでもらえるように、運動会やお祭りの開催など、地域社会との結びつきを深める取り組みをしています。

様々な学びと経験を経て

家業がゴルフ場で、現在は父に代わりゴルフ場の代表をしていますが、実は私はラガーマンで、小学5年生でラグビーを始め、慶應義塾高校ではキャプテンとして全国大会に出場しました。この経験がスポーツの楽しさを教えてくれました。進学は法律を学ぶことで社会を理解したいと思い、慶應義塾大学法学部法律学科を選びました。大学では中学生へのラグビー指導に携わりました。

SDGs（持続可能な開発目標）が注目され始める前に、1年間のアメリカ留学で国際経済学と環境と開発学を学びました。留学中にアメリカのスポーツにも触れ、ダブル・ゴール・コーチングに感銘を受けました。ダブル・ゴールとは「勝つこと」と「人として成長する」という2つのゴールを達成することです。この考え方を広め、日本のスポーツ教育の環境を改善したいと思い、大学在学中にNPO法人スポーツコーチング・イニシアチブを立ち上げました。

NPO法人を運営し、大学院で文理融合の学問であるシステムデザイン・マネジメント学を学びながら、家業のゴルフ場の業務にも携わっていきました。

大学から留学、NPO法人の運営まで、これまでの経験の全てがゴルフ場の運営に役立っています。そのなかで一番役立っているのはコーチングです。私はトップダウンで指示するのではなく、働く人の考えをしっかり聞き、彼らの価値観に沿って働く楽しさを引き出しながら、一緒に成長していくことを心がけています。

「みんなが幸せを実感できるゴルフ場」を目指して

セブンハンドレッドクラブでは、「みんなが幸せを実感できるゴルフ場」をビジョンに、「世界一なんでもできるゴルフ場」をミッションとして掲げています。ゴルフをプレーするお客様だけでなく、働く人や地域の方々も幸せになれる場所を目指しています。地域の方には夏祭りや運動会の会場として利用していただき、児童生徒には芝生の上で自由に遊ぶ機会を提供しています。また、フットゴルフという新しいスポーツの体験も行っています。今後もゴルフ場の広大なアウトドアスペースを様々な用途で活用し、地域社会との結びつきを深めたいと考えています。

また、私は自然環境も含めて「みんな」だと考えており、ゴルフ場の草木や地球の自然環境全体が幸せであることが重要だと思っています。ゴルフは自然を借りて行うスポーツなので、将来の気候変動を考えると、今のようにゴルフができなくなるかもしれません。ゴルフ場を訪れたお客様から「とても綺麗ですね」という言葉や「これからも良いゴルフ場を続けてください」という励ましの連絡をいただくたびに、美しい自然環境を守り続けなければならないと強く感じます。

セブンハンドレッドクラブでは、環境に配慮しながら施設を持続可能に運営する方法を模索しています。例えば、ゴルフ場の芝がどれだけ二酸化炭素を吸収しているか、有機肥料を使用してどの程度カーボンマイナスに貢献できるかを測定しています。自然環境が幸せになるゴルフ場を目指すことは、我々の産業がより長く続くためのカギだと考えているので、今後も挑戦を続けていきます。

Message

スポーツも、スポーツ以外も真剣に。自分の幅を広げよう

FILE 18

教育機関

教育機関とは、幼稚園から大学までの児童生徒や学生が学ぶ場所を指します。これらの機関では、運動やスポーツ活動が重要な教育の一部として実施されています。

教育機関とは

教育機関では、幼稚園から大学まで、各段階に応じた運動やスポーツ活動が行われています。スポーツは教育の重要な一部として位置づけられています。

幼稚園では、子どもたちが身体を動かす楽しさを学ぶために、運動遊びや運動会が行われます。小学校に進むと、より体系的な体育の授業が行われ、クラブ活動も始まります。

中学校と高校では、全ての生徒が体育の授業を受け、興味のある生徒は運動部活動に参加してスポーツに取り組みます。専門学校や大学では、体育・スポーツを専門的に学べる学部や学科があり、それ以外の学部でもスポーツ実技の授業が提供されています。また、運動部活動やサークル活動を通じてスポーツに参加する学生も多くいます。

教育機関では、これらの運動やスポーツ活動を通じて、児童生徒や学生の心身の健全な発達を促し、友達と協力し、ルールを守る大切さを学ばせることで、社会性を育むことを目指します。こうした経験は、生涯にわたって健康で文化的な生活を送る基盤となります。

教育機関での仕事

教育機関においてスポーツに携わる仕事は、主に教員、外部コーチ、スポーツアドミニストレーターの3つに分けられます。

教員は、幼稚園、小学校、中学校、高校で体育の授業を担当します。各年齢や発達段階に応じた体育授業を計画し、実施します（176頁）。また、専門学校や大学では、教員が研究者として体育やスポーツに関する専門的な授業を行い（164頁）、一般体育やスポーツ実技の授業も担当します。さらに日本では、運動部活動の顧問として、スポーツ指導を行う教員もいます。

外部コーチは、運動部活動でスポーツ指導を行います（112頁）。特に安全

管理を徹底し、顧問教員と連携して、保護者への連絡もしながら指導することが求められます。

スポーツアドミニストレーターは、教育機関のスポーツ部門で働く人を指します。日本では、主に大学に所属しています。学生アスリートへの学修支援やキャリア支援、安心で安全なスポーツ環境の整備、スポーツイベントやスポーツを通じた地域貢献活動などに関する企画立案、資金調達、調整などを行います。

教育機関でのやりがいと魅力

教育機関においてスポーツの仕事に携わることで、運動やスポーツ活動を通じて、児童生徒や学生の心と身体を含む全人的な発達に貢献できることは大きなやりがいです。また、各教育段階において、児童生徒や学生の人生の支援者となり、その成長を間近で見守ることができるという魅力があります。さらに、運動やスポーツ活動を通じて、児童生徒や学生が身体的な健康だけでなく、精神的・社会的にも成長していく姿を見ることは、喜びを感じられる瞬間です。

教育機関でスポーツの仕事に携わるために

幼稚園から高校までの教員になるためには、教員免許の取得が必要です（177頁）。大学の教員を目指す場合は、大学院に進学して専門的な学びを深める必要があるでしょう（164頁）。

教育機関の外部コーチには様々な働き方があります。例えば、中学校や高校の部活動指導員として地方自治体によって採用されたり、大学では職員として採用されることもあります。また、個人事業主として、またはボランティアとして活動することも可能です。なお、スポーツ指導にあたる者として、専門学校や大学、大学院で学びを深め、日本スポーツ協会公認指導者資格を取得することをおすすめします（145頁）。

大学でスポーツアドミニストレーターになるためには、大学職員としての採用試験に合格し、スポーツ部門に配属される必要があります。

PICK UP

運動部活動の指導は教員の仕事？

教育機関における運動部活動は、これまで主に教員によって支えられてきました。しかし、近年は教員だけでなく、地域全体で運動部活動を支えようという動きが進んでいます。これにより、教員の負担が軽減され、地域のスポーツクラブや外部コーチをはじめとする地域資源が有効に活用されることが期待されています。

ちなみにシンガポールでは、以前は教員が運動部活動の指導をしていましたが、現在では主に有資格者である外部コーチが指導をしています。日本では運動部活動は当たり前ですが、世界には教育機関に運動部活動そのものが存在しない国も多くあります。

学校運動部活動の地域移行については、スポーツ庁ホームページ内の部活動改革ポータルサイトをご確認ください。

◆筑波大学体育スポーツ局で働くプロフェッショナル

スポーツアドミニストレーターとして活躍

米原 博章さん

PROFILE

1993年生まれ、福岡県出身。観音寺第一高校、筑波大学、同大学院。学生時代、アメリカにてコーチ留学。現地のスポーツ産業に影響を受け、帰国後は筑波大学にて大学スポーツ事業に従事。「good sports, good future」を合言葉に、スポーツをデザインする事業に複数携わる。

スポーツの価値を具現化する

スポーツアドミニストレーターとして、筑波大学体育スポーツ局で事業の戦略立案と実行を担当しています。主なミッションは、大学内のスポーツ関連の仕組みを整備することと、大学のスポーツ資産を活用してその価値を最大化し、得た利益を大学に再投資することです。

私の得意分野は、スポーツの持つ価値を具現化し、事業化することです。特にここ数年は、大学主催のホームゲーム事業に力を入れて取り組んでいます。当初は、大学には興行をするための仕組みがなく、無料開催しか方法がありませんでしたが、徐々にチケット販売をするための仕組みを構築し、パートナーシップの枠組みを整備しました。最初の試合は200~300人の無料イベントでしたが、2023年11月には1000人以上の方が有料チケットを購入し、試合を観戦してくれました。

そのほか、大学のスポーツコンテンツの広報やPRにも取り組んでいます。大学のスポーツ資産の最大化ということでは、地域や企業、行政と連携し、新たな価値を生み出すイベントの企画や将来的な計画立案にも関わっています。

アメリカの大学スポーツの衝撃

筑波大学体育専門学群で、コーチングとトレーニングを中心に学び、将来はトップ選手を育てるコーチになりたいと考えるようになり、大学院に進学し、さらにアメリカのライス大学へ10か月間の留学をしました。留学はコーチングについて勉強するためだったのですが、そこで目の当たりにしたのは、大学スポーツにおける競技環境の圧倒的な差でした。充実したトレーニング施設と常駐のコーチ、大学スポーツを統括する全国組織があり、しっかり制度設計がされていることに気づきました。このとき、日本の大学スポーツに対して「もっとできるはずだ」と思いました。その体験がスポーツアドミニストレーターという仕事に興味を持ったきっかけです。

帰国したとき、筑波大学で大学スポーツ改革のための新たな事業が始まっており、アメリカでの経験を活かして日本の大学スポーツに貢献したいと思い、筑波大学のスポーツアドミニストレーター公募に応募しました。

ゼロからの創造

筑波大学でのこうした活動（大学スポーツに関する事業）は、2018年から始まったばかりで「何もない」状態からのスタートでした。

大学主催のホームゲーム事業を始める際に、「やはりスポーツの中心は試合だ」とみんなが思っていても、これまで試合を「資産」として十分に活用してこなかったことがあり、大学にはパートナーシップの枠組みやスポーツ興行に必要な制度もありませんでした。

大学スポーツの仕事は、ホームゲーム事業に限らず、そもそも既存の仕組みのなかでは行えないことを行うことも多く、プロクラブや球団であれば普通にできることが難しいということが多いので、思わぬところに労力がかかります。しかし、ゼロから何かを創造し、実行することに挑むプロセスこそが、黎明期である今の大学スポーツに関わる大きなやりがいだと思います。

また、スポーツ活動の組織や仕組みをつくり、運営することは、その組織や活動に関わる学生を育てることでもあります。それは競技を行う、学生アスリートの成長だけではありません。スポーツとはかけ離れた学生が、大学スポーツを応援したり、支えたり、関わることで成長する姿もみられます。人を育てることこそ、大学スポーツに関わっていて面白いと思う理由のひとつです。

good sports, good future

スポーツアドミニストレーターには、前例がない状況のなかで、ビジョンに向かって力強く前進する推進力が最も重要です。この推進力を生み出すためには、共に歩む仲間を見つけて道筋をデザインする能力、そして目標達成に必要な力が求められます。そのため、民間企業やアメリカの大学を含む様々な組織との連携を深め、人材の交流や仕組みの設計に取り組んでいます。

私は「good sports, good future」というテーマを掲げて生きています。社会において、より良いスポーツをつくることに貢献できれば、スポーツに関わる全ての人が幸せな生活を送れて、より良い未来が創造されると信じています。そして、より良い未来を築くために、より良いスポーツ環境をデザインすることが私の目標です。

Message

スポーツは人に夢を与える。
誇りを持って働くために、最善の準備を

FILE 19

スポーツ教室

スポーツ教室は、参加者にスポーツ指導プログラムを提供する場所です。特定のスポーツに特化した教室もあれば、多種多様なスポーツを体験できる総合的な教室もあります。また、幼児から高齢者までの様々な年齢層を対象とした教室が展開されています。

スポーツ教室とは

スポーツ教室は、参加者に対して様々なスポーツ指導プログラムを提供し実施しています。例えば、サッカー、バスケットボール、テニス、体操、水泳など、特定のスポーツに特化した教室があります。それ以外にも、多種多様なスポーツを体験できる総合的な教室もあります。これらの教室は、幼児から高齢者までの様々な年齢層を対象に展開されています。

子どもにとって、スポーツ教室は技能の向上だけでなく、友達と一緒に活動するなかで社会性をはじめとする非認知能力を育む場でもあります。一方、大人にとっては、健康を維持し、日常のストレスを解消するための場にもなります。また、同じ趣味を持つ人たちと交流し、コミュニティとのつながりを深めることができます。

スポーツ教室には、CHAPTER 2-1（18・19頁）で紹介したように、営利目的で運営される営利法人と、営利を目的としない非営利法人の2種類があります。非営利法人は、活動の目的が利益を追求することではない組織のことです。しかし、利益を出すこと自体は問題ではなく、その利益を構成者や関係者で分配せずに、社会貢献など団体の目的を達成するための活動に使います。例えば、非営利法人として活動することで、行政機関や公益法人、市民団体からの支援を受けやすくなることがあります。

営利法人は、多店舗展開をするような大手のスポーツ教室もあれば、個人経営のスポーツ教室もあり、その教室の規模は様々です。

スポーツ教室の仕事

スポーツ教室での仕事は多岐にわたります。まず、その中心となるのは、参加者にスポーツを指導するための計画を立てることです。そして、教室を開き、計画に基づいて指導を行います。指導後には、教室での指導内容や参加者の進捗具

合を評価します。

参加者が安全にスポーツに取り組めるような環境を整えることも大切な役割です。例えば、施設や用具の点検を行い、緊急時に対応できるように準備をします。

また、参加者の満足度向上を目指したイベントの企画運営や、参加者を増やすためのプロモーション活動も行います。例えば、SNSやチラシを使って教室の魅力を発信したり、体験会を開催して新しい参加者を募ったりします。

これらの教室運営がスムーズに行われるためには、様々な管理業務が欠かせません。具体的には、参加者の情報を管理する顧客管理、教室の日程を調整するスケジュールの管理、収入や支出、予算の管理などがあります。

スポーツ教室でのやりがいと魅力

スポーツ教室で働くことは、単にスポーツ技能を教える以上の大きな意味があります。例えば、スポーツ指導を通じて、参加者の人生にポジティブな影響を与えることができます。参加者が新しい技術を習得し、自信を持てるようになったり、心を許せる友達ができることもあります。

また、参加者がそれぞれの目的や目標を達成するのをサポートし、その成長を間近で見られることは働くうえで大きなやりがいとなります。それと同時に、コミュニケーション能力やリーダーシップなど、自分の指導スキルも向上していくことが実感できるでしょう。

さらに、スポーツ教室で働くことにより、地域の人々とのつながりが深まり、地域社会のコミュニティの一員であることの喜びを感じることができます。

スポーツ教室で働くために

スポーツ教室で働く際には、まず指導するスポーツのルールや技術、戦術などの専門的な知識が必須です。また、スポーツ教室には幼児から高齢者まで様々な年齢層の参加者がいます。健康増進を目的とする人や、技能の向上を目指す人など、参加者のニーズも多様です。そのため、それぞれのニーズに応じて適切に指導するための指導法を理解し、適用する能力も重要です。さらに、参加者やその関係者と効果的にコミュニケーションをとるスキルが求められます。

スポーツ教室の運営に携わる場合は、環境整備やマーケティング、管理業務に関するスキルも必要です。また、予期せぬ問題への臨機応変な対応も重要となります。さらに、スタッフの管理や育成、モチベーションを促進するための組織マネジメント能力やリーダーシップも不可欠です。

PICK UP

あすチャレ！

日本財団パラスポーツサポートセンターでは、パラ選手を中心とした講師による教育・研修プログラム「あすチャレ！」を提供しています。小・中・高・特別支援学校向けの教育プログラムや、企業・団体・自治体・大学等向けの研修プログラムでは、パラスポーツ体験やワークショップなどを通じて、障がいや多様性、共生社会などについて学ぶことができます。詳細は、公式ホームページをご確認ください。

◆陸上競技クラブ「リクスパート」を運営するプロフェッショナル

岐阜県から日本の陸上競技を盛り上げる

中宗一郎さん

PROFILE

1991年生まれ、岐阜県出身。リクスパート理事。筑波大学大学院卒業後、ゼビオでのスポーツ用品販売業務、岐阜県スポーツ科学センターでのアスリートサポート業務を経て陸上競技クラブ「リクスパート」を設立。

陸上競技クラブの仕事

リクスパートの理事として、陸上競技クラブの運営に携わっています。現在、クラブでは、小学生から高校生までの青少年やマスターズ選手が練習に参加しています。様々な経歴の指導者が走・跳・投の陸上競技全般を個々の段階に合わせて多様な方法を用いながら指導しており、陸上競技の技術指導はもちろんのこと、体力・動作の測定評価と分析、スポーツ心理学や運動学など、スポーツ科学を用いたサポートを行っています。

陸上競技クラブである以上、競技力の向上は目的のひとつとしてありますが、それ以上に競技力の向上を目指すなかで、陸上競技の魅力に触れ、探求心、思考力を養い、長く深く陸上競技に親しめるようになってほしいという想いがあります。クラブでの科学的サポートも、全ては選手の興味を引き出すために行っていることです。

クラブの練習は、平日の4日間と土・日曜日で、それぞれ2時間のスケジュールで行っています。練習時間外は、クラブ運営のための様々な業務に取り組んでいます。特に、クラブ独自のオンラインプラットフォームを充実させることに力を入れており、練習や試合の動画を用いて動作課題を検討したり、体力測定から得られた課題を指摘したり、今後の練習の一助となるようなコメントをしています。

リクスパート設立までの経緯

私は小学5年生から陸上競技を始め、中学校からは走り幅跳びに打ち込みました。高校生のときに、将来は体育教員になって、部活動で陸上競技の指導をしたいと思うようになりました。地元の岐阜大学教育学部に進学しましたが、入学してすぐ、教員の道に疑問を持ち始め、教員以外で陸上競技を指導できる道を模索するようになりました。

その答えを探すために筑波大学大学院に進学をし、図子浩二先生のもとで陸上競技に関する理論やコーチングについて深く学びながら、大学院の同期たちとどうすれば陸上競技のチームをつくれるか、どうしたらコーチとして生きていけるかについて、日々語り合っていました。

大学院修了後は、スポーツ用品販売を経て、岐阜県スポーツ科学センターで働く機会を得ました。ここで、自分が学んできたことを活かしながら、オリンピックを目指す地元選手のサポートをさせてもらいました。そうしたなか、筑波大学の先輩からの誘いを受け、岐阜県で陸上競技クラブ「リクスパート」を設立する決意をし、2021年から活動を開始しました。

陸上を通して成長してほしい

「一人でも多くの子どもたちに陸上競技の魅力を伝えたい」「子どもたちの心身の健全育成に貢献し、岐阜の陸上を盛り上げたい」という志を持って始めたクラブですので、子どもたちが見せる感動的な瞬間を目にすることができるのが最大のやりがいです。

指導者として必要なもの

陸上競技の技術理論をはじめ、効果的なトレーニングの方法やコーチングに関する基本的な知識は指導において欠かせませんし、スポーツ科学全般の知識も必要になります。また、指導するうえで、コミュニケーションスキルも求められます。

しかし、知識と経験があるだけでは指導者は務まりません。指導者として日々学んでいく姿勢が大切です。私自身、指導を通じて多様な選手と出会うなかで、陸上競技に必要な技術や体力についての新たな視点を得たり、個々の選手に対しての最適な指導方法について常に考えています。指導者として日々新たな発見があり、私自身楽しみながら学ばせてもらっています。

岐阜県から日本の陸上競技を盛り上げていきたい

「学校に陸上部がない」「部活の練習時間がない」「専門の指導者がいない」などの声をよく耳にし、地域のクラブチームや専門指導者の必要性が高まってきているのを感じます。また、部活動の地域移行が進むなかで、大学生や学校教員も地域のスポーツ指導に参加しやすくなっています。リクスパートがコーチにとっての実践の場となり、受け皿として機能できればと思います。また、コーチのネットワークを岐阜県内に広げ、岐阜県から日本の陸上競技を盛り上げていきたいです。

Message

たくさん学び、実践しよう。理論と実践の往還があなたを成長させる

eスポーツが拓くスポーツの未来

熊本 拓真（株式会社スポーツITソリューション）

eスポーツとの出合い

私はスポーツの組織を対象としたITコンサルティングやシステム開発業に従事するかたわら、サッカーゲームのeスポーツ競技化にも取り組んでいます。私がeスポーツに可能性を感じたきっかけは2018年、JリーグやFIFAなどのサッカー団体がeスポーツ大会を計画していると知り、子どもの頃からサッカーゲームが好きだったという小さな理由でそれらの仕事に関わったことでした。今ではそのeスポーツを通じてサッカーの魅力を広げ、サッカー競技者やファンを増やすことに貢献したいと考えています。

eスポーツが注目を集める仕組み

サッカーW杯やオリンピックを見ているとスポーツの未来はとても明るいように映りますが、一方で放映権料の高騰などにより、注目のスポーツイベントが放送されなくなるリスクが高まっています。また日本では少子化が進んでスポーツをする子どもたちが減少しており、部活動や大会の数も減ってきています。このように、現代のスポーツには多くの解決すべき課題があると言えるでしょう。しかし、新しいアイデアや取り組みによってこれらの課題を乗り越え、スポーツをさらに魅力的なものにするチャンスが広がりつつあるとも感じています。そのひとつが「eスポーツ」です。

eスポーツとは、「エレクトロニック・スポーツ」の略で、スポーツ競技として、主にコンピューターゲームなどで対戦することを指します。

多くのeスポーツ競技では1試合は20分程度で終わり、視聴者を飽きさせない設計がされています。大半のイベントでは放映権を販売せず、YouTubeなどで無料配信して誰でも視聴できる環境をつくっています。また、公式映像を使いながら独自の解説などを加えて再配信する「ミラー配信」と呼ばれる仕組みも整備され、視聴者はお気に入りのインフルエンサーを通じて初心者でもその競技を楽しむことができます。基本プレーが無料のゲームも多く、視聴者の多くはゲームのプレー機会も持てるため、プレーヤーと視聴者の垣根が近いことも特徴的です。

これらの仕組みにより、eスポーツは世界中の若い人たちを惹きつけ、数百万もの人がライブ視聴をしています。この注目度を武器にスポンサーシップや投資を集め、どんどん収益を伸ばしています。eスポーツには従来のスポーツビジネスにはない自由な発想や勢いがあり、私たちが学ぶべきことがたくさんあると感じています。

eスポーツは本当にスポーツ？

「そもそもeスポーツってスポーツなの？」と疑問に思う人もいるでしょう。私はeスポーツを立派なスポーツであると考えています。

スポーツの語源は「気晴らし」や「楽しみ」にあると言われていますが、約100年前のイギリスで発刊されたスポーツ百科事典によると、スポーツとは貴族が楽しむ狩猟や釣りといった遊びであると説明されています。その一方で、当時普及し始めていたサッカーなどの競技は「ゲーム」と呼ばれていたそうで、つまりスポーツという言葉は時代とともにその意味が変わってきたのです。かつては「ゲーム」と呼ばれていた競技が、今では「スポーツ」の中心的存在になっている。eスポーツも新しい時代のスポーツとして、これと同じような変化を起こしていく可能性があるのではないでしょうか？

これらの大きな時代の変化に思いを巡らせつつ、皆さんと一緒に明るいスポーツの未来を創っていけたらと思っています。

CHAPTER 3

スポーツで活躍するプロフェッショナル

Encyclopedia of sports-related jobs

1 ≫ スポーツに関わる専門性にはどのようなものがあるか

ここまで「スポーツに関わる組織」について見てきましたが、スポーツで働きたい！　というときに、「どこで働けばよいのか」、その選択肢が思い浮かぶようになったでしょうか。

次に、考えなければいけないことは、「どのように人の役に立つか」です。

各組織におけるスポーツのプロフェッショナルたちのストーリーを読んで、各々が「専門性」を持って、それぞれの形で組織に貢献し、スポーツを通じて社会に価値を生み出していることが理解できたと思います。CHAPTER1－2（12頁）でも説明したように、専門性とは、「特定の分野において、深い知識やスキル、経験を持つこと」を指します。

ここでは、スポーツに関わる専門性について考えていきたいと思います。

❶スポーツに関わる専門性は様々

スポーツのプロフェッショナルたちは、実に様々な専門性を持っていました。

アシックスの竹村周平さん（74頁）のストーリーを思い返してみてください。竹村さんの専門性は「シューズ開発」です。「シューズの構造や素材にまつわる深い知識」を持ち、どのようなシューズが選手のパフォーマンスを最大限に引きだすのかについて知り尽くしています。また、竹村さんは、シューズ開発に関わる生産管理担当者や工場スタッフなど、多くの関係者と連携しながら「リーダーシップ」を発揮されています。さらに、「長年にわたって多くのスポーツシューズの開発に携わってきた経験」が、竹村さんの専門性の土台となっているのです。

一方、パリ2024組織委員会のYuchi（Karen）Huangさん（42頁）の専門性は、国際大会における「テコンドー・パラテコンドーの競技運営」です。Karenさんは、「テコンドー・パラテコンドーに関する深い知識」を持ち、そのルールや技術、選手の特性について熟知しています。また、Karenさんは、「国際大会で競技を円滑に進行させるための国際感覚」や「競技運営スキル」を持っています。そして、東京2020オリンピック・パラリンピックなどの「国際大会での現場経験」も豊富です。

ほかのスポーツのプロフェッショナルたちの専門性は、どのようなものでしょうか。それぞれの知識やスキル、経験に着目しながら、ぜひ何度も読み返して考えてみてください。

❷ 専門性は、ひとつに絞らなくていい！

スポーツのプロフェッショナルたちのなかには、いくつかの専門性を持って仕事に取り組まれている人もいました。

例えば、ゴルフ場経営に取り組まれているセブンハンドレッドの小林忠広さん（90頁）について考えてみましょう。小林さんは大学で「法律」を専攻し、大学院では「システムエンジニアリング」と「プロジェクトマネジメント」の考え方を学び、これらがゴルフ場の経営管理に役立っていると語っています。また小林さんは、大学時代から7年間ラグビーのコーチを務め、そしてスポーツコーチングに関するＮＰＯ法人スポーツコーチング・イニシアチブを運営するなかで、組織を効果的に運営、管理するための「人材マネジメント能力」を身につけました。さらに、アメリカ留学中に「環境と開発」を学んだことが、現在の自然環境に配慮した持続可能なゴルフ場をつくることにつながっています。小林さんは、人生を通じて複数の専門性を高め、それを「ゴルフ場経営」という新たな専門性に活かしているのです。

このようにいくつかの専門性を組み合わせることで、人の役に立てる幅が広がることもあるのです。

❸ 専門性を身につけるために

専門性を身につけるためには時間がかかります。ある分野で専門性を持つには少なくとも「1万時間の練習や経験」が必要だといわれることもあります。仮にそうだとすれば、もし1日3時間取り組むとしても、10年近くかかることになります。ただし、これは単に時間を費やすだけでなく、どれだけ質の高い取り組みができるかにもよるでしょう。

それだけの時間と努力を費やし、質の高い取り組みをするためには、「自分が好きなこと」でなければ続きません。皆さんがスポーツを好きで、スポーツの仕事に関わりたいと思っているのであれば、その情熱は自分の専門性を磨く原動力になるでしょう。しかし、いくらスポーツそのものやその組織自体が好きでも、そのなかで自分が具体的に「何をするのか」、つまり自分の役割を好きになれるかどうかは別問題です。

ただ、与えられた役割を「好きではない」「合わない」と短絡的に判断してはいけません。組織の人事や上司はあなた自身が気づかないあなたの素質や能力に目をつけて、その役割や仕事を任せたのかもしれませんし、そこにあなたの専門性を見つけるきっかけがあるかもしれません。その役割のなかで新たな「好き」をひとつでも多く探すことも大切です。

例えば、「人と話すことが好き」「計画を立てることが好き」「長時間集中をしてひとつのことに取り組むことが好き」「仲間と協力してひとつのものをつくることが好き」など、自分が無意識的に行っている行動や習慣にヒントがあるはずです。もちろんひとつに絞る必要はありません。複数の好きなことを組み合わせて、自分なりの「好き」と向き合うことで、その延長線上にあるスポーツに関わる専門性に気づいてもらいたいです。

だからこそ皆さんには、本書を読み進めるなかで、「スポーツに関わる専門性にはどのようなものがあり、それを通じてどのように人の役に立てるのか」について考えを深めてほしいと思います。

2 》スポーツのプロフェッショナルとして働くということ

本書では、プロフェッショナルを「専門性を持って働く人」と定義します。そして、スポーツのプロフェッショナルとは「スポーツにおいて特定の専門性を持って働く人」を指します。つまり、スポーツのプロフェッショナルは、スポーツを通じて自分の専門性を活かし、人々の役に立つことができるのです。

❶スポーツのプロフェッショナルになる

スポーツドクター（136頁）や保健体育科教員（176頁）のような職種に就くためには、国家資格や免許を取得する必要があります。これらは、その仕事を始めるための基本的な条件で、自分がその分野で最低限の知識とスキルを持っていることを示します。資格や免許を取得するためには、適切な教育や訓練を受けることができる進路を選ぶことが重要です。

例えば、スポーツドクターになるためには、大学の医学部に進学し、国家試験に合格しなければなりません。最初の2年間は、研修医として初期臨床研修を受け、そして専門研修を修了することで、「専門医」試験の受験資格が得られます。その後、さらに日本スポーツ協会や日本医師会などが発行するスポーツドクターに関連する資格を取得する必要があります。保健体育科教員になるためには、短期大学や専門学校、大学で保健体育科教育や健康スポーツ科学に関連する分野を専攻し、教員免許を取得することが求められます。

一方で、いくら資格や免許を取得したからといって、仕事を始めると同時に、スポーツのプロフェッショナルになれるわけではありません。現場での実践経験を積むことが大切です。同僚と学び合ったり、先輩からの指導を受けたりしながら、自分の実践を振り返り、少しずつ一人前のプロフェッショナルになっていきます。これはほかのどのような職種でも同じです。少しずつ経験を積みながら知識やスキルを磨き、成長していくのです。

❷プロフェッショナルは、どこでも活躍できる

プロフェッショナルとして専門性を持つことで、その専門性を求める様々な組織で働くことができるようになります。専門的な知識や技術は、競争の激しい業界で他者との差別化を図りやすくし、高い評価を受けやすくなります。さらに、専門性が高まることで新たな機会や役割に挑戦するための土台が築かれ、長期的なキャリアの成長と成功につながること

が期待されます。

例えば、NTTドコモの上村哲也さん（46頁）は、「マーケティング」と「広報」の専門性を持ち、これまでに10回ほど転職し、スポーツに限らず様々な組織で働く経験をされています。これらの経験を通じて、少しずつ専門性を深めるとともに、できることの範囲を広げてきたのです。そして現在では、愛知県に新しくできるIGアリーナの運営や営業、広報などの事業全体をマネジメントされています。

逆にいうと、専門性がなければ、国外の組織での就職や国内での転職を考える場合、採用されることは難しいでしょう。専門性がなくても採用してもらえるのは、新卒者が国内組織の総合職や一般職に応募する場合に限られてしまいます。これはスポーツの仕事だけに限ったことではなく、どの分野でもプロフェッショナルとしてキャリアを築いていくうえでは共通していることであり、専門性を持つことの大切さと優位さの証でもあります。

これから紹介するスポーツのプロフェッショナルたちも、それぞれの専門性を極めた結果、複数の仕事を同時に行う「複業」をする人、個人事業主として独立した人、自分で会社を起業した人がいます。プロフェッショナルとしての専門性を持つことで、自分の働く場所やスタイルを自由に選べるようになるのです。

③ プロフェッショナルとして学び続ける

実践の場で経験を積みながら誰もが認める確かな専門性を築き、スポーツのプロフェッショナルとして第一線で活躍していても、社会の変化や時代のニーズに対応するために学び続けることが重要です。

例えば、筑波大学の米原博章さん（94頁）は、仕事を通じて民間企業やアメリカの大学を含む様々な専門家と協力しながら、最先端の取り組みを学び、それを仕事に活かしています。また、スポーツ栄養士の廣松千愛さん（１４２頁）は、働きながら大学院の博士課程に通い、スポーツ栄養学の研究を行っています。このように、スポーツのプロフェッショナルたちはそれぞれの方法で学び続けているのです。

これからは、18のスポーツに関わる専門性を持つ職種を見ていきたいと思います。前半の見開き2頁で各職種の概要を説明し、後半の見開き2頁でスポーツのプロフェッショナルたちへのインタビューを紹介します。そこで登場するスポーツのプロフェッショナルたちが持つ専門性とは一体どのようなものでしょうか。そして、どのようにして専門性を高め続けているのでしょうか。ぜひ専門性に注目しながら読み進めてください。

PICK UP

個人事業主として働く

個人事業主とは、その名の通り、「個人で事業を行う人」を指します。税務署に開業届を出すことで個人事業主になることができます。組織に所属せず、個人事業主で働くことで、自分の専門性を活かしながら自由に働くことができます。一方で、自分で商品やサービスを決め、価格も設定し、集客も行うので、収入を安定させるためには継続的に売上を立てる必要があります。成果は全て自分が受けとることができる反面、責任も全て自分がとることになります。

スポーツに関わる専門性 Q&A

Q1

高校生や大学生のうちにどのような専門性を身につけるか決めたほうがよいでしょうか。

A1

前項で説明したように、仕事によっては資格や免許などが必要なこともあります。p.108からスポーツに関わる専門性を持つ職種一つひとつについて、その概要を紹介していきます。資格や免許についての話もでてきますが、高校生や大学生のうちから資格を取得することにこだわりすぎる必要はありません。場合によっては途中で進路を変更してもかまいませんし、働き始めてから再度大学や専門学校に入り直して資格を取得することも可能です。特に若いうちは、様々な職種を経験しながら自分に合う専門性を見つけるのもよいでしょう。人生において、どのタイミングで高い専門性を持って働きたいかを考えながらキャリアプランを立ててみるのもよいかもしれません。

Q2

自分の身につけた専門性をどのように活かして人の役に立つことができるのでしょうか。

A2

専門性とは、「特定の分野における深い知識やスキル、経験のこと」と説明をしてきましたが、これは「ミッションやビジョンを達成するために必要なもの」です。これから紹介するインタビュー記事では、スポーツのプロフェッショナルたちが、どのようなミッションやビジョンを持ち、それらを達成するためにどのような専門性を身につけ、その専門性をどのように活かしているのかに注目しながら読み進めてください。

Q3

やってみたい（挑戦したい）仕事がある組織に入る、部署に配属になるために、どのように自分を他の人と差別化したらよいでしょうか？

A3

他人と比べるのではなく、自分自身を見つめ、専門性を磨き続けましょう。まずは、その仕事に求められる専門性を理解し、それを着実に身につけることが大切です。そして、その専門性を活かして自分がどのように組織や部署に貢献できるのかをアピールする必要があります。

ただし、働くうえでは専門性の高さだけが評価・重視されるわけではありません。組織や部署のミッションやビジョン、企業文化とあなたの価値観がどれだけマッチしているか、また年齢や給与水準などの求められている諸条件も含めて判断されます。そもそも新たな人材を求めていないこともあるかもしれません。遠回りすることがあっても、最終的には自分に合った仕事をする機会が訪れるはずです。根気強くチャレンジし続けてください。

COLUMN

ユニークな専門性は、キャリアの推進力

高谷 正哲（スポーツPRコンサルタント）

スポーツに関わる仕事をしたいと考えている10代の方に向けた本書が刊行され、とてもうれしく思っています。というのも、私が学生だった90年代後半には、このような書籍はありませんでしたし、インターネットでも包括的に業界の仕事内容を調べるのは困難でした。スポーツの仕事といえば、トップ選手はコーチになるか、並の学生選手ならメディアや広告代理店か、という選択肢しか私には思い浮かばなかったと記憶しています。

私自身は、小さい頃からスポーツが大好きで、サッカー、野球などを経て、学生時代はトライアスロンにハマっていました。大学を卒業後、外資系の広告代理店に入社し、営業職として充実した毎日を過ごしていましたが、アテネ2004オリンピックをテレビで見て、あらためてスポーツに関わって画面の向こう側で働けるようになりたいと強く思うようになりました。

それにしても、どうすればスポーツ界で仕事ができるのか、ましてやオリンピック・パラリンピックに辿り着くにはどうすればよいのか。あらゆる検索ワードで海外のウェブサイトを見たり、スポーツ界で仕事をしている方の話を聞きに行ったりしてわかったことは、結局、スポーツの組織と言えども、雇われている人たちは皆、各分野の専門家だということでした。

そこで私も自らの広告代理店経験を活かし、コミュニケーションの専門家としてスポーツの世界で雇用される道を目指そうと決意しました。業界リサーチの過程で、スポーツの組織でコミュニケーションの仕事をするには、メディア対応を中心とする広報の経験が不可欠であることがわかりました。この気づきは、その後のアメリカ大学院留学にあたって、パブリック・リレーションズ（PR：広報）を専攻するという決断に役立ちました。それまで、日本人が留学してスポーツ界の仕事に就こうとすると、スポーツマーケティングやスポーツマネジメントを選択することが一般的だったのです。

大学院を修了する年が、大阪で世界陸上が開催された2007年だったのですが、組織委員会の問い合わせ窓口へアプローチしてアルバイトの仕事を得ることができ、スポーツ界でのキャリアが始まりました。以来、オリンピック・パラリンピック招致、トライアスロンの国際競技団体などを経て、東京2020組織委員会でスポークスパーソンを務めるまで、スポーツ界で広報の専門家としてキャリアを重ねることができました。現在は、独立して、スポーツを通じたPRに特化したコンサルタントをしています。

私は、十数年前に「コミュニケーション」を自分の専門性だと決めたことが、この業界で多くの恵まれた経験ができるきっかけになったと考えています。今でこそ、広報パーソンとして日本のスポーツ界で活躍されている方も増えてきましたが、当時は日本のスポーツ界で広報の専門家を探すのは難しい時代でした。ユニークで専門性が高かったことが、この分野において強みになりました。

スポーツを仕事にしようとすると、どんな仕事でもよいからスポーツに関わりたい、という人が少なくありません。何がきっかけになるかは十人十色ですが、私にとっては人材が不足している分野でユニークさを磨いたことが、キャリアの推進力になったことは間違いありません。キャリアのスタートはスポーツ界でなくてもかまいません。いつか業界から頼られるユニークな価値を持つ方が、皆さんのなかから生まれることを願っています。

FILE 01

スポーツ選手

スポーツ選手は、特定のスポーツにおいて高いパフォーマンスを発揮する職業です。選手は試合での活躍を通じて収入を得るほか、スポンサー契約や広告出演なども収入源とします。スポーツ選手は、ファンに夢や希望を与え、地域社会に貢献する存在でもあります。

仕事の内容

プロスポーツ選手の仕事は、主に競技を行うことです。これには試合でのパフォーマンスはもちろん、試合に向けての練習や毎日の体調管理も含まれます。また、ファンとの交流、地域への貢献活動、メディアの対応なども大切な役割です。

プロスポーツチームで活躍する選手は、そのチームを運営する企業と雇用契約を結びますが、有期雇用契約の場合と、個人事業主として業務委託契約を結ぶ場合があります。また、スポンサー契約や広告出演などを通して収入を得ることもあります。

個人競技のプロスポーツ選手は、個人事業主として、試合での賞金のほかに、スポンサー契約や広告出演などを通して収入を得て生計を立てています。

プロスポーツ選手以外にも、アマチュアスポーツ選手がいます。日本では、企業が運営する実業団スポーツが発展しており、多くの企業が自社のスポーツチームを持っています。アマチュアスポーツ選手は、企業と雇用契約を結び、社員選手として活動をします。日中は企業での業務を優先して、勤務時間後や休日等に競技を行う選手もいれば、全ての勤務時間を競技に費やすことができる選手もいます。競技を引退した後は、通常の社員と同等の扱いを受けることもありますが、競技を続けている間だけの雇用契約を結ぶこともあります。

やりがいと魅力

スポーツ選手として、自分が得意とするスポーツを仕事にできることは大きな魅力です。また、試合での勝利や自己ベストを更新する瞬間の喜びは計り知れません。長期間にわたり身体的にも精神的にも準備したすえに得られる成果が実感できるとき、全ての努力が報われると感じるでしょう。

チームスポーツの選手にとっては、チー

ムの勝利や敗北の瞬間を共有しながら、仲間と共に切磋琢磨して成長できることは大きなやりがいとなります。

さらに、スポーツ選手は、自分のパフォーマンスや言動によって、ファンや応援者をはじめ、多くの人々に夢や希望を与えることがあります。それだけ大きな社会的な影響力とともに責任を持つ存在でもあります。

求められる知識・スキル

スポーツ選手には、そのスポーツに関する極めて高い技能が求められます。これには戦略や戦術、技術についての深い知識と理解、そしてそれらを体現できる身体的能力が含まれます。また、試合で最高のパフォーマンスを発揮するためには、身体的な準備だけでなく、心理的な準備も重要です。プレッシャーのなかでも集中を維持し、思考を整える力が不可欠です。

それらの土台となるのは、自己管理能力です。スポーツ選手は、短期的および長期的な目標を設定し、それらに向かって限られたリソースで何ができるかを考え、最善の準備を進める必要があります。また、その進捗を定期的に評価し、必要に応じてプロセスを調整し、改善していくことが重要です。

さらに、スポーツ選手は公の場に立つことが多く、大きな社会的な影響力を持つため、自分の言動が他人に与える影響を自覚し、それに責任を持つことも大切です。

スポーツ選手を目指すなら

スポーツ選手は多くの子どもたちが夢みる仕事ですが、実際に選手として働ける人はほんの一握りです。

プロスポーツチームで選手になるためには、チームの下部組織やアカデミーから昇格するか、スカウトによって発掘される、もしくはチームに入るためのトライアウトや選考会で自らの実力を示す必要があります。

個人競技においてプロの選手になる場合、賞金が出る大会で高い成績を収めると同時に、スポンサー契約を獲得できるだけの実力や市場価値を身につけることが求められます。

アマチュアスポーツは、プロ選手への道と似ていますが、企業との関連が深いです。スカウトやトライアウトのほかに、実業団スポーツチームを持つ企業へ就職活動を行う、あるいは、まだチームを持っていない企業に対して社員選手として活動することを提案することで新たな機会が生まれることもあります。

PICK UP

選手の「デュアルキャリア」

選手としてのキャリアは、長い人生のキャリアにおける一部でしかありません。選手がスポーツでのキャリアを歩んでいる時期にも、進学や卒業、就職など、人生のなかで大きな決断を迫られるライフイベントが訪れます。つまり、選手は「人」としての人生を歩みながら、「選手」としての人生を同時に送っているのです。このようにキャリアに二重性がある状態を「デュアルキャリア」と言います。これからの時代の選手は、選手としての目標を掲げると同時に、学生や社会人、人生の目標も掲げ、その達成に向けて計画を立て、実行していくことが求められます。

INTERVIEW

サッカー選手として働くプロフェッショナル

ジュビロ磐田のキャプテンとして活躍

山田 大記さん

PROFILE

1988年生まれ、静岡県出身。藤枝東高校、明治大学を経て2011年にジュビロ磐田へ加入。2014年にカールスルーエSCへ移籍。2017年にジュビロ磐田へ復帰し、現在はキャプテンを務める。アスリート合同プロジェクトOne Shizuoka Project、NPO法人Re:Frameを運営。

サッカーとの出合いからプロへの道のり

私がサッカーを始めたのは4歳頃で、その頃からプロサッカー選手になることを夢見ていました。ジュビロ磐田との出合いは、ジュビロ磐田の幼稚園スクールに通い始めた5歳頃です。ジュビロ磐田の下部組織で中学生まで過ごしましたが、試合に出場できず、ユースチーム（現U－18）に入ることもできませんでした。

しかし、サッカーは好きだったので、藤枝東高校でも明治大学でもサッカーに専念しました。大学時代、先輩の長友佑都さんと共にプロクラブの練習に参加する機会も得て、3年時には複数のクラブからオファーも受けました。最終的に「自分が好きなクラブでプレーする」ということで、ジュビロ磐田への入団を決めました。

プロサッカー選手としての成長と挑戦

プロサッカー選手としてのキャリアは、加入2年目で日本代表に選出されるなど、最初は順調でしたが、香川真司さんや乾貴士さんなどのライバルがいるなかで、「もっと上を目指さなければ」と、常に焦りを感じていました。ワールドカップに出場するには、ライバルと同じように、海外での活躍が不可欠と考え、ドイツでカールスルーエSCに移籍し、ドイツでもプレーをしました。異文化や環境の違いは刺激的で、人として成長できる環境でしたが、点が取れない時期もあり、悔しさやもどかしさを抱えながら過ごすことになりました。

その後、海外での活動が難しくなったタイミングでジュビロ磐田への復帰を決めました。復帰後の数年は苦労しましたが、中村俊輔さんをはじめとした周りの支えもあって、少しずつチームに貢献できるようになり、現在はキャプテンを任せてもらっています。

プロサッカー選手としての責任

プロサッカー選手ですので、仕事はもちろんサッカーのプレーです。お金をもらってプレーするだけでなく、サポーターなど多くの方々から期待や信頼をしてもらい、それらに応えていくこともプロ選手の責任だと考えているので、とにかく日々全力でサッカーと向き合っています。

また、ファンサービスや地域貢献活動を通じて、サポーターや地域の皆さんとのコミュニケーションにも力を入れています。クラブの取り組みとして、13年前から磐田市と教育委員会と協力し、市内の小学校の5・6年生をスタジアムに招待して、一斉観戦を行っています。加えて、試合の前後に選手が小学校を訪問する機会も設けています。

やりがいを感じるのは、多くの方に喜んでもらえることです。例えば、2023年にJ1に昇格したときは、スタジアムにいた全員が喜びを共有し、私も生まれて初めてうれし泣きしました。昇格したことよりも、これまで苦楽を共にした仲間やサポーターと喜びを分かち合えたことが、本当に心からうれしかったです。

Message

「なぜそれがしたいのか」その答えが、あなたの未来を拓く

サッカー選手としての影響力を社会に活かす取り組み

サッカー選手の仕事ではありませんが、副代表の小川大貴選手と共にRe:Frameを立ち上げ、児童養護施設の子どもと交流したり、小児病棟を訪問したりしています。サッカー選手は多くの人々、特に子どもに大きな影響を与えています。その影響力を社会のために活用したいと考え、活動を始めました。子どもの置かれた苦しい状況を知ることで、幼い頃からサッカーに打ち込めた自分の環境が特別であったことを再認識しました。サッカー選手であることは努力だけでなく、与えられた立場や環境の影響も大きいと気づき、多くの人々や地域から受けた恩恵を返すべく子どもや社会を支援していきたいと思っています。

サッカー選手としての成長のカギ

サッカーは、自分の力で実力を証明し、自分の力で可能性を切り拓くことができます。そのためには「自分が本当にどうなりたいのか」を決めなければなりません。目標を定め、その目標に自分を導くためには、内省する力が求められます。努力は大切ですが、さらに自分が今置かれている状況でどのような努力をすべきかを考えていかなければなりません。

一方で、周囲からのアドバイスを受け入れて、改善に役立てられない選手は成長しません。自分自身と深く向き合う姿勢は大切ですが、それが過ぎると独善的になりがちです。私も自己反省を重ねるタイプですが、独善的にならないよう注意しています。このバランスを保つことが成長には欠かせないと考えています。

FILE 02

指導者

指導者は、選手をはじめとするスポーツ参加者を指導し、目標達成に向けた支援をします。指導者の仕事は、技術的な指導だけでなく、練習計画の作成や遠征の企画など多岐にわたります。これらの活動を通じて、指導者はスポーツ参加者の人生に深く影響を与える重要な存在です。

仕事の内容

本書では、「コーチ」や「監督」をまとめて「指導者」と呼びます。

指導者の仕事は、トップ選手から日常的にスポーツを楽しむ人まで、あらゆるスポーツ参加者に特定の成果をもたらすための支援を行うことです。例えば、子どもに対するコーチングであれば、スポーツの技能を改善し、人格や自信、社会的なつながりを形成することを目的としたり、中高年者に対するコーチングであれば、健康増進やコミュニティ形成を目的としたりすることもあるでしょう。また、トップ選手に対するコーチングであれば、オリンピックやパラリンピック、世界選手権などの国際大会でメダルを獲得することを目的とすることもあるかもしれません。

また選手に対するコーチングでは、単にスポーツの技術や戦術を指導することにとどまりません。例えば、練習や試合計画を作成したり、遠征やイベントを企画し、実施したりします。また、チームにトレーナーや栄養士などのサポートスタッフやほかの指導者がいる場合には、それらのスタッフとの連携を図ることも重要です。チーム内だけでなく、保護者やスポンサー企業など外部の関係者ともコミュニケーションをとる必要があります。新たな選手の発掘やスカウトも指導者の大切な役割です。このように、指導者は様々な役割を担っているのです。

指導者の活躍の場は、プロスポーツチーム、実業団スポーツチーム、各スポーツ教室、道場、学校スポーツ、総合型地域スポーツクラブ、スポーツ少年団、スポーツ関連の公共施設と多岐にわたります。

やりがいと魅力

指導者として最大のやりがいは、スポーツ参加者の成果や成長を目の当たりにすることです。初めて技術を習得したときの喜び、競技での目覚ましい成果、精神面での成長など、一人ひとりの成長過程に携われることに充実感を感じることができます。

また、スポーツをしてきた人たちにとっては、スポーツの最前線で活動すること自体が大きな魅力となるでしょう。さらに、多様なバックグラウンドを持つ選手やほかの指導者、専門家との出会いは、自身の視野を広げる機会となります。指導者は、スポーツ参加者の人生に深く影響を与える重要な役割を果たし、その影響はスポーツの枠を超えて社会にも波及します。

求められる知識・スキル

指導者には、選手としての競技実績が求められると考えている人も多いかもしれませんが、スポーツをすることと、スポーツを指導することに求められる知識やスキルはそれぞれ異なります。指導者には、当該スポーツのルールや技術、戦術、必要とされる体力や心理スキルに関する知識が求められます。そのスポーツをより深く理解するためには、スポーツ生理学やバイオメカニクス、心理学やトレーニング学などのスポーツ科学の知識が役立ちます。選手の学びを効果的に促すための指導法に関する知識も必要です。

また、指導者は、スポーツ参加者だけでなく保護者やスポンサー企業などの関係者とより良い人間関係を保つ必要があります。そのため、コミュニケーションやリーダーシップといった対人関係能力も求められます。さらに、自らを適切に評価するための自己認識能力やコーチング実践を振り返り、改善し続けるための姿勢と力も大切です。スポーツ参加者をサポートするためには、自分自身も学び続ける必要があるのです。

指導者を目指すなら

指導者を目指す場合、専門学校や大学、大学院でスポーツコーチングについて深く学ぶことはとても有益です。また、国際競技団体が発行している指導者資格を取得することをおすすめします。これは、世界中のどのような指導現場でも認められる資格です。

日本で指導者として活動する場合は、自分がどのようなスポーツ参加者の指導に携わりたいかを明確にしたうえで、適切な資格を選ぶことが大切です。国内競技団体が発行している指導者資格は、特定のスポーツにおいて取得が義務づけられていることもあります。また、日本スポーツ協会や日本パラスポーツ協会が発行している公認スポーツ指導者資格や公認パラスポーツ指導者資格にも様々な種類がありますので、自分のキャリアに適した資格を取得するとよいでしょう。

PICK UP
世界を舞台に活躍する指導者たち

コーチングの世界でも、グローバル化はどんどん進んでいます。各国のスポーツ団体やプロスポーツクラブは、競技力を高めるために多くの外国人指導者を雇っています。例えば、東京2020オリンピックにおける中国代表選手団の指導者は、30人中19人が外国人指導者でした。また、次の頁で紹介する藤井裕子さんのように、日本人柔道指導者も世界中で活躍しています。

◆柔道の指導者として働くプロフェッショナル

世界を舞台に柔道を通じて「人間教育」を実践

藤井 裕子さん

PROFILE

1982年生まれ、愛知県出身の柔道家。広島大学大学院を修了後、イギリス代表アシスタントコーチ、ブラジル代表技術コーチ、男子監督、チームコーディネーターを務める。現在は、柔道クラブ「Instituto Reação」のコーチとして、ブラジルのスラム街の子どもたちに柔道を指導している。

柔道家と指導者としての歩み

私は5歳頃に柔道を始めました。優れた指導者に恵まれたおかげで、中学校と高校では全国大会に出場し、推薦で広島大学に進学しました。大学では柔道に熱中し、大学院では柔道の技について研究をしました。大学院修了後、イギリスのバース大学で柔道を指導しながら英語を学びました。これは、ある日本人女性コーチが海外の選手やコーチと英語でコミュニケーションをとっている姿に憧れたことがきっかけでした。

渡英直後は英語も話せず、指導も初めてで困難なこともありましたが、指導を極めようと決意し、数多くの場数を踏みました。特に、子どもたちへの指導は指導力の向上に大いに役立ちました。イギリスの子どもは、練習の目的をしっかり説明し、納得させなければ練習に取り組みません。そのため、言葉を選んで伝える技術が向上しました。また子どもからの質問を通じて自分の練習方法を再考する機会も得ました。これは指導者として非常に重要なことだと考えており、現在でも子どもたちへの指導は続けています。

指導者としての自信がついてきた頃、イギリスのナショナルチームから声がかかり、ロンドン2012オリンピックには女子のアシスタントコーチとして参加しました。その後、ブラジルのナショナルチームから声がかかり、リオ2016オリンピックでは男女のコーチ、東京2020オリンピックでは男子の監督を務めました。現在は、ブラジルのスラム街の子どもたちに無償で柔道を教えるソーシャルプロジェクトに参加しています。

柔道の指導者としての仕事

コーチとしての主な仕事は、選手への技術指導です。選手や対戦相手の映像を研究しながら、基本的な技術指導をしていました。ブラジルで指導し始めた頃は、代表の技術コーチとして男子・女子、子どもや指導者への指導も任され、ブラジル中を回りました。また、ナショナルチームの合宿では一日中畳の上で立って指導をしていましたが、そうした畳の上での仕事に誇りを持っていました。いろいろな選手と出会えたことや、自分の指導方法を模索した下積みは、監督になった際に役立ったと思います。

監督はチーム全体を強化する取り組みをしなければいけません。柔道は個人競技ですが、チーム内での助け合いが成長を促すからです。選手の精神的なサポートなど、私一人では抱えきれない部分は、ほかのスタッフにも任せていくなど、マネジメント力も求められます。

指導者としてのやりがいと責任

指導者として選手の力になれたと感じる瞬間は、選手がメダルを獲得したとき以上にうれしいです。選手のサポートには、会話や静かに見守ることも含まれます。例えば、東京2020オリンピックでは、ダニエル・カルグニン選手が銅メダルを獲得しましたが、彼は大会前に塞ぎ込んでいました。この時期を「さなぎ」だと理解し、彼が「羽化」するのを信じて見守りました。大会後、「先生、あんなに塞ぎ込んでいた時期もあったけれど、ずっと支えてくれてありがとう」と感謝を伝えてくれました。彼は今でも、調子が悪くなったり、ケガをしたり、落ち込んでいると、「先生との会話が懐かしいよ」と、連絡をくれますが、これは指導者として力になれた証だと思っています。

ナショナルチームのときに、オリンピックが近づくと「責任のある仕事で大変ですね」と言われましたが、私は選手の成長を間近で見られることを楽しんでいました。しかし、ソーシャルプロジェクトに取り組むようになってからは、責任の意味を深く考えるようになりました。未来ある子どもたちに柔道を通じて新たな世界を見せ、成長の機会を提供することには大きな責任があり、その責任は、メダリストを育てること以上に重大だと考えています。

現在、日本でも同様のソーシャルプロジェクトをしたいと考えています。日本にはスラム街はありませんが、相対的貧困家庭の増加や、日本社会に馴染めない外国人や日系人の子どもたちが多く存在します。私が海外で多くのことを学ばせてもらったように、柔道を通じて子どもたちの成長を支援する環境を日本でもつくりたいと思います。

Message

「好き」を突き詰める。
道がなければ、自分で切り拓けばいい

FILE 03

審判

審判は、スポーツ競技のルールを守り、試合の進行を管理する役割を担います。公平な試合を実現するため、選手やコーチ、観客にルールを明確に伝えることが求められます。審判の判断は、試合の結果や選手のプレーに大きな影響を与えるため非常に重要です。

仕事の内容

審判の仕事は、各競技のルールに従って試合を円滑に進行させることです。審判は、試合の公平さを保つために重要な役割を担っています。例えば、ゴルフやアルティメットのように選手自身が審判を務めるスポーツもありますが、ほとんどのスポーツの試合では審判が不可欠です。

スポーツのルールは頻繁に改定されるため、大前提として、審判は常に最新のルールを確認し、理解しておく必要があります。試合前には、笛や旗などの用具を準備し、フィールドやコートの安全性を確認します。試合中はルールに従い、試合の開始・終了、タイムアウト、得点時、反則の発生時などに、笛を吹いたり、旗を振ったり、ボディランゲージを用いたりしながら対応します。選手やコーチ、観客に対して判定を明確に伝えることも大切です。試合後には、必要に応じて主催者に記録を提出します。

スポーツによっては、数名の審判が異なる役割を担う場合もあります。例えば、サッカーでは、主審（試合全体を管理）、副審（オフサイドやボールの出入りを判断）、第４審判員（交代や追加時間を管理）などが存在します。野球では、球審（ピッチャーの投球やホームプレート上のプレーを判定）、塁審（各塁でのプレーを判定）、外審（外野で発生するプレーを判定）などで審判団を構成します。

審判には、様々な働き方があります。サッカーや野球などの一部の人は、プロリーグの審判員として生計を立てていますが、多くの人は本業のかたわら審判活動を行っています。また、国際競技団体に審判として登録され、国際試合で審判を務める人や、国内競技団体に登録され、学校スポーツの大会を含む国内試合で審判を務める人もいます。さらに、アマチュアスポーツリーグやトーナメントで審判活動をする人も多く、その場合、

謝金や交通費を受けとることもありますが、ほとんどの場合はボランティアとして活動しています。

やりがいと魅力

審判のやりがいは、選手やチーム、そして観客と一緒になって、試合をつくりあげることにあります。試合が順調に進み、特に何の問題も起こらずに、選手が最高のパフォーマンスを発揮できたと実感する瞬間に大きな達成感を得られるでしょう。

また審判として活動することの魅力のひとつに、フィールドやコート上で選手たちの活躍を間近で見ることができることがあります。これは観客席から見るのとはまた違った臨場感があり、選手と共にフィールドやコートに立つ審判だけが味わえる特別な経験です。

求められる知識・スキル

審判は、対象スポーツのルールを完全に理解し、正確かつ迅速な判定を行う必要があります。そして、その判定に対して説明責任を果たさなければいけません。つまり、選手や監督、コーチ、観客からの批判に直面したときに、なぜそのような意思決定をしたのかを明確に説明できることが求められます。

また、サッカーやラグビーのように広いフィールドの上で動き回るスポーツもあれば、野球のように一定の姿勢を長時間保持する必要があるスポーツもありますが、いずれにしても審判には身体的能力が必要です。そして、試合においては、重要な意思決定をし続ける必要があるため、冷静さと平常心を保つことと、長時間にわたる集中力が求められます。

国際試合で審判を務める場合は、世界中から集まる選手やコーチと円滑にコミュニケーションをとるために、英語でのコミュニケーション能力も重要です。

審判を目指すなら

各スポーツには独自の審判資格制度が存在します。審判を目指すなら、まずはその制度を調べて資格を取得することから始めましょう。一般的に資格を取得するためには講習会の受講が必要です。

また、国際試合など大規模な試合で審判を務めるために必要な講習会を受講するには、自分の存在と意欲をアピールし、知識や経験を関係者に知ってもらうことが重要です。

しかし、資格を取得したからといって、すぐに大きな試合を任されるわけではありません。最初は小規模な試合から経験を積み、徐々に大規模な試合の審判を担当するようになります。実践経験とその振り返りを通じて、審判としての能力を段階的に向上させていくことが大切です。

PICK UP

NPBアンパイア・スクール

日本野球機構（NPB）は、プロ野球審判員の採用と育成を目的として、2013年に「NPBアンパイア・スクール」を設立しました。このスクールにおいて座学と実技を受講し、プログラムを修了した人のなかから、毎年数名が研修審判員として契約に至っています。さらに現在では、1軍の舞台でプロ野球審判員として活躍する修了生もでてきています。

◆ハンドボールの審判員として働くプロフェッショナル

アジアハンドボール連盟公認審判員として世界を舞台に活躍

古川 英樹さん

PROFILE

1991年生まれ、岐阜県出身。東京トレード取締役。AHFアジア連盟公認国際審判員・JISLA（JOC国際人養成アカデミー）2023卒・JHA日本協会審判本部委員。「動画時代！」では、ハンドボール、スケート、陸上、パラ競技など年間2,000試合以上をライブ配信。自身も撮影から実況まで行う。

試合の公正さと楽しさを守る

私は、日本ハンドボール協会公認審判員として活動しています。また、アジアハンドボール連盟公認審判員として、アジア選手権やアジア大会、世界ユース選手権の試合も担当しています。

試合では、全く同様の権限を持つ2人の審判がペアで笛を吹きます。主にボールの動きを追うコートレフェリーとゴールエリアライン際の攻防を管理するゴールレフェリーの2つの役割分担がありますが、試合の攻守のなかで役割を交代しながら行います。

試合では、開始や終了時、ハーフタイム、タイムアウト時、またはファウルやルール違反が発生したときなどに笛を吹き、ジェスチャーによってファウルの内容などを選手とベンチに示します。

ハンドボールのレフェリングの難しさのひとつとして、ルールで一定の身体接触が許されていることがあります。ルールブックには、「相手を後ろから押したらファウル」と記載されていますが、実際に目の前で起きたことを、後ろから押したと判断するのか、押していないと判断するのかは、その場の審判の裁量に委ねられます。例え、自分よりもはるかに体格の大きい選手や、世界的に実績のある選手から判断について抗議されても、ルールに基づいて「自分の判断を毅然と伝えること」が重要になります。

私が審判として笛を吹く試合は、全ての人に納得してもらえるものにしたいと思っています。選手、コーチ、役員、観客の皆さんに納得して、楽しんでもらえる試合にすることが最大のミッションだと思っています。

学生審判からアジアの舞台へ

私は中学生からハンドボールに取り組み、高校時代には全国大会にも出場しました。大学は地元の岐阜で競技と学業の両立を目指し、岐阜聖徳学園大学に進学しました。大学時代、東海地区に国際審判資格を持っている方がいて、その方が審判している姿を見て、審判の道に興味を持つようになりました。大学2年時には、日本ハンドボール協会が主催する審判資格講習会に参加し、大学3年時には、上級審判資格を取得し、東海学生ハンドボール連盟の一部リーグで審判を務めました。インカレ上位の大学が参加するなかで、同じ学生である私が審判をさせてもらったことは貴重な経験になりました。

2018年にはアジアハンドボール連盟の審判資格を取得しました。この資格講習会は、アジア各国の審判数が不足したタイミングで開催され、上限数が決まっています。資格取得後は、アジアユース選手権やアジア選手権、アジア大会などで実際に笛を吹く経験をしました。

国際大会での経験

どのような競技の審判も同じだとは思いますが、審判は難しく、緊張感のある仕事だと思います。初めての国際大会で、コートの中央に立って、それぞれのチームの国歌を聞いているときに、とても緊張したことを今でも覚えています。アジア選手権の上位4チームが世界選手権に出場できるのですが、選手やチームスタッフ、応援の観客の方々も含めて全員が国を背負って試合に挑んでいるのが伝わりました。双方が必死であるがゆえに、試合中にも、様々な人から様々なことを言われました。とても印象深い経験でしたが、同時に、選手やチームスタッフ、観客、運営など、その試合に関わる全ての人に対して、審判として責任あるレフェリングをしなければならないと強く思いました。

審判と仕事の両立

ハンドボールにはいわゆるプロ審判がいません。私も普段は、スポーツのライブ配信をしている「動画時代！」（東京トレード株式会社）で働いています。「動画時代！」では、日本ハンドボールリーグの配信やその準備、高校生の全国選抜大会では、私自身が実況をすることもあります。審判としての知識をもとに話すことができて、とても楽しかったですし、ハンドボール界の皆さんにも、自分の仕事のあり方を見てもらえたのはうれしかったです。

国内外での審判活動を思う存分続けられるのは、会社の理解があってのことです。そのためにも会社の仕事も審判の仕事も頑張って続けていかなければいけないと思っています。

Message

基本的な生活を整え、学びに励む。それがスポーツで活躍する土台となる

FILE 04

経営者

スポーツの経営者は、スポーツに関わる組織における運営や管理の責任者です。その仕事は、組織の目指す方向性を決め、経営資源を踏まえて戦略を立て、実行することです。

仕事の内容

本書で取り上げる「スポーツの経営者」とは、「会社の社長」のような狭い意味ではありません。ここでは、「スポーツに関わる組織の運営や管理をするうえで責任を担う人」と定義します。CHAPTER2-1（18・19頁）で触れた通り、これには官公庁、公法人、営利法人、非営利法人など、スポーツに関わる全ての組織が含まれます。

スポーツの経営者の仕事は、自分たちの組織が目指す未来や進むべき方向を決め、そこに向かうための戦略を立案し、それを実行することです。経営者ひとりでは、組織を運営・管理することはできません。そのため、同じ方向に向かって協力して働く仲間を集め、みんなが自分の力を最大限に発揮できるような環境を整える必要があります。こうして、組織に関わる全ての関係者がやりがいを感じ、さらには社会にも貢献できるよう努めなければいけません。また、組織が健全に機能するよう、予算の計画や資金の管理も適切に行う必要があります。

スポーツの経営者には様々な人がいます。官公庁であればスポーツ庁長官や市町村の首長、公法人や非営利法人では、代表理事やそのほかの理事、営利法人では、社長や取締役、事業面を統括する部門長などが該当します。また、スポーツ団体では会長や事務局長、プロスポーツチームでは、ゼネラルマネージャーやスポーツディレクターなども、組織を運営・管理するという意味で経営者に含まれるでしょう。

やりがいと魅力

スポーツの経営者のやりがいは、自分の意思決定が、組織全体やそこで働く人々、顧客、さらには社会全体に大きな影響を与えることにあります。そのため、責任は重大です。また、経営者は、組織のメンバー全員が同じ方向に向かって協力しながら進む過程を、リーダーとして

率いることで、やりがいを感じることができます。

スポーツへの情熱を持ち、スポーツの発展、スポーツを通じたより良い社会の実現に貢献したいという思いがある人にとって魅力的な仕事だといえます。

求められる知識・スキル

スポーツに限らず全ての経営者に共通して、先見性を持ちビジョンを描くことが求められます。そのビジョンを実現するためには、戦略的な思考が欠かせません。つまり、限られたリソースを用いてビジョンを実現するために実行可能な計画を立てる必要があります。

また、経営者には日々、多くの重要な判断が迫られるため、迅速かつ効果的に決断を下す力が求められます。組織を効果的に運営、管理するうえで、リーダーシップや人材マネジメント能力も不可欠です。これには、働く人々や関係者との信頼関係を築くためのコミュニケーション能力も含まれます。また、組織が財政的な健全性を保つためには、経理・財務に関する知識、法務や労務、ガバナンスに関する知識、さらにはデータを用いて経営判断を行う能力も必要です。

プロスポーツチームなどは、経営をするうえでコントロールできない要素も多くあります。例えば、天気が悪いと試合の観客数が減ったり、試合の結果にも影響を与えたりします。また、選手やチームの成績によっては、直接組織の経営に影響を及ぼすことさえあります。そのためにも、スポーツそのものに対する深い理解が大切です。

経営者を目指すなら

スポーツの経営者になるには様々なキャリアパスが考えられます。

スポーツに関わる組織で働き、異なる部門で実務を経験し、事業やプロジェクトのマネジメントを経験したうえで経営者になる人もいれば、スポーツとは関係のない組織で経営に携わる経験を積み、スポーツに関わりはじめる人もいます。また、自分でスポーツ関連の事業を創業し、いきなりスポーツの経営者としての道を歩みはじめる人もいます。いずれにしても、経営者としての実践的な経験を通じて学ぶことが大切です。

スポーツの経営者に求められる知見を体系的に習得するためには、大学院に進学し、ＭＢＡ（経営学修士）を取得することもよいでしょう。また、スポーツビジネスやマネジメントに特化した修士プログラムのある大学院に進学することもおすすめします。

PICK UP　プロスポーツチームにおけるGMとSD

プロスポーツチームでは、ゼネラルマネージャー（General manager：GM）やスポーツディレクター（Sports Director：SD）も経営者の一人といえます。GMはチーム全体の運営管理を統括する役割で、具体的には選手の獲得や契約、監督やコーチ、スタッフの選任、チームの戦略立案、財務管理などを行います。

一方、SDはチームの競技面に特化した管理を行います。具体的には、競技戦略の策定や選手育成プログラムの構築、チームのパフォーマンス分析、スカウティングなどを担当します。ただし、チームによってはGMのことをSDと呼ぶこともあり、その線引きは様々です。

INTERVIEW

◆スポーツ業界で経営者として働くプロフェッショナル

三遠ネオフェニックスの国際部門VP兼GMとして活躍

秦アンディ英之さん

PROFILE

1972年、ベネズエラ生まれ、アメリカ育ち。ANDY代表取締役。明治大学卒業後、ソニーへ入社し、FIFAとのパートナーシップなどを担当。その後、ニールセンスポーツの日本法人代表、格闘技団体ONE Championship日本法人代表、Jリーグ特任理事を経て、フェニックスのVP兼GMに就任。

チームの今と未来をつくる

Bリーグの三遠ネオフェニックスで国際部門VP（Vice president）兼GM（General Manager）をしています。国際部門VPとしては、外国人選手のスカウトだけでなく、NBAやヨーロッパ、アジアのバスケットボールの動向、チーム強化のための新しいサービスやノウハウに関する情報を追っています。GMの役割は、シンプルに言うとチーム編成です。選手やスタッフの採用も含め、チームを強化していく編成責任者として、社長およびフロントスタッフと共に、短期的な勝利だけでなく、中長期的にも勝利し続けられる強固なチーム基盤を構築するための戦略を練っています。

GMとして大切にしていること

GMとして一番大切にしているのは、チームに対してGMならではの付加価値を提供することです。GMが付加価値を生むためには、2つのアプローチがあると思います。ひとつは、現場の様々な人とコミュニケーションしながら、直接状況を感じとり理解すること。もうひとつは、新たな情報を収集して分析し、それを現場に伝えることです。この2つが組み合わさることで、GMの存在意義が明確になり、付加価値になるのだと思います。その価値を積み重ねることが、優れたチームを築く基盤になります。

プロクラブの経営とチーム強化では、選手やコーチ、スタッフ、フロントオフィスが一丸となって、それぞれの付加価値を増幅させることが重要です。選手がどんなに頑張っても観客がいなければエネルギーにはならず、フロントが観客を集めてもチームが負け続ければファンは離れていきます。そのため、GMはチームとフロントオフィスの架け橋となり、共に働くことが求められます。

スポーツの構図を変えたい

幼少期をアメリカで過ごし、アメリカンフットボール、バスケットボール、野球などをしていた私は、中学で日本に戻った後はバスケットボールを、高校で再びアメリカに戻るとアメリカンフットボールに専念しました。日本とアメリカを行き来していたなかで、「自分のアイデンティティとは何か」について考えるようになりました。

自分のルーツである日本文化をより深

く理解したいという思いから、明治大学法学部に進学し、伝統あるアメリカンフットボール部に入部しました。体育会の経験は、精神的にも肉体的にも厳しいものでしたが、「勝利への努力がいかに重要か」を学びました。また、選手としてだけでなく、主務として監督側でマネジメントに携わったことで、貴重な経験が積めました。

卒業後はSONYで働きながら、社会人クラブチーム「アサヒビール・シルバースター」（現オリエンタルバイオシルバースター）に所属し、ライスボウル（日本選手権）での優勝を経験しました。しかし、毎年会場が満員になる決勝戦が、その年だけガラガラでした。「これだけ頑張ってきたのに、会場を満員にできないんだ……」と、とてもショックを受けました。そこで、これからはスポーツの裏方としてスポーツの構図を変えていかなければいけないと思い、引退を決意しました。

SONYでは、スポンサー企業としてFIFAプロジェクトに携わりました。その後、ニールセンスポーツの日本法人および北アジアの代表として、スポーツスポンサーシップの効果測定の普及に努めました。その後、格闘技団体の「One Championship」の日本代表やJリーグの理事を務め、現在に至ります。

自分の持つ情熱に気づく

経営者は、ファイナンスや組織マネジメントの基本的な知識が求められます。さらに、先を見抜く力や物事を客観視する力、リーダーシップ、寛大さ、そして人間力も欠かせません。失敗を恐れずに継続する強い信念も大切ですが、自信と過信は紙一重であり、繊細さも必要です。しかし、どれだけ周到な準備をしても、経営をするうえでは不可抗力に直面したり、心が折れそうになるときがあります。そのときに支えになるのは、スポーツに対する情熱、そして仲間の存在です。

情熱は、与えられるものではなく、湧き出るものです。自分と向き合い続けることで、自分の持つ情熱に気づくことが重要です。私の場合、子どもの頃にチームから外されたときの悔しさをバネにできたのも、アメリカから帰国した際のいじめから立ち直ることができたのも、スポーツのおかげです。アメリカに戻ったときのアイデンティティの迷いから救ってくれたのもスポーツでした。そうした経験から生まれるスポーツに対する恩返しの気持ちが、私の情熱の源泉です。

Message

自らの可能性を信じ、情熱を持って挑戦し続けよう

FILE 05

スカウト

スカウトは、スポーツチームにとって有望な選手を発掘し、選定をします。スカウトの仕事は、情報を収集し、試合を観察し、選手を分析・評価して、チームの意思決定をサポートすることです。スカウトは、チームの成功と選手のキャリア形成に重要な役割を果たしています。

仕事の内容

スカウトの仕事は、野球やサッカーをはじめとするスポーツチームの選手獲得に関する意思決定を助けるために、有望な選手を発掘し、情報を集め、評価をすることです。チームによっては、複数のスカウトが年齢別、ポジション別、地域別にそれぞれ担当を持ち、さらに複数人による複数回にわたる視察を通じて評価を行い、選手選定を行います。

スカウトの業務は、主に調査、視察、レポートに分けられます。

まず、選手を実際に視察する前段階として、自チームの現状や対象となる試合、注目選手などを事前に調査します。実際に足を運べる試合は限られるため、適切な選手を発掘するための事前調査は欠かせません。次に試合の視察に行きます。試合で起きていることや注目している選手のパフォーマンスについて、詳細にメモをします。そして試合が終わると、チームにレポートを送ります。さらに、試合後に送る簡単なレポートだけでなく、選手の体力や技術、パフォーマンスなどの定量的なデータや、客観的には捉えきれない選手のスポーツに対する姿勢や人間性、キャリアの展望や移籍に関わる情報などの数値化できない情報を加え、より包括的なレポートを作成していきます。それらをもとに選手を選定し、チームの選手獲得の最終的な決定権を持つジェネラルマネージャーやスポーツディレクターに対して、獲得選手の提案を行います。

スカウトには、プロスポーツチームに所属する人もいれば、個人事業主として活動する人もいます。プロスポーツ以外にも、大学をはじめとする学校スポーツチームにスカウトがいることもあります。またスポーツによっては、監督やコーチ、代理人がスカウトを兼ねるという場合もあります。さらに、スポーツメーカーのスポーツマーケティング部などの民間企業に所属するスカウトもいます。

やりがいと魅力

スカウトとして働く人は、もともとそのスポーツに対して情熱を持っている人が多いです。ずっとそのスポーツと選手を見ていることができる、そしてそれが仕事になるという魅力があります。また、自分が発掘した選手が、実際にチームでパフォーマンスを最大限に発揮したときには、大きな満足感を得られるでしょう。スカウトの仕事は選手のキャリア形成にも、チームの成功にも貢献することにつながるのです。さらに、仕事のなかでコーチや代理人、ほかのスカウトとも交流する機会が多く、そのスポーツを様々な視点で捉えることができ、また自分なりの見方を築くことができるでしょう。

求められる知識・スキル

スカウトには、選手経験が必要不可欠ということはありません。しかし、選手経験から得られた、そのスポーツにおける様々な関係者とのつながりや、パフォーマンスに関する知識は役立ちます。一方で、人には多くの思い込みやバイアスが存在するものです。人の潜在能力や将来性を見定めるうえで、自分の知識や経験に基づく思考の癖に気づき、それに対する対応策を持つことは大切です。

スカウトには、情報収集力が求められます。そのスポーツにおける各チームや選手の動向、新たに出てくる選手の情報をアップデートし続ける必要があります。近年では、スカウトへのデータ活用が進んでいることから、データの収集や分析に長けていると重宝されると思います。さらに、データなどの客観的情報だけでなく、選手の姿勢や人間性を見抜く洞察力も重要です。そのために自分自身の感性や人間性を磨き続ける必要があるでしょう。

スカウトを目指すなら

スカウトに求められる知識やスキルを身につけるためには、実践経験を積み重ねる必要があるでしょう。またその土台を築くうえで、大学や大学院でスポーツマネジメントやスポーツ科学について深く学ぶことは有効です。サッカーについていえば、欧州の大学では、スカウト学部やスカウト養成コースも存在します。

スカウトの仕事のほとんどは、リファラル（紹介）で採用されます。欧米のプロスポーツチームでは、スカウトとしての公募もありますが、即戦力を求める圧倒的な経験とその地域における高い評価が必要になります。これらのことから、スカウトには、もともと選手やコーチをしていて、すでに関係者とのネットワークを築いている人が多いのです。まずは、インターンシップに参加し、実践経験を積みながら実力を認めてもらうことが現実的です。

PICK UP スカウト方法を変えた男

ブラッド・ピット主演の映画「マネーボール」のモデルとなった、ビリー・ビーンは2000年代初頭にオークランド・アスレチックスのGMとして、革新的なスカウト方法を導入しました。彼は従来のスカウトの主観的な評価を排し、セイバーメトリクスという統計分析手法を活用しました。この方法では、選手の出塁率や長打力など、試合の勝敗に直結するデータに基づいて選手を評価します。ビーンのアプローチは、限られた予算で高パフォーマンスの選手を見つけ、チームの競争力を高めることに成功し、メジャーリーグ全体に大きな影響を与えました。

◆北海道日本ハムファイターズのスカウトとして働くプロフェッショナル

プロ野球の一軍で活躍する「原石」を見出す

大渕 隆さん

PROFILE

1970年、新潟県出身。早稲田大学では、硬式野球部に所属して六大学野球でベストナインを獲得。その後、日本IBMに就職。ITに関わる仕事の傍らで、海外で野球を学ぶ。退社後、高校教員を経て、2006年に北海道日本ハムファイターズのスカウトに転身し、2017年にスカウト部長に就任。

アマチュア野球現場における「ファイターズの顔」

私は北海道日本ハムファイターズでスカウト部長を務めています。主な仕事は、将来的にチームの一軍で活躍できる選手を発掘し、獲得することです。スカウト部には10名のスタッフがおり、それぞれの各担当地区の高校、大学、社会人、独立リーグといったアマチュア野球の試合を視察し、有望な選手を見つけたら、映像を含んだ評価レポートを作成します。私は部長として、評価レポートを確認し、ほかのスタッフやクロスチェッカーと連携しながら候補者を絞り込み、ゼネラルマネジャーと共にドラフト候補を総合的に判断します。毎年6名から10名くらいと契約しますが、注視している選手は500人位にはなります。

野球を通じて世の中を良くする

小学生頃から野球に親しんできた私は、高校時代の野球部顧問の影響で、早稲田大学に進学をし、硬式野球部に所属しました。将来は教員になって高校野球の監督をしたいと考えていましたが、野球部のロサンゼルス遠征をきっかけに、野球を仕事にしたいと思うようになりました。

大学卒業後は日本IBMに就職し、働きながら野球に打ち込む生活を送りました。選手を引退してからも野球への情熱は冷めることはなく、毎年アメリカやキューバを訪れ、現地の野球関係者や日本人とのネットワークを広げながら、野球を仕事にする道を模索し、迷いながら20代を過ごしました。

あるとき、人生の目標を見つめ直すなかで、「野球を通じて世の中を良くする」という志を持つようになりました。これがキャリア選択の大きな助けとなり、まずは学生時代に考えていた教員として高校で野球指導にあたることに取り組みました。

その後、アメリカやキューバで出会った野球関係者の方からの誘いで、日本ハムからのオファーを受け、スカウトとしてのキャリアをスタートさせました。現在で19年目になります。

人が人を見て、見極める世界

各スカウトは、それぞれの経験や学び

Message

スポーツを通じてどう社会に貢献できるかを問うことが、道を開くカギとなる

をもとにした選手評価の基準を持っています。しかし、その基準を満たしていれば必ず活躍するわけではありません。ある程度の傾向はあると思いますが、活躍を保証する明確な基準などそもそもないのです。スカウトは「人が人を見る」世界なので、情報だけでは判断できない、理解が及ばないこともあります。ただ、選手を見極めるときには、身長や体重、筋量といった体格や身体能力、野球の技術など、数字で評価できる材料が多ければ多いほど判断に役立つことも事実です。

客観的な情報を把握したうえで、選手の性格や考え方、野球に対する姿勢やこだわりなど、数字では表せない主観的な情報も加えて総合的に評価することが重要です。ただし、選手は体力的にも技術的にもどんどん変化しますし、考え方も変わっていきます。それに対して、私たちは一軍で活躍するかしないかという未来を想像するわけですが、これは「人が人を見る」という難しさの極みだと思っています。「絶対に活躍する」「絶対に活躍しない」とは、とても言えませんし、「ここを見ています」「ここを見て決めました」という単純な話ではないと思っています。

人生の岐路に携わるパートナーとして

スカウトの仕事のやりがいは、人の人生の岐路に立ち会えることにあります。もちろん、スカウトした選手が一軍で活躍するのはうれしいことです。しかし、それ以上に、私は仕事を通じて若い人たちと触れ合う機会や彼らを見守ることに大きなやりがいを感じています。私の20代の頃と同じように、彼らが進路や人生、夢について悩んだり、ワクワクしたり、葛藤しながら日々を過ごしている姿を見ると、そんな彼らの人生の岐路に一緒に立てることに価値を感じます。これは教員時代も感じていたことです。

スポーツを仕事にすることを考える

仕事とは社会に貢献するためのものです。スポーツで働くのであれば、単にスポーツが好きだからだけではなく、スポーツとは何か、スポーツを通じてどのように社会に貢献できるのかを真剣に考え、その答えを自分の中に持っていてほしいと思います。自分は何者なのか、自分は何ができるのか、もっと深く自分に向き合ってほしいです。自分の将来に対する答えは、自分の中にしかありません。

FILE 06

スポーツ代理人（エージェント）

スポーツ代理人は、選手の契約交渉や移籍をサポートしています。選手とチーム、または大会主催者との間に立ち、最適な条件で契約を締結します。スポーツ代理人は、選手のキャリアや人生を支える重要な役割を担っています。

仕事の内容

スポーツ代理人（エージェント）の仕事は、選手がプロスポーツチームとの間で行う入団や契約更改、移籍などの交渉や締結を代わりに行うことです。また、個人競技の選手が大会に出場する際は、選手と大会主催者との間に入って、契約交渉や締結を代わりに行うこともあります。

まずスポーツ代理人は、選手と代理人契約を結びます。これによって選手の代わりに契約関連の業務を行えるようになります。選手から相談を受けることもあれば、代理人から選手に対してアプローチすることもあります。そして、選手との面談を通じて、選手のキャリア計画を理解し、それに基づいて、適切な移籍先を探します。逆にプロスポーツチームから、必要なポジションに合った選手がいないかと相談されることもあります。

選手とプロスポーツチームの双方が興味を示した時点で、入団や移籍に関する契約金や契約期間などをはじめとする様々な条件について交渉します。また、選手が現在所属しているチームとの契約更改について交渉することもあります。選手とプロスポーツチームとの間で契約が締結された後は、移籍後に新しい環境に適応できるようにサポートをします。

このような一連の仕事を効果的に実施するために、選手やプロスポーツチームを含めて対象のスポーツに関する情報を幅広く収集することも代理人の仕事のひとつです。

代理人には、スポーツマネジメント企業（52頁）や代理人事務所、弁護士事務所などの組織で働く人もいれば、独立して個人で働く人もいます。なお、スポーツマネジメント会社では、選手やチームの広範なマネジメントを行っていますが、選手とプロスポーツチームや大会主催者との間に入って契約の交渉や締結を行うためには、代理人が必要になることがあります。

やりがいと魅力

スポーツ代理人の仕事は、ただ選手の契約を取り扱うだけにとどまりません。実際には、選手のキャリアだけでなく人生にも影響を与える重要な仕事です。そのため、大きな責任を伴いますが、その分得られるやりがいも大きくなります。スポーツ代理人は、選手一人ひとりの個性やニーズを理解し、それに基づいて選手にとって最適なキャリア選択をサポートすることができます。

また、仕事を通じて世界中のスポーツ関係者と知り合い、ネットワークを築くことができるのも大きな魅力です。選手だけでなく、コーチ、チームのスタッフ、大会主催者、ほかのスポーツ代理人、メディアなど、様々な関係者との関わりは、スポーツ代理人としての視野を広げ、新たなビジネス機会にもつながるでしょう。

求められる知識・スキル

スポーツ代理人の仕事には、まず情報収集力が求められます。選手の特性や試合の結果、国内外のチームの動向や契約交渉期間など、様々な情報を常に把握しておく必要があります。これには選手やチーム、そのほかの関係者との信頼関係を築く力が欠かせません。

また、選手のニーズを把握し、選手の長期的なキャリアを考慮しながら、プロスポーツチームとの間で最適な条件を引き出すための交渉能力も求められます。海外のチームや国際的に活躍する選手を担当する場合には、英語をはじめとする言語能力も必要です。

さらに、契約の内容を正確に理解し、選手の権利を保護しながら、法的な問題が生じたときに対応を行うための法的知識も不可欠です。

スポーツ代理人（エージェント）を目指すなら

各スポーツの国際競技団体や国内競技団体が発行する代理人資格を取得する必要があります。例えば、サッカーでは国際サッカー連盟が、バスケットボールでは国際バスケットボール連盟が代理人資格を発行しています。なかには、日本のプロ野球のように、弁護士資格を持つ人にしか代理人資格を認めない団体や一方で、代理人に関する規定がないスポーツ団体もあります。その場合、特別な資格がなくても代理人として活動することができます。

このように、代理人になるための条件や規定はスポーツによって異なるため、自分が目指すスポーツの代理人資格について詳しく調べておくことが重要です。

PICK UP スポーツ代理人が主人公の映画

『ザ・エージェント』（1996年）

成功したスポーツエージェント（トム・クルーズ）が、突然キャリアの危機に直面し、新たな道を模索する。彼は、自分の信念を見つめ直し、誠実さと情熱を持ってクライアントのアメフト選手をサポートすることで再び成功をつかむ。

この映画でスポーツエージェントに興味を持った方もいるといわれる作品。

◆陸上競技選手の国際代理人として働くプロフェッショナル

日本から世界に挑む陸上競技選手たちをサポート

柳原 元さん

PROFILE

1966年生まれ、滋賀県出身。京都産業大卒業後、八千代工業陸上部でマネージャーを務める。1995年から2年間米コロラドに留学。帰国後、本田技研工業陸上部マネージャーを経て、2010年に世界陸連公認代理人資格を取得。2011年にインプレスランニングを設立。主に日本人陸上選手の海外サポート業務に携わる。

選手を世界へ導く

私の仕事は、日本の陸上競技選手および、実業団、大学の陸上チームの海外大会や合宿のサポートを年間通して行うことです。このサポートには、遠征の企画、準備、現地での帯同、帰国後の事後処理などが含まれます。

世界陸連の公認代理人としては、海外大会の情報提供、参加交渉などをしています。選手が海外の大会に出場する際は、代理人を通して大会主催者と交渉して、参加手続きをする規則になっています。選手個人で対応可能な場合もありますが、通常は言葉の壁や参加交渉の方法がわからないなどの問題が出てきます。また、選手によっては、どこでどのような大会が開催され、どのような出場資格が必要なのかがわからないこともあります。そうした際に、公認代理人として、大会やエントリー方法などの情報を提供しながら、選手と大会主催者との間に入って調整をします。

陸上競技と共に歩む

私は中学、高校時代、部活動には入らず、自分で自由にランニングの練習をしていました。高校卒業後、進学や就職もせず2年間ほど目的もなく過ごした時期もありましたが、20歳を迎えた頃、このままではいけないと思い、走ることが好きだったのもあり、それを極めようと決意。当時、関西では駅伝チームが強いことが知られていた京都産業大学に進学しました。

大学では陸上部に入部しましたが、レベルの高い練習についていけず、監督の勧めもありマネージャーの道を選びました。振り返ってみるとマネージャー業務は、社会に出てから必要とされる要素が多く詰まっており、それを経験できて本当によかったと思っています。

卒業後は、大手百貨店での勤務を経て、八千代工業（株）の陸上部でマネージャーとして働きました。そのとき、知人がアメリカのコロラド州ボウルダーに合宿視察に行くと聞き、同行しました。当時、ボウルダーにはアシックスのオフィスがあり、早野忠昭氏（現東京マラソン財団理事長）が日本の実業団選手の練習をコーディネートしていたのですが、彼の働く姿を見て「こんな仕事がしてみたい」とぼんやり思ったのを覚えています。

帰国後、しばらくして会社を退職。ボウルダーに戻り、約2年間英語を学びながら早野氏のもとでお手伝いをしました。その後、帰国をし、Ｈｏｎｄａ陸上部で10年間マネージャーを務めました。そして、国際陸上競技連盟（現世界陸連）の公認代理人資格試験に合格、陸上競技選手の国際代理人として独立し、（株）インプレスランニングを創業しました。

陸上競技を通じて広がる世界

好きな陸上競技の仕事を通じて世界中に仲間ができることが、私にとっての大きなやりがいです。代理人の仕事は、日本国内の陸上界や企業内では経験できない、ユニークでエキサイティングな仕事です。

例えば、オランダのGlobal Sports Communication社という、エリウド・キプチョゲ選手（ケニア）らを含む、陸上界のスーパースターが多く所属する陸上マネジメント会社を通じて、毎年オランダで開催されるレースに日本人選手を出場させてもらったり、日本人指導者向けの海外コーチ研修を行っています。また、アメリカ長距離のトップチームであるNike Bowerman Track Clubには、毎年、日本人選手を受け入れてもらい、共に強化プロジェクトを行っています。

代理人として求められるもの

代理人のサポート業務は対人ビジネスなので、一緒にいて楽しい、仕事がしたいと思ってもらえる人間力が求められます。また、外国人と日本人の間に立つため、語学力や交渉術が必須です。多様な文化的背景を持つ人と仕事をするなかで、思い通りにいかないことも多いですが、その状況を乗り越える粘り強さが重要です。ただし、改善しないと判断した場合には、適切に手を引くことも大切です。

もちろん陸上界の知識も必要です。選手の記録やレベル、種目ごとの強豪国、選手たちの年間スケジュール、この種目の選手たちはいつどこに集まってトレーニングをしているのかなどの情報や、どのような大会がいつどこで行われているのかも把握していなければいけません。世界中の陸上競技に関する情報を常に追いかけるような意欲のある人にとって、この仕事はとても魅力的だと思います。

Message

「継続は力なり」挑戦心を持って、行動し続けよう

FILE 07

スポーツ通訳

スポーツ通訳は、スポーツの現場で異なる言語を話す選手や監督・コーチの間でコミュニケーションを助ける役割を果たします。試合やトレーニング、ミーティングや記者会見などの場で通訳を行います。また、スポーツの現場だけでなく、海外から来た選手や監督・コーチが新しい環境に適応するための支援もします。

仕事の内容

スポーツ通訳の仕事は、ただ言葉を翻訳するだけでなく、スポーツの世界で生じる様々な状況において、異なる文化背景を持つ人々のコミュニケーションの架け橋となることです。

例えば、プロスポーツチームに所属する通訳の場合、試合や記者会見の場で、選手や監督・コーチの発言をリアルタイムで通訳します。また、日々のトレーニングやミーティングでも、選手とコーチ、スタッフの間に入って、指示やフィードバックを通訳します。

さらに、スポーツ現場のみならず、海外から来た選手やコーチ、スタッフが新しい環境に慣れるようにサポートすることも大切な役割です。例えば、日常生活のサポートとして、買い物の手助けや病院の手配、公的な手続きの通訳などを行うこともあります。

スポーツ通訳にはプロスポーツチームに所属して働く人もいれば、個人事業主として国際スポーツ大会やスポーツ団体、スポーツ関連企業、教育機関、行政機関などの通訳業務を行う人もいます。また、世界で活躍する日本人選手に通訳として同行する人もいます。

使用言語は、日本語と英語だけでなく、スペイン語やフランス語など、通訳を担当する選手やコーチ、スタッフの母国語によって様々です。

やりがいと魅力

スポーツ通訳の仕事は、トップ選手やコーチのそばで働くことができる点が大きな魅力です。トレーニングや試合、時には日常生活までを共に過ごし、彼らの思いや考えに直接触れる経験ができることは、とても貴重な体験といえます。

また、スポーツ通訳はチームの一員として、感動的な瞬間を選手やチームと共に味わうことができます。勝利を共に喜び、敗北を共に悔しがり、目標達成のために共に努力することで、チームの一員

としての連帯感を感じることができます。

さらに、異なる文化背景を持つ選手やコーチ、スタッフと働くことで、多様な文化に触れ、自分自身の世界観を広げることができます。異文化間の理解を深めることは、個人的な成長にもつながり、より効果的なコミュニケーションを学ぶうえで重要です。

ほかにも、国際大会などの大規模スポーツイベントにも関わることができます。こうした場面で言語を超えてスポーツの舞台で重要な役割を果たすことができるため、とてもやりがいを感じられる仕事です。

求められる知識・スキル

スポーツ通訳には、高い言語能力が求められます。まず、対象となる言語と日本語の両方で流暢にコミュニケーションがとれることが基本となります。これには、日常会話からビジネス用語、さらには対象スポーツの専門用語や戦術・技術にまで対応できる幅広い知識が必要とされます。

また、逐次通訳（話を聞いてから訳す）だけでなく同時通訳（話しながら訳す）が必要になる場面も多くあります。

フィールドやコート上で心理的プレッシャーが高まるときでも、冷静さを保ち、即興で適応する能力が重要です。

さらに、コミュニケーションには言葉だけでなく、ジェスチャーや表情などの非言語的な手がかりも含まれます。これらを理解し、適切に使うことで、関係者間のスムーズな意思疎通をサポートすることが求められます。

通訳を目指すなら

スポーツ通訳を目指すには、まず高い言語能力が不可欠です。もし自分の言語能力に不安がある場合は、まず海外留学をすることをおすすめします。対象となる言語を使う国で、大学や大学院に進学し、スポーツ分野の学問を学ぶことで、言語能力を身につけながら、スポーツ関連のネットワークを広げることができます。大学や大学院に進学するほどの語学能力がない場合は、語学学校から通い始めてもよいでしょう。さらに、現地で実際にスポーツをすることで、そのスポーツで使われる言葉や雰囲気、文化的背景も学べます。

スポーツ通訳の仕事の多くは、リファラル（紹介）で採用されます。また、通訳の求人はタイミングが重要です。スポーツ現場で通訳をする経験を積みながら、自分が通訳として仕事をしたいスポーツ現場で、実際に働いている人たちとのつながりを築くことが大切です。自分のことを知ってもらい、いつでも通訳の仕事ができる準備が整っていることを積極的にアピールしましょう。

PICK UP

手話を通訳する仕事

デフリンピックは、「デフ（耳がきこえない）」と「オリンピック」を組み合わせた言葉で、耳が不自由な選手が参加する国際スポーツ大会です。2025年には東京でデフリンピックが開催されます。

この大会では、世界中から集まる選手や関係者のコミュニケーションをサポートするために、国際手話から日本手話へと通訳する国際手話通訳者（ろう者）と、日本手話から日本語へと通訳する日本手話言語通訳者（きこえる人）がペアで活躍します。

◆サッカー通訳として働くプロフェッショナル

文化や言葉の壁を超えたサポートを目指して

酒井　龍さん

PROFILE

1994年生まれ、茨城県出身。サッカー通訳・翻訳者。筑波大学大学院在学中に豪州へ留学。卒業後、サガン鳥栖（J1）、アビスパ福岡（J1）の英語通訳として勤務。2024年には、7人制サッカーのキングスリーグ日本代表「MURASH FC」の代表責任者としてW杯を闘った。

サッカー選手の通訳

私は個人事業主としてサッカー通訳をしています。2021年から3年間は、Jリーグのサガン鳥栖とアビスパ福岡で、日本語と英語の通訳を務めました。

通訳は、言葉の橋渡しをする仕事ですが、ただ言葉を訳すだけではありません。TPOに合わせて通訳をすることが必要ですし、試合や練習場以外での仕事もあり、その仕事は多岐にわたります。例えば、選手やその家族が買い物や病院に行きたいとき、子どもの学校の手続きが必要なときなどは、一緒についていき通訳やサポートをします。また、外国人選手が日本でプレーや生活をするうえで必要になる慣習や文化を理解してもらうために説明するのも通訳の仕事です。

選手から通訳へ

私は中学生からサッカーを始め、プロサッカー選手を目指していました。始めた年齢が遅いこともあり、技術的にも周りとの差が大きく、中学、高校では万年補欠の選手でした。それでもプロを目指し、当時関東大学リーグ一部に所属するなかで唯一セレクションがない筑波大学に入学しました。大学ではスポーツ心理学を学びながらサッカーに打ち込み、大学院にも進学してプロを目指しましたが、最終的にはその夢を叶えることができず、情熱の糸がプツンと切れてしまいました。

それでも心のどこかでサッカーへの未練が捨てきれず、何か別の形で挑戦したいと考えていたある日、たまたまJリーグで通訳をしていた方と出会いました。

そこで「サッカー×言語」という活躍の仕方を知りました。また、英語に興味がある自分にも気づき、「サッカー」と「英語」を組み合わせて「サッカー通訳」を目指すことを決意しました。しかし、英語力がほぼゼロの状態だった私は、短期間で英語の能力を伸ばすためには留学しかないと思い、オーストラリアのビクトリア大学に交換留学することを決めました。

帰国後、サッカー通訳の方々に連絡をとり、話を聞くなかで、サガン鳥栖が外国人選手を急遽獲得し、英語通訳を探しているという話をもらいました。私は即座に「行きます！」と返事をし、3日後にはチームに合流してサッカー通訳としての道をスタートさせました。

サッカー通訳のやりがい

通訳の醍醐味は「言葉の壁をいかになくすことができるか」にあると思っています。そしてサッカー通訳の仕事の魅力は、日常では味わえない喜怒哀楽に立ち会えることです。試合中に監督の指示を選手に伝えて、活躍したり、ゴールを決めたりした瞬間は何ものにも代えがたい喜びです。しかしそれは、その瞬間に対して心が躍るのではなく、日々の練習での会話やピッチ外でのサポートなどの全てが、選手の活躍につながっていると実感できるからこそだと思います。特に、ヒーローインタビューの通訳を務めるときは、これまでの努力が報われる瞬間であり、通訳として格別の充実感が得られます。また、私のインタビューや記者会見で訳した言葉がそのまま記事に取り上げられることもあり、自分の言葉の重みと責任を感じます。

サッカー通訳に必要なもの

サッカー通訳には、正確かつ適切な言葉で訳すための高い言語力が求められます。試合中などの予測不能な状況に対応する柔軟性も必要です。私も日々「ああ言えばよかった」「こういう単語を使えばよかった」と反省と試行錯誤を繰り返しています。

また、チーム、フロントスタッフ、監督、外国人選手、日本人選手など、異なる立場の人々とのコミュニケーションを円滑にするため、それぞれの立場に立って考え、共感する力も重要です。ただし、通訳は常に中立でなければなりません。監督と選手の間に立ったときに、どちらかに偏ると適切な言葉を選べなくなるからです。コンディションが悪い選手に監督が強く言うときには、それをしっかり伝える必要があります。通訳として選手に寄り添う気持ちは、時には心の中に収めることも必要です。相手を理解しつつ中立な立場で仕事することは、通訳としてチームや選手から信頼を得るために大切です。

試合中、監督の指示を大声で選手に伝えることがあります。観客の大歓声の中で私の声が届き、選手が応じたり、声が届かなくてもジェスチャーや口の動きで伝わることがあります。これは日頃のコミュニケーションで培った共通言語や認識があるからなのかもしれませんが、私は信頼関係のなせる業だと思っています。

Message

地道な努力と無数の挑戦。
それが、あなたの支えになる

FILE 08

スポーツドクター

スポーツドクターは、運動やスポーツをする人々の健康を守るために診療や治療、予防を行う医師です。また、スポーツ現場での緊急時対応や、スポーツ医科学の研究・教育活動にも取り組んでいます。

仕事の内容

スポーツドクターの仕事は、大きく次の3つに分けることができます。

①選手を含む運動・スポーツをする人の健康を管理し、スポーツ外傷や障害、健康問題の診断、治療、予防を行う。

②試合で会場ドクターもしくはチームドクターとして、医事運営をし、選手や観客の緊急時の救護を行う。

③スポーツ医学の研究を行い、そして予防法や対処法などの教育・普及活動を行う。

特に、高い強度でのトレーニングを日々積み重ねる選手たちは、整形外科的な外傷や障害だけでなく、内科的な不調を抱えることも多くあります。スポーツドクターは、運動やスポーツをする人をあらゆる医学的側面から支える重要な役割を担っています。

スポーツドクターは、普段は各診療科医（例えば、整形外科医や循環器内科医など）として病院などの医療機関で勤務し、スポーツ団体の医事委員会の一員として試合があるときに会場ドクターを務める場合や、なかにはプロスポーツチームと専属契約を交わす場合もあります。病院で勤務をして、受診に来た選手を含む運動やスポーツをする人々に対する医療サービスを提供しているドクターもいます。

やりがいと魅力

スポーツドクターは、選手だけでなく運動やスポーツをする全ての人々に対して医療サービスを提供します。例えば、学校の部活動でケガをした生徒を治療することもありますし、週末にジョギングを楽しむ人の膝の痛みを治すこともあります。また障がいのある人のスポーツ活動の医学的サポートをすることもあります。そのため、多くの人から感謝される機会があります。

また、日々の健康管理や心身のサポート、ケガの診断や治療に携わったプロス

ポーツ選手の試合での活躍をテレビなどで見るときなどは、スポーツドクターとしての仕事の手応えとドクターとしての自分自身の成長を実感できると思います。特に大きなケガや健康問題を抱えた状態から復帰に向けた過程を共にした選手が活躍した際には特別な想いを抱くことと思います。

また、試合の会場ドクターやチームドクターになることで、スポーツ現場の舞台裏を体験できるという魅力もあります。

求められる知識・スキル

スポーツドクターには、**整形外科だけでなく、内科や婦人科、精神科、公衆衛生学、歯学などを含む、総合診療医としての幅広い医学的知識が求められます。**これらの知識を持つことで、運動やスポーツをする人々の幅広い健康問題に対応することができます。

また、スポーツ現場では、突然のケガや病気など予期しない状況が発生することもあります。スポーツドクターは、現場で起こり得る緊急事態に備えて最善の準備をし（現場の確認や医療器具の準備など）、何かあったときに迅速かつ適切な判断、行動をする必要があります。

さらに、スポーツドクターは選手やコーチ、トレーナー、関係者と信頼関係を築くためのコミュニケーション能力も重要です。スポーツ現場には、様々な文化的背景を持った人が集まります。チームドクターであれば海外遠征に同行することもあるため、異なる文化や言語のなかで適切にコミュニケーションをとる能力も求められます。

スポーツドクターを目指すなら

スポーツドクターになるには、まずは、**ドクター（医師）になる必要があります。**そのためには、まず大学医学部（6年制）に進学し、医師国家試験に合格して、医師免許を取得する必要があります。最初の2年間研修医として初期臨床研修を経て、その後、専門研修を修了することで、十分な知識・診療の技能を修得した医師を指す「専門医」試験の受験資格を得られます。

その後、さらに次の資格のうちいずれかを取得すれば、スポーツドクターとしてチームに同行したり、試合で会場ドクターとして活動できるようになります。

・日本スポーツ協会公認スポーツドクター（主に競技スポーツ）
・日本医師会認定健康スポーツ医（主に健康スポーツ）
・日本整形外科学会認定スポーツ医（整形外科専門医資格が必須）
・日本パラスポーツ協会公認パラスポーツ医（主に障害者のスポーツ活動）

PICK UP

スポーツを支える「三師」

医師、歯科医師、薬剤師は「三師」と呼ばれることがあります。スポーツで活躍する医師を「スポーツドクター」と言いますが、スポーツ選手の歯科検診や歯に関する相談や治療、応急処置、マウスガードの製作などを行う歯科医師を「スポーツデンティスト」と言います。また、アンチ・ドーピング規則に関する知識を有し、選手やチーム、教育機関への情報提供を行う薬剤師を「スポーツファーマシスト」と言います。

◆スポーツドクターとして働くプロフェッショナル

ベルテックス静岡のチームドクターとして活躍

川合 拓郎さん

PROFILE

1983年生まれ、山梨県出身。日本整形外科学会専門医、日本整形外科学会認定スポーツ医、日本スポーツ協会公認スポーツドクター。自治医科大学卒業後、9年間の僻地勤務を経て、2019-20シーズンにベルテックス静岡で"プレイングドクター"として選手としてもプレイ、引退後はチームドクター専任となる。

スポーツドクターの仕事

Bリーグのベルテックス静岡のチームドクターをしています。チームドクターとしての役割は、週に一度チーム練習に参加し、選手のケガの有無や回復状況の確認、コンディションチェックです。選手がケガをした際には連絡を受け、現場以外に病院で対応することもあります。また、チーム創設時からコンディション管理ソフト「ONE TAP SPORTS」を導入しており、毎日そのデータをチェックし、必要に応じてトレーナーや選手と連携をとっています。ホームゲームが開催される週末には、チームドクター兼会場ドクターとしてケガや緊急時の対応をします。

また、日本バスケットボール協会および静岡県バスケットボール協会のスポーツ医科学委員として活動しており、全国ミニ、インターハイ、ウインターカップ、インカレ、全日本選手権など、育成年代から社会人まで県内外の様々な主要大会の会場ドクターとして参加しています。

ドクターからプレイングドクターへ

小学校からバスケットボールを始め、プロ選手を目指していました。その過程でコーチや教師など「人と関わる仕事に就きたい」と考えるようになりました。最終的には、老若男女満遍なく、幅広く深く人々に関わることができる医師に魅力を感じ、医学の道を選びました。医師である父の影響も大きかったです。

父の母校である自治医科大学に進学し、学業とバスケットボールを両立させました。卒業後は研修医として地元の山梨県に戻り、整形外科医不足で悩む僻地医療に応えるため整形外科医になりました。スポーツと関わる機会が多く、幅広く人と接することができるという点で自分に合っていると考えました。

整形外科の道を極めれば、いつかスポーツの世界に必要とされ、つながると信じていました。アスリートが医師（整形外科医）に一番求めていることは、スポーツに詳しいことよりもちゃんとケガを治すことだからです。ベルテックス静岡のチームドクターになる前に、「日本整形外科学会認定スポーツ医」と「日本スポーツ協会公認スポーツドクター」の資格を取得しましたが、それはいつか必要とされたときのための準備と日々のモチベーションが理由です。

その後、静岡県立総合病院に勤務してしばらく経ったとき、ベルテックス静岡が創設されることを知りました。プロ選手になる夢を叶えられるかもしれないと思い、トライアウトに参加しました。その結果、「選手も、チームドクターもどうですか」とオファーをいただき、選手兼チームドクターとしてチームに加わりました。1年間〝プレイングドクター〟を務めた後、選手を引退してからはチームドクターとして活動しています。

スポーツドクターのやりがい

スポーツドクターのやりがいは、感動体験や達成感を選手やチームと共有できることだと思います。日常診療でも、手術などで治療した患者さんが日常生活や仕事に復帰できるととてもうれしいですが、復帰後のその先の様子を知る機会はなかなかありません。しかし、自分のチームの選手なら、ケガから復帰してコート上で活躍する姿を目の前で見ることができます。やはり、そのときはすごく感慨深く感動的です。

プレイングドクター時代に、当時のキャプテンが前十字靭帯を断裂し、その手術を担当しました。チームメイトでもあり主治医でもあるという経験はめったにないことだと思います。その後もいろいろな選手の手術に関わりましたが、手術直後、手術室でグータッチを交わした選手もいてその瞬間は特別でした。他クラブに移籍した選手が、所属クラブに関係なく自分を執刀医に指名してくれたことも絆を感じてうれしかったです。

スポーツ選手の復帰とは、「日常生活に支障なく戻る」ことではなく、「コート上でパフォーマンスを発揮する」ことなので、治療に求められるレベルは高いです。少しの感覚の違いが直にパフォーマンスに影響するので、手術など治療ではプレッシャーを感じます。しかし、その要求に応えるべく取り組むことで、スポーツドクターおよび整形外科医としての技術や経験が研ぎ澄まされていき、結果、それが一般の方々にも還元できると考えています。スポーツを通じて自分のレベルも追求できるチャレンジングなところが、この仕事の魅力です。

Message

いつか来るチャンスを掴み取るために、最善の準備をしよう

FILE
09

スポーツ栄養士

スポーツ栄養士は、選手の栄養状態を管理し、最適なパフォーマンスを引き出すための食事や栄養補給方法の提案を行います。また、栄養に関する研究活動や、選手やコーチ、関係者に対して栄養に関する指導をすることもあります。

仕事の内容

スポーツ栄養士の仕事は、選手を主に栄養面からサポートすることです。

まず、選手の性別、年齢、競技種目、トレーニングの強度や頻度、健康状態などを考慮して、栄養状態を確認します。次に、競技種目やトレーニングに応じた適切な食事摂取のタイミングや、適切な栄養バランスについてなどのアドバイスを行います。場合によっては、スポーツ栄養士自身が調理を行い、食事を提供することもあります。

また、選手やコーチ、関係者に対して、栄養に関するセミナーやワークショップを行うこともあります。最新のスポーツ栄養学の研究結果を常に把握し、それを実際の栄養指導に取り入れることも重要な仕事です。近年では、オンラインツールやアプリなどを活用して、遠隔地にいる選手に対しても、柔軟かつ効果的に栄養指導を行うことが可能となっています。

スポーツ栄養士には、様々な職場があります。例えば、スポーツチームに所属し、チーム全体や選手個人の栄養サポートを行う人もいます。また、大学などの教育機関で学生選手の栄養サポートをしながら、栄養学の授業を担当する人もいます。病院では、ケガからの回復をサポートするための栄養管理や、特定の健康問題（例えば、摂食障害や特定の疾患など）に応じたアドバイスを提供することもあります。スポーツ栄養士のなかには、組織に所属して働く人もいれば、個人事業主として働く人もいます。

やりがいと魅力

スポーツ栄養士は、科学的根拠に基づいて選手一人ひとりに合った栄養サポートを行います。これにより、選手の目標達成やパフォーマンスの向上、ケガの予防や回復に貢献することができる、とてもやりがいのある仕事です。

普段サポートしている選手が、試合で良いパフォーマンスを発揮している様子を会場やテレビで見るとき、そして選手から直接感謝の言葉を聞くときには、その成功に貢献できたと感じることができます。

また、栄養サポートの実践は、理論だけではなく、実際の経験から得られる知識も多くあります。選手と直接関わりながら得られる個別の対応方法などの実践的な知見は、自分のスポーツ栄養士としての専門知識を深めることにつながるでしょう。

求められる知識・スキル

スポーツ栄養士は、競技種目や選手の特性、栄養状態に応じた効果的な栄養サポートを行う必要があります。そのため、食や栄養学、それらの土台となる化学や生物学の知識はもちろんのこと、競技や選手の心理状態への理解やトレーニングによる身体や代謝への影響に関する生理学的な知識が必要とされます。

選手だけでなく、コーチやトレーナー、スタッフと連携しながらサポートすることも多いため、信頼関係を築くためのコミュニケーション能力が非常に重要です。

また、選手に食事を提供することが求められることもあるので、調理のスキルがあるとより役立つでしょう。

海外の文献などから最新の研究を学び続けるためには英語力も重要です。近年では、海外のリーグでプレーする選手が増えてきたことにより、選手に同行するスポーツ栄養士もでてきました。

スポーツ栄養士を目指すなら

日本でスポーツ栄養士として働くためには、栄養士または管理栄養士の国家資格を取得する必要があります。

まず、栄養士の資格は、2～4年制の栄養士養成施設で課程を修了し、都道府県知事に申請して免許を受けることで取得可能です。管理栄養士の資格は、管理栄養士養成施設で課程を修了している場合には、栄養士資格を取得後すぐに国家試験を受けられます。そのほかの栄養士が管理栄養士になるためには、1～3年以上の実務経験を経て、国家試験を受ける必要があります。

また、日本栄養士会および日本スポーツ協会が共同で認定する公認スポーツ栄養士という資格もあります。この資格を取得するためには、まず管理栄養士であることが求められます。

さらに、国際的に活躍したい人には、国際オリンピック委員会が提供する2年間のスポーツ栄養コース（IOC Diploma in Sports Nutrition）がおすすめです。

PICK UP

選手を支える食品メーカー

食品メーカーの味の素や明治、森永製菓では、スポーツ栄養を通じて選手のパフォーマンス向上と健康維持をサポートしています。例えば、サプリメントなどのスポーツ栄養補助食品を開発・提供したり、選手に対して直接栄養サポートを行ったり、スポーツ栄養に関するセミナーやワークショップを開催し、選手やコーチ、関係者に最新の栄養情報を提供したりしています。食品メーカーでは、多くのスポーツ栄養士が働いており、選手の栄養サポートに携わっています。

◆スポーツ栄養士として働くプロフェッショナル

育成世代からトップ選手までを栄養面からサポート

廣松 千愛 さん

スポーツ栄養士としての仕事

スポーツ栄養士として、主に選手の栄養サポートをしています。この仕事には、選手のもとへ直接食事を提供する調理業務や合宿に同行しての調理が含まれます。調理以外の時間は、選手の食事や練習の様子を観察し、アドバイスをしたり、スポーツをする方を対象に栄養学のデータや知識をもとにした講習会を開催することもあります。また、遠方や海外にいる選手に対しては、オンラインでアドバイスを行います。チームを訪問する際は、練習や食事の様子を確認し、選手との個別面談を通じて、必要に応じたサポートを提供しています。

私は個人で働いているので、サポートできる選手の数に限度があります。個人選手の場合、コミュニケーションを密にとりながらサポートするので、通常3～4人程度となります。一方で、企業チームなどの団体をサポートする場合は、ひとつのチームに約20人の選手がいることもあります。

スポーツ栄養士として働く

私は高校までは陸上競技部で中距離を走っていました。立命館大学スポーツ健康科学部に進学し、スポーツ栄養学の講義がきっかけで、この分野に興味を持ち始めました。大学3年生からはスポーツ栄養学のゼミで学び、卒業後は管理栄養士になるために兵庫県立大学に入り直し、国家資格を取得しました。在学中は、スポーツ栄養に関心がある学生と集まり、スポーツ現場で活躍されている管理栄養士の方の講演会を開くなどの活動をしていました。そうしたなか、プロ野球の選手寮での調理アルバイトの機会を得ました。これがスポーツ栄養士としてのキャリアの始まりです。

プロ野球の選手寮だけでなく、プロバスケットボールチームの食堂でも、献立づくりから食材発注、調理までの現場経験を積みました。2年後、調理業務を減らし、栄養指導にシフトしました。それを機に、時間にも余裕ができたため、国際オリンピック委員会のスポーツ栄養コースを受講し、専門知識を深めました。その後、立命館大学で博士課程に進学し、現在は仕事と研究を両立させています。

PROFILE

1992年生まれ、福岡県出身。管理栄養士、IOC Diploma in Sports Nutrition。全日本野球協会医科学部会員。プロ野球選手寮やプロバスケットボールチームの食堂で勤務後、Jリーグユースチームの管理栄養士を経験。現在はトップ選手のパーソナルサポートや合宿への同行と並行し、大学院にて研究を行う。

Message

多様な人々とのつながりが、あなたの視野を広げる

やりがいと学び

栄養サポートで携わった育成年代の選手たちが、大学で活躍したり、プロの世界に進んだりするのを見ると、とてもうれしく思います。選手だけでなく、その家族と一緒になってサポートすることも多いため、選手が目標を達成したときには、皆でその喜びを共有できることに特にやりがいを感じます。

また、トップ選手との仕事では、選手の人間性や競技に対する姿勢を間近で見ることができます。選手がどのように目標を設定し、達成に向けて努力するのか、そのプロセスや心構えを学べることは大きな魅力です。

栄養サポートの難しさは、取り組みの結果がすぐに現れないことです。例えば、トレーナーが選手を治療すると、身体の状態が良くなったことがわかると思いますが、栄養指導は、3日間や1週間程度関わっただけでは変わりません。選手にモチベーションを維持して続けてもらうためにコミュニケーションのとり方を工夫したり、体重や骨格筋量、血液や尿の検査、食事ならエネルギーや栄養素の計算など、数値で評価するといった工夫を取り入れることが必要になってきます。

スポーツ栄養士になるためには

この仕事では、まず基本的な調理技術が必須です。スポーツ栄養学においては日本語の論文は限られているので、最新の研究にアクセスするためには英語の論文を読むための英語力が必要です。また、相手の話をしっかりと聞き、発言する前にはよく考えるといったコミュニケーションスキルも欠かせません。さらに、栄養学は生物や化学、調理でも化学の知識が基盤となるため、そこに面白さを感じられると、この仕事をより楽しめると思います。

私の目標は、栄養もパフォーマンスに関わる重要な要素として捉え、栄養状態や食事の改善に積極的に取り組む選手を増やすことです。高校までサポートしていた選手が、大学に入学して、「試合前にコンディションが崩れるので、栄養を見直さないといけないと思っています」と連絡してきてくれたときは、栄養への意識を高められたとうれしく思いました。栄養に関する情報が溢れ、正しいものを判断するのが難しい状況のなかで、私が研究と現場をつなぎ、正しい情報に基づいて選手たちが栄養に向き合えるよう支援したいと考えています。

FILE 10

スポーツトレーナー

スポーツトレーナーは、選手がケガから競技に復帰するためのサポートを行います。また、選手のパフォーマンスを向上させるために、体力や身体のコンディションを整えるサポートもします。これらの活動を通じて、スポーツトレーナーは医療従事者やコーチと協力しながら、選手がケガなくベストな状態で競技に取り組むための大切な役割を担っています。

仕事の内容

スポーツトレーナーの仕事は、大きく2つに分けることができます。

ひとつは、選手の外傷や障害などのケガによる身体コンディションの不調を、望ましい状態に回復させる仕事です。これは「リコンディショニング」と言い、主にアスレティックトレーナーが担当します。医療行為は医師や看護師、理学療法士、柔道整復師、鍼灸マッサージ師が行いますが、アスレティックトレーナーは、医療従事者に引き継ぐまでの救急対応や、治療後の競技復帰に向けたサポート、スポーツ活動中のケガ予防、選手の健康管理などを行います。また、医療従事者が、医療行為を含めて競技復帰までサポートを行うこともあります。

もうひとつは、選手のパフォーマンス向上とケガ予防のための指導です。これは主にストレングス＆コンディショニング（S&C）コーチが担当します。スポーツ技術や戦術の指導は、コーチや監督が行うため、S&Cコーチは、筋力、スピード、持久力などの体力面の強化や身体のコンディション調整を行います。これにより、選手が最高のパフォーマンスを発揮するための身体的な準備を整えます。

また、スポーツトレーナーは選手のみならず、コーチやサポートスタッフ、保護者に対して、ケガの予防方法や、適切なトレーニング方法、身体のコンディション調整方法などについて指導をします。これにより、選手の長期的な活躍と健康をサポートすることにつながります。

スポーツトレーナーには、スポーツ団体やチームに所属する人、個人事業主として選手をサポートする人がいます。また、医療従事者の場合、病院や治療院、接骨院で働きながら副業としてスポーツトレーナーの仕事を行っている人もいます。組織によっては、アスレティックトレーナーとS&Cコーチの役割を分けることもあれば、一人のスポーツトレー

ナーが両方の役割を担う場合もあります。

やりがいと魅力

スポーツトレーナーのやりがいは、選手がケガから復帰し、さらにパフォーマンスを向上させる過程に携われることが挙げられます。例えば、ケガで苦しんでいた選手が再び試合に出場できるようになり、試合で活躍する姿を見ることは、スポーツトレーナーにとって非常にうれしい瞬間です。

また、スポーツトレーナーは、チームの一員としてグラウンドに立ち、選手やチーム全体と苦楽を共にします。選手が練習や試合で努力している姿を間近で見守り、一緒に汗を流しながらサポートすることで、深い絆が生まれます。勝利の喜びや敗北の悔しさを共有し、共に成長していく過程は、スポーツトレーナーにとって充実した経験となります。

求められる知識・スキル

スポーツトレーナーには、広い範囲のスポーツ科学の知識に加えて、生理学や解剖学、心理学、栄養学などの基礎的な学問知識やスポーツ医学領域についても理解が求められます。また、スポーツトレーナーは実際に応急処置を行ったり、安全対策をとったり、テーピングをしたりするスキルも必要です。

選手やコーチ、関係者と信頼関係を築くためには、コミュニケーション能力も重要です。例えば、選手のコンディションがどのような状態にあるのかについて、日々コーチやサポートスタッフと情報を共有しながら、選手やチームが試合で最高のパフォーマンスを発揮するためのコンディション調整について話し合う必要があります。

スポーツトレーナーを目指すなら

スポーツトレーナーとして、選手とどのような関わりをしていきたいかを考えたうえで、以下のアスレティックトレーナーやS&Cコーチに関連する資格や、理学療法士、柔道整復師、鍼灸マッサージ師などの医療資格取得に向けた学習をすることもおすすめします。

・日本スポーツ協会公認アスレティックトレーナー（JSPO-AT）
・日本トレーニング指導者協会認定トレーニング指導者（JATI-ATI）
・米国アスレティックトレーナー資格認定委員会公認アスレティックトレーナー（BOC-ATC）
・全米ストレングス＆コンディショニング協会認定ストレングス＆コンディショニングスペシャリスト（CSCS）、パーソナルトレーナー（CPT）

● 医療従事者、アスレティックトレーナー、S＆Cコーチの役割

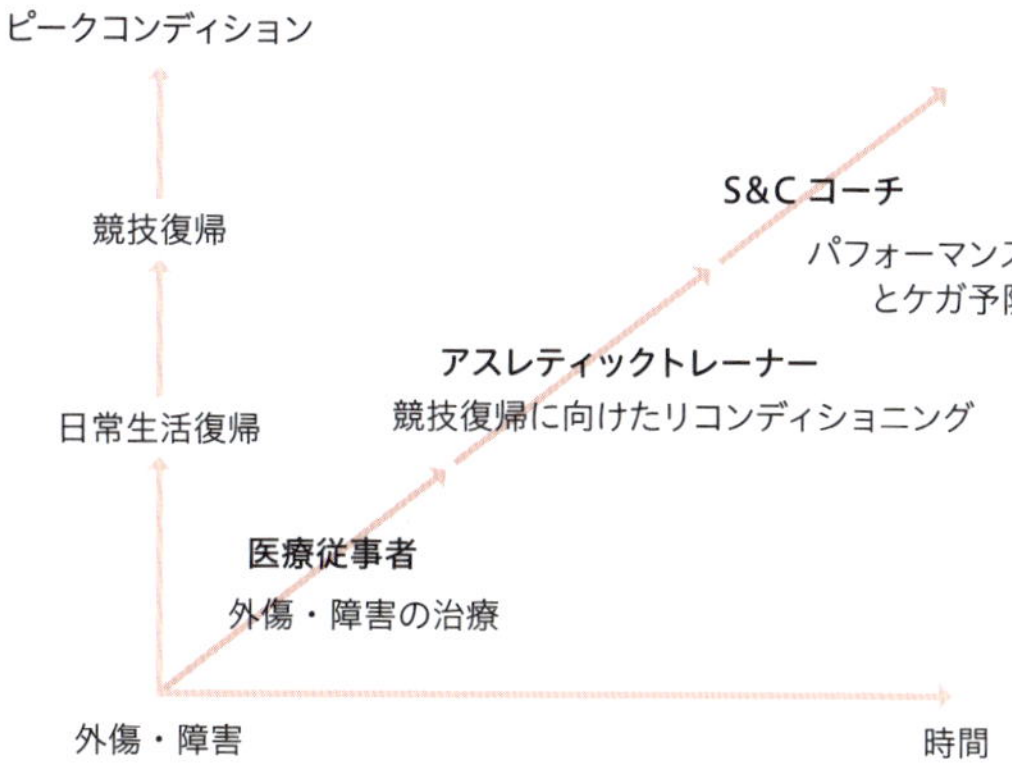

◆アスレティックトレーナーとして働くプロフェッショナル

クリアソン新宿のチーフトレーナーとして活躍

中原 啓吾 さん

PROFILE

1986年生まれ、千葉県出身。クリアソン新宿トレーナー。早稲田大学大学院スポーツ科学研究科修了。福岡ソフトバンクホークス、東京ヤクルトスワローズでトレーナーを務めた後、ATサロンを設立。日本スポーツ協会公認アスレティックトレーナー。

アスレティックトレーナーの役割

ＪＦＬのクリアソン新宿で、チーフトレーナーをしています。チーフトレーナーの仕事は、まず朝一番に選手のコンディションを確認することから始まり、その後、監督やコーチとのミーティングで選手の状況を報告します。練習前は、選手の身体をケアや、テーピング、トレーニングのサポートなどの個別対応をします。練習では、ウォーミングアップを担当したり、チームドクターと連携しながらケガをしている選手のリハビリをしたりします。また、ケガなどの緊急時の対応やトレーニングの計画や指導もしています。

クリアソン新宿には、私のほかに2人のトレーナーがいます。1人がリハビリを中心に担当し、もう1人はトレーニングとコンディショニングを中心に担当しています。

トレーナーに憧れて

私は小学生から野球を始めました。野球でケガをして、スポーツのリハビリで有名な整形外科に通ったときの対応がきっかけで、身体のケアに興味を持ち始め、高校でも素晴らしいトレーナーや理学療法士にお世話になったことから、トレーナーという仕事に憧れを抱くようになりました。

トレーナーになるため、早稲田大学スポーツ科学部に進学し、スポーツ医学研究室で野球での肩肘のケガをテーマに研究をしました。同時に、準硬式野球部でトレーナー活動をしたり、大学内のスポーツ医科学クリニックでインターンをしたりしました。さらに学びを深めたいと思い、大学院に進学しました。

大学院時代、福岡ソフトバンクホークスの春キャンプでトレーナーの手伝いをしました。その後、採用面接を経てホークスに入団し、大学院は中退しました。ホークスには7年間在籍し3年間はリハビリ担当、それ以降は2・3軍のチーフトレーナーなどを務めました。その後、東京ヤクルトスワローズに移り、主に2軍のチーフトレーナーをしました。また、大学院にも復学し、中・高校生の肘の発育に関する研究に取り組み、10年越しに修士課程を修了しました。

自分の経験の幅を広げるためにほかの

Message

仲間と共に、好きなことに全力で取り組もう

競技でトレーナー経験を積みたいと思っていたときに、クリアソン新宿と出合い、トレーナーとして関わることになりました。

チームの一員として

トレーナーも、もちろんチームの一員です。クリアソン新宿は、「サッカーを通じて感動を届けて、世界を豊かにする」ことを目指しています。選手をはじめ監督やコーチ、チームスタッフと共に同じ目的に向かって、同じ熱量を持ち、喜怒哀楽を共有できることは、プロチームで働く魅力のひとつだと思います。

試合ですので勝つこともあれば負けることもあります。仮に負けてしまったとしても、その後のミーティングで、選手たちの「応援してくれる人たちやパートナー企業の方々のために勝ちたかった」という心からの言葉を聞くたびに、クリアソン新宿に関われたことに喜びを感じますし、トレーナーとして選手を支えていくやりがいを感じます。また、ケガなどで苦労を共にした選手が活躍した試合の後、その選手とハイタッチするときの喜びは格別です。これからもトレーナーとしてチームの勝利に貢献したいと考えています。

トレーナーとしてのゴール

トレーナーには、競技やトレーニング、ケガの予防に関する専門知識が求められますが、それと同じくらい重要なのが、チーム関係者との効果的なコミュニケーション能力です。例えば、監督に情報を伝える際に、監督がどう考えるか、選手にその情報が伝わったときに選手がどう感じるかを先読みして、伝え方を工夫することを大切にしています。また、ケガの予防やパフォーマンスアップのための取り組みをチーム内に浸透させていくためにもコミュニケーションやチームマネジメントが大切です。

トレーナーとしてのゴールは、選手が引退する際に、自身のキャリアに納得してもらえていることだと私は考えています。キャリアの終盤に差しかかるベテラン選手には、プレーしやすい環境をつくるために最大限のサポートを提供し、加入したばかりの若い選手には、時には厳しく接し、口うるさく指導することもあります。それによって、「あの経験があったから成長できた」と少しでも感じてもらえればうれしいです。

INTERVIEW

◆ラグビー日本代表S&Cコーチとして働くプロフェッショナル

世界の舞台で戦う日本代表を支える立役者

太田 千尋さん

PROFILE
1979年生まれ、千葉県出身。ラグビー日本代表S&Cコーチ。国際武道大学大学院修了後、クボタスピアーズ、慶應義塾體育會蹴球部、サンウルブズなどでS＆Cコーチを務める。パフォーマンスゴールシステム代表取締役。慶應義塾大学大学院システムデザインマネジメント研究科特任助教。

ラグビー日本代表S＆Cコーチとしての仕事

ラグビー日本代表のS＆Cコーチをしています。具体的には、ラグビーのパフォーマンスゴールに必要な動きや強さ、速さや持久力を考えて、それらを身につけるために必要な筋力トレーニングや持久力トレーニング、栄養や睡眠も含めて、身体を強く丈夫にすることをサポートしています。また、試合後、ケガや疲労から速やかに回復させて次の準備をさせることも大切な仕事です。

代表活動は、時期によっても変わりますが、年間で200日ほど行われます。合宿中は、朝6時にS＆Cコーチ同士で一日の流れを確認し、ジムの準備をします。その後、ジムセッションとウォームアップの指導、午前中の練習では、GPSデータの収集やケガ人のトレーニングをし、練習後は栄養補給とアイスバスの準備をします。午後は再びジムと練習に取り組み、練習後にコーチミーティングで練習を振り返り、夕食をとります。その後、回復のためのスペースを設け、21時に作業を終え、短いスタッフミーティングをして23時に一日が終わります。ほかにも、栄養スタッフと食事のメニューやサプリメントを確認するなど、様々なスタッフと連携しながら選手をサポートしています。

ラグビー日本代表S＆Cコーチになるまで

私は小学2年生から野球を始め、高校3年生までプロ野球選手を目指して頑張ってきました。プロ野球選手になる夢は諦めましたが、それでもプロ野球に関わりたいと思い、トレーナーになることを決めました。高校卒業後、アメリカでトレーナー資格を取得したいと考え、アラバマ州立大学付属の英語学校に通いました。そこで国際武道大学の研究生の方と出会ったことをきっかけに、帰国して国際武道大学に入学し、山本利春先生の研究室でケガの予防や救急法、トレーニングやコンディショニングについて学びました。大学2年生からはラグビーチームや野球チームでインターンをさせてもらいました。さらにケガ予防や回復について深く学びたいと思い、大学院に進学しました。そのときにラグビーチームのクボタスピアーズとコンディショニングコーチの契約をしました。

クボタスピアーズで10年間経験を積

み、次に慶應義塾大学のラグビー部のS&Cコーチになりました。そこで、当時のラグビー日本代表監督エディー・ジョーンズがアシスタントS&Cコーチを探していると聞き、2013年から大学のチームを指導しながら日本代表に関わり始めました。ラグビーワールドカップ2015では、S&Cコーチとして国内の遠征時のサポートやデータ解析を担当し、現在もその役割を続けています。

S&Cコーチのやりがい

やっていること全てに意味があるので、全てにやりがいがあります。あえて言うなら、サポートする選手が、試合で最高のパフォーマンスを発揮し、それを見た人たちが感動して、エネルギーにしてもらえることはうれしいですね。

S&Cコーチの仕事は、チームの勝ち負けと同じくらい、個人とチームがどのように成長したか、これからどのように成長していくかが一番大切です。個人とチームが成長できているときに、自分のやってきたことに意味があると感じます。

S&Cコーチに必要なもの

一言で言うと、「生命力」です。この仕事は、朝から晩まで長時間働くこともあり、体力がとても大事です。代表レベルで働くには、「生物学的な強さ」が求められます。

知識は、身体運動の土台となる解剖学や生理学の基礎知識は必須です。加えて、トレーニングやフィットネス、回復に関連する知識も必要です。栄養学や情報リテラシーも求められます。

選手と向き合う仕事なので、コミュニケーションも重要です。特に大切なのは、相手の考えを理解し、適切な言葉を選ぶ能力です。相手と共通の理解を持つことが、効果的なコミュニケーションのカギとなります。

最後に「瞬発力」。これはスポーツで働きたいと思う全ての人に必要な能力です。「やりたい」「こうなりたい」「こうしたい」と思ったらまず動く。悩む時間は必要ありません。希望する仕事に就ける人は限られているので、考えたり、迷ったりしている時間はもったいないです。情報を仕入れるのは当然ですが、まずは行動に移すことが大切です。

Message

思い立ったら即行動。悩んでいる暇はない。今、動き出そう！

FILE 11

メンタルトレーナー

メンタルトレーナーは、選手やコーチ、チームスタッフと共に、心理的スキルを活用してセルフコントロール力を高めるために助言をし、選手やチームのパフォーマンス向上を支援します。また、選手の心身の健康や人間的な成長をサポートする教育的な活動も行います。

仕事の内容

メンタルトレーナーの仕事は、選手が最高のパフォーマンスを発揮できるように、心理的スキルを活用してセルフコントロールできる方法をつくるために指導したり、相談にのったりすることです。例えば、試合に向けた心理面の準備や、試合中の心理マネジメント、チーム全体のパフォーマンスを向上させるためのサポートなどがあります。

また、選手の心身の健康や人間的成長も視野に入れた教育的な活動も行います。例えば、選手がストレスを感じたときにどのように対処するかを指導したり、選手がスポーツに取り組む意味やスポーツ以外の人生について考える機会を設けたりすることもあります。

メンタルトレーナーは、選手だけでなく、コーチやチームスタッフに対してもサポートを行います。例えば、どうすれば選手の心理状態を理解し、適切な指導ができるようになるかについてのアドバイスを提供したり、コーチやチームスタッフ自身が最高のパフォーマンスを発揮できるように相談にのったりもします。

ただし、精神疾患など心の問題を抱えた人に対する治療行為は、精神科医や心療内科医、公認心理師、臨床心理士を中心に行われます。

メンタルトレーナーには、スポーツチームに所属する人もいれば、大学で研究を行いながらメンタルトレーニングを提供する人、独立して個人事業主として活動する人や自分の会社を起業する人もいます。精神科医の場合は、病院やクリニックに所属しながら、公認心理師、臨床心理士の場合は、教育機関やクリニック、福祉施設などに所属しながら、メンタルトレーナーの仕事をする人もいます。

やりがいと魅力

仕事のやりがいは、選手やチームが不安やプレッシャーなど様々な心理的な障壁に適切に対処し、試合で最高のパ

フォーマンスを発揮できるようにサポートすることです。困難を乗り越えて目標を達成する姿や、自分自身と向き合って納得感のある競技人生を送る姿を間近で見ることができるのは、メンタルトレーナーにとって大きな喜びです。

メンタルトレーナーの仕事は、選手のパフォーマンス向上に携わるだけでなく、選手の人生そのものに良い影響を与えることにも携わります。選手がスポーツを通して得たスキルや経験を学校生活や職場などの日常生活に活かし、豊かで充実した生活を送れるように伴走することも、大きなモチベーションになると思います。

求められる知識・スキル

メンタルトレーナーには、心理学やスポーツ心理学に関する深い専門知識が求められます。これらの学問分野では、人の行動や感情、思考プロセスについて学びますが、スポーツ心理学では、特にスポーツ場面において選手のパフォーマンスや健康に影響を及ぼす心理的要因に焦点を置きます。

そのような学術的な理解だけでなく、実際に心理サポートを行うための実践的スキルも非常に重要です。メンタルトレーナーには、選手やコーチ、チームスタッフといった様々な人と効果的にコミュニケーションをとり、信頼関係を築く能力が求められます。信頼関係があれば、選手やチームのニーズを深く理解し、それぞれの状況に合わせた適切な心理サポートを提供することが可能になります。

スポーツ心理学は、科学として日々進化し続けています。メンタルトレーナーは最新の科学的知見を学び続け、それらを踏まえた適切な心理サポートをし続けることが重要です。

メンタルトレーナーを目指すなら

メンタルトレーナーとして、選手とどのような関わりをしていきたいかを考えたうえで、次のメンタルトレーニングに関連する資格を目指すと良いでしょう。

・日本スポーツ心理学会認定スポーツメンタルトレーニング指導士
・国際応用スポーツ心理学会認定メンタルパフォーマンスコンサルタント

場合によっては、精神科専門医、公認心理師、臨床心理士などの資格取得に向けた学習をすることもおすすめします。

どの場合でも、大学や大学院で心理学やスポーツ心理学を深く学び、先輩メンタルトレーナーからの指導を受けながら、実践経験を積むことが重要です。資格を取得した後も、定期的な継続教育を受けることが求められます。

PICK UP

アスリートのメンタルヘルスを守る

国際オリンピック委員会（IOC）は、アスリートのメンタルヘルスを重視し、様々な活動を展開しています。例えば、東京2020オリンピックでは、選手が利用できる専用のメンタルヘルスサポートセンターを設置しました。このセンターでは、精神科医やカウンセラーが常駐し、アスリートが競技中や競技後にメンタルヘルスの相談を受けられるようにしていました。また、IOCは各国のオリンピック委員会と連携し、メンタルヘルスの啓発キャンペーンやワークショップを実施し、アスリートがメンタルヘルスに対する理解を深める機会を提供しています。これにより、競技中のストレス管理や心理的な支援を強化し、アスリートのパフォーマンス向上と全体的な健康をサポートしています。

メンタルトレーナーとして働くプロフェッショナル

選手たちの「人生の伴走者」として活躍

筒井 香さん

PROFILE

1986年生まれ、大阪府出身。(株) BorderLeSS代表取締役、博士（学術)、日本スポーツ心理学会認定スポーツメンタルトレーニング上級指導士。子どもからオリンピック・パラリンピック・プロ選手やビジネスパーソンの皆様に、しなやかなメンタルづくりの為の思考と感情を整えるトレーニングを行う。

自分のトリセツを作る

私は、スポーツ選手を中心に、心理学およびスポーツ心理学を活用したメンタルトレーニングや心理コンサルティング、キャリアデザインのサポートを提供しています。

私はスポーツ選手のメンタルトレーニングは、「なぜその目標に向かうのか」を一緒に築いていくことがサポートの土台になると考えています。多くの選手は具体的な目標を持っていても、「なぜその目標に向かうのか」について深く考えた経験が少ないものです。この土台を築くプロセスや、思考や感情を整えることを通じて、選手は「自分がどういう人間であるのか」、つまり自己理解を深めていきます。メンタルトレーニングを始めるときには「自分の専門家になろう」「自分のトリセツを作ろう」と伝えています。

メンタルトレーニングとの出合い

私は父の影響でサッカーが好きになり、高校では唯一の女子部員として男子中心のサッカー部に入部しました。顧問がメンタルトレーニングを重視しており、1年生のときにチームのメンタルトレーニングリーダーを任されたことがきっかけで、この分野に興味を持ち始めました。

心理学を深く学びたいと思い、大阪教育大学で心理学を専攻しました。その後、メンタルトレーニングを仕事にしたいと考え、奈良女子大学大学院に進学し、スポーツ心理学を研究しました。博士課程の修了後は、大阪体育大学大学院で助手を務めながら、高校や大学の選手にメンタルトレーニングを提供していました。

現場での経験を積みたいと考え、大学外での仕事を増やしたのですが、そこで気づいたのは、選手たちに学術的な根拠に基づいたメンタルトレーニングが十分に行き渡っていないという事実でした。この問題を解決するため、心理学に基づいたメンタルトレーニング事業とキャリアデザイン事業を軸とするBorderLeSSを創業しました。

メンタルトレーナーのやりがいと魅力

この仕事の魅力は、選手としてだけでなく、一個人の人生を豊かにしていくプロセスに立ち会えることです。人間は「これくらいしかできない」という思い込みが多いですが、選手がその思い込みから

Message

選手に勝るとも劣らない熱量と覚悟を

解き放たれ、「自分にはもっと可能性がある」と気づいて変わる瞬間、自分の可能性を信じられるようになる瞬間は、本当にうれしいです。

　スポーツは勝負なので、必ず勝者と敗者がいます。選手は戦いに挑むと決めたなら、敗北にも備える必要があり、監督からは勝つためのメンタルトレーニングを依頼されることもあれば、選考から落ちた選手のケアをお願いされることもあります。私はメンタルトレーナーとして関わった選手の人生が豊かになることを願っています。だから、たとえ勝てなかったり、大会に出られなかったとしても、人生が終わるわけではないと選手自身が思えるような関わりを日頃から大切にしています。人生には唯一の正解などないことがほとんどで、多くの選択肢があるとき、どんな結果になっても選手自身が納得できるよう、自分で道を選択できるように伴走したいと考えています。

　私は、選手が挑戦するときはもちろん、敗北を経験するときにも寄り添える存在でありたいと思っています。そのために選手に勝るとも劣らない熱量と覚悟を持って、学び続けることを大切にしています。その結果、選手たちの「人生の伴走者」になれているとすれば、それに勝る喜びはありません。

メンタルトレーナーとして必要なこと

　家族や友人に相談することと、心理の専門家に相談することの違いは、専門家が心理学やスポーツ心理学の理論を知っている点です。励ますだけではなく、時には励まさない方がいいと判断できるのも理論的な背景を知っているからです。メンタルトレーニングはスポーツ心理学の一分野であり、その土台には基礎的な心理学の知見があります。枝葉の部分だけではなくて、根幹の部分を十分に理解していることが重要です。

　また、メンタルトレーニングでは選手が何を話すか予測できないため、即興的に対応しながら深い対話をするコミュニケーション能力が求められます。広く社会や人の行動に関心を持つことが大事で、自分の専門外のことについても興味を持って話を聴き、対話ができなければいけません。

　私は心理学やスポーツ心理学が多くの人の人生を豊かにできる可能性を持つと信じており、その可能性を広く伝えていきたいと考えています。メンタルトレーニングをラジオ体操のように普及させ、パフォーマンス発揮のため、そして自分の人生に納得するために、心の体操が当たり前になる世の中にしたいです。

FILE 12

スポーツアナリスト

スポーツアナリストは、選手やチームの目標を達成するために、様々なデータを収集・分析して戦略を立てます。また試合やトレーニングのデータを用いて、監督やコーチに必要な情報を提供します。

仕事の内容

スポーツアナリストの仕事は、選手やチームの目標を達成するために情報を使って戦略面でサポートをすることです。

まず、選手やチームのパフォーマンスに関するあらゆるデータを、試合やトレーニングで集めます。これには、試合の映像、スタッツと呼ばれる統計情報、GPSによる位置情報、センサーを用いた心拍数などの生体情報が含まれます。

集めたデータをもとに、監督やコーチ、選手と話し合いながら、選手やチームが目標を達成するために必要な情報を提供します。例えば、これまでの試合の映像やスタッツを用いて、対戦相手の戦術や選手の特徴を分析します。そして、試合に向けてどのような戦略を立てればよいのかを提案します。

また、試合中にもデータを集めます。試合中の選手の動きや相手チームの戦術をリアルタイムで分析し、その場で監督やコーチに伝えて戦術を調整することもあります。データは、次の試合やトレーニングに活かすためにも使われます。

スポーツアナリストには、プロスポーツチームに所属して直接選手やチームのサポートをする人もいれば、スポーツ科学センターに所属して代表チームのサポートをする人もいます。また、スポーツデータの収集や分析を行い、その結果をスポーツチームに提供するといったスポーツのデータ分析に関連する企業で働く人もいます。

やりがいと魅力

スポーツアナリストの仕事の魅力は、選手やチームのパフォーマンス向上に直接的に貢献できるところにあります。アナリストが収集し分析したデータをもとにした戦略が、試合の結果に大きな影響を与え、チームが勝利する瞬間に立ち会うことができるのは、とても大きな達成感をもたらします。しかし、全ての戦略が必ず成功するわけではありません。時には失敗することもありますが、その失敗から学び、選手やチームと一緒に次の試合に向けて改善を重ねるプロセス自体

にもやりがいを感じるはずです。

スポーツアナリストは、テクノロジーを用いてデータを分析します。例えば、選手の動きを正確に測るためのＧＰＳやセンサー、試合の映像を解析するソフトウェアなどを駆使することで、これまで人の直感や経験だけでは見えなかったスポーツの新しい側面や、客観的な事実を発見することができます。データを使って問題を解決し、新しい発見をすることが好きな人には、この仕事は向いているかもしれません。

求められる知識・スキル

スポーツアナリストは、チームの一員として働くために、選手や監督、コーチと信頼関係を築く必要があります。これは、全員で同じ目標に向かい協力するために重要です。そのためには、高いコミュニケーション能力が求められます。例えば、試合のデータをわかりやすく説明したり、選手やコーチからの意見を聞きとったりすることが必要です。

スポーツアナリストは、チームが必要とするデータを適切な方法で集めて分析する能力が求められます。これには、統計学の知識やデータ分析ツールを使いこなすスキルはもちろんのこと、スポーツ科学の幅広い知識や当該スポーツのパフォーマンスに関する理解も重要です。

スポーツアナリストを目指すなら

スポーツアナリストになるための特別な資格はありません。しかし、大学や大学院で関連する分野を学ぶことが大いに役立ちます。

例えば、スポーツ科学に関連する分野を専攻し、スポーツアナリティクスやスポーツ統計学、スポーツ情報学などの専門的知識を学ぶといいと思います。また、情報科学やデータサイエンスに関連する分野を専攻し、スポーツをテーマにした研究に取り組むこともおすすめです。

さらに、海外の大学でスポーツアナリティクスに特化したプログラムを受講することもひとつの方法です。それにより、スポーツアナリティクスの専門知識を深めるとともに、様々なバックグラウンドを持つ人々との交流を通じて国際的な視野を広げることもできるでしょう。

PICK UP

アナリストに求められるもの

実践でのアナリストの業務と求められるスキル・経験を、埼玉西武ライオンズの「データサイエンティスト」の求人情報から見てみましょう。

〔業務内容〕

・データを活用して深層的且つ潜在的な能力を見極める選手評価
・選手やチームのパフォーマンスを確度高く予測する戦力予測モデルの構築と運用
・選手育成計画を基に成長進捗管理モデルの構築と運用
・スカウティングに関する管理指標の構築と運用
・チームスタッフとのコミュニケーションを通して課題発掘、データ分析による課題解決の企画立案と提言
・各種データを利活用できる環境の構築

〔求めるスキル・経験〕

・必要条件：プログラミング言語（R、Pythonなど）を活用したデータ分析経験、BI（ビジネスインテリジェンス）ツールを用いたダッシュボード設計・構築の経験（Tableau、Power BIなど）、高い次元でのコミュニケーション能力
・歓迎条件：統計学に関する知識（回帰分析など）、野球データに関する知識・経験、コンサルティングおよびそれに類する業務経験、プロジェクトマネージャーなどの組織マネジメント経験

スポーツアナリストとして働くプロフェッショナル

トヨタ紡織サンシャインラビッツのアナリストとして活躍

福田 有利子さん

PROFILE

1991年生まれ、大阪府出身。筑波大学大学院修了後、バスケットボール女子日本代表のアナリストとして活動。リクルートでの人材営業を経て、トヨタ紡織サンシャインラビッツのアナリスト兼プロジェクトマネージャーに就任。スポーツ業界の枠組みを変えられる人材となることを目指し奮闘中。

バスケットボールからビジネスへ、そして再びバスケットボールに

中学生からバスケットボールを始め、プロ選手を目指してインカレで強かった山形大学に進学しました。しかし、入学後3日で周囲のレベルの高さに圧倒され、選手の道を諦めました。保健体育の教員免許を取得しましたが、選手に個別に寄り添えるコーチを目指し、卒業後は筑波大学大学院でコーチングを学ぶことに決めました。

大学院では、バスケットボールのディフェンスに関する研究をしながら、女子バスケットボールチームのアシスタントコーチを務めました。そのときに、分析ソフトの使い方を独学で学び、スタッツや動作を分析するようになりました。こ

データを活用しチーム価値を最大化する

Wリーグのトヨタ紡織サンシャインラビッツでアナリストをしています。

業務は、データの収集・整理、分析、そして提示・提案に分けられます。以前はデータの収集が重要視されていましたが、ITの発達によって、利用可能なデータが増加してきたため、現在ではデータを効果的に整理・分析して、その結果をわかりやすく提示・提案することが重要視されています。例えば、対戦相手の選手のなかでスリーポイントシュートの決定率が高い選手を特定し、防御時のプレッシャーを与える度合いを調節したり、相手の戦術を解析して自チームの戦術オプションに優先順位をつけ、それらをヘッドコーチに提案します。

アナリストとして、常に「チームの価値を最大化すること」を目的に取り組んでいます。チームやコーチの理想像に向けて、現状とのギャップを明確にし、次の試合で克服すべき課題を特定、その解決にデータを用いて支援します。このアプローチによって、選手たち自身も動機づけがなされ、結果としてチーム全体の価値が向上すると考えています。

アナリストは単なる「データ屋」と見られがちですが、私はデータの真価はその活用にあると信じています。データがチームにとって意味のある影響を与えられるように常に気をつけています。

れが、日本バスケットボール協会で女子日本代表チームのアナリストとして働くきっかけになりました。

リオ2016オリンピック以来、代表合宿に同行するなかで、今後どのように社会に貢献したいか考えるようになりました。そこで、スポーツの世界だけでなくビジネスの経験も積みたいと思い、リクルートキャリアで法人営業職として働きました。3年半ほど経った頃、トヨタ紡織サンシャインラビッツのコーチから誘いを受けました。チームは変革期にあり、アナリストだけでなく多様な仕事にも携われると聞き、「面白そうだ」と直感し、その場で転職を決めました。

アナリストのやりがい

自分の介入によって、コーチが意思決定しやすくなったり、選手が戦術を具体化しやすくなったりするときに、やりがいを感じます。例えば、コーチがスクリーンプレーの改善をしたいと考えているときに、私が映像を用いてその部分を可視化することで、選手にもコーチの意図が伝わりやすくなります。その戦術がコート上で実行されて、試合の勝利につながったときには、やってよかったなと思います。

また、アナリストは知的好奇心が満たされる面白い仕事だと思います。アナリストの仕事はチームやゲームを俯瞰的に捉えることですが、それにより新たな課題やテーマに気づかされることがあります。

アナリストの共感力と探究心

共感力と探求心は、アナリストに欠かせない要素です。確かに、バスケットボールに関する深い知識を持ち、豊富な戦術を理解している人もいますが、それだけでは不十分だと感じます。重要なのは、現状のチームの課題や選手たちのバスケットボールへの情熱を深く理解し、それに共感することです。例え「この戦術が良い」と提案しても、最終的に選手たちが実行するわけですから、選手が受け入れられるものを提案できているのかどうかが問われます。そのため、バスケットボールの知識を深める過程で必要とされる探究心を、チームや個々の選手に対しても持ち続けられる人が向いていると思います。

Message

自分で考え、自分で決める。
それが、あなたの力になる

FILE 13

クリエーター

スポーツにおけるクリエーターは、選手やチームのブランド価値を高めるために、ロゴやユニフォームのデザイン、SNSでの発信戦略、写真撮影や動画作成など、多岐にわたる支援を行います。

仕事の内容

スポーツにおけるクリエーターは、選手やチームのブランド価値を高める役割を担っています。クリエーターは、選手の想いやチームのビジョンを整理し、それらに合ったブランディングを行います。具体的には、ロゴやユニフォーム、グッズのデザインや、SNSでの発信戦略、写真撮影や動画作成など、その役割は多岐にわたります。また、ブランディングのプロセスにおいて、選手やチームの思考が整理され、関係者全員が同じ方向を目指す助けにもなります。

159頁の図は、Bリーグに所属するプロバスケットボールチーム「ファイティングイーグルス名古屋」が、2024年に掲げた新たなミッション(使命)・ビジョン(未来像)・バリュー(価値観)です。この策定には、160頁で紹介するAscendersのクリエイティブディレクター田中喬祐さんとAscendersトップパートナーの荒川大寛さんが協力しており、クリエーターとしてチームのブランド価値を高めるための仕事をしています。

クリエーターの仕事は大きく2つに分けられます。1つ目は、ディレクションを行う仕事です。選手やチーム、スポーツ団体のニーズを把握し、具体的な企画を立て、プロジェクトの責任者として制作現場の指揮をとり、スケジュールや予算管理などを行います。この役割は、プロデューサーやディレクターと呼ばれる人が担っています。

2つ目は、実際にものやサービスなどのコンテンツを制作する仕事です。プロデューサーやディレクターと協力してアイデアやコンセプトを形にし、具体的なコンテンツを作ります。そのジャンルは幅広く、その役割を担う人にはWebデザイナー、イラストレーター、フォトグラファー、動画クリエーター、ライターなどがいます。

クリエーターは、広告代理店、制作会

社、マーケティング関連の企業に所属することが多いですが、個人事業主として活躍している人も多くいます。

やりがいと魅力

クリエーターは、選手やチームに直接関わることができ、その生の声やストーリーに触れる機会があります。この体験をもとにして、自分のアイデアや感性を活かして、様々なコンテンツを作り、世界に伝えることができます。また、制作したコンテンツがファンや視聴者の心に響き、選手やチームへの愛着を深めるきっかけを提供することは、大きなやりがいとなります。

クリエーターとして、自分の作品が多くの人々に感動を与え、スポーツの魅力を伝えることができるのは、とても魅力的なことです。また、クリエーターの仕事は、常に新しい挑戦や発見があり、自分自身も成長できるという点でもやりがいを感じられます。

求められる知識・スキル

クリエーターの仕事には、自分の視点やセンスを活かす必要があります。そのため、スポーツ、アート、デザインに関連する深い知識や独自の視点が求められます。そして、常に最新のトレンドやテクノロジーに対応し、新しい知識を学び続ける姿勢も重要です。

また、クリエーターは選手やチームだけでなく、関係者全員と共通の認識を持ちつつ、ファンや観客に伝わる表現を考える必要があるため、効果的なコミュニケーション能力も不可欠です。

さらに、複数のプロジェクトが同時に進行することも多く、その際には細部にわたる注意力を保ちながら、それぞれのプロジェクトの進捗状況を把握し、クオリティの高いコンテンツを期限内に提供する能力が求められます。

クリエーターを目指すなら

クリエーターになるために必要不可欠な資格はありません。つまり、特定の試験に合格しなければならないわけではなく、クリエーターとしてのスキルや経験、これまでに制作したコンテンツなどの実績が重視されます。

クリエーターを目指すためには、専門学校や大学で自分の興味のある分野を学びながら、実際に手を動かしてコンテンツ制作に取り組むことをおすすめします。また、尊敬するクリエーターがいれば、その人のもとでインターンシップやお手伝いをするのも良い方法です。そうすることで、実際の仕事の流れやプロフェッショナルの技術を学ぶことができます。

ファイティングイーグルス名古屋

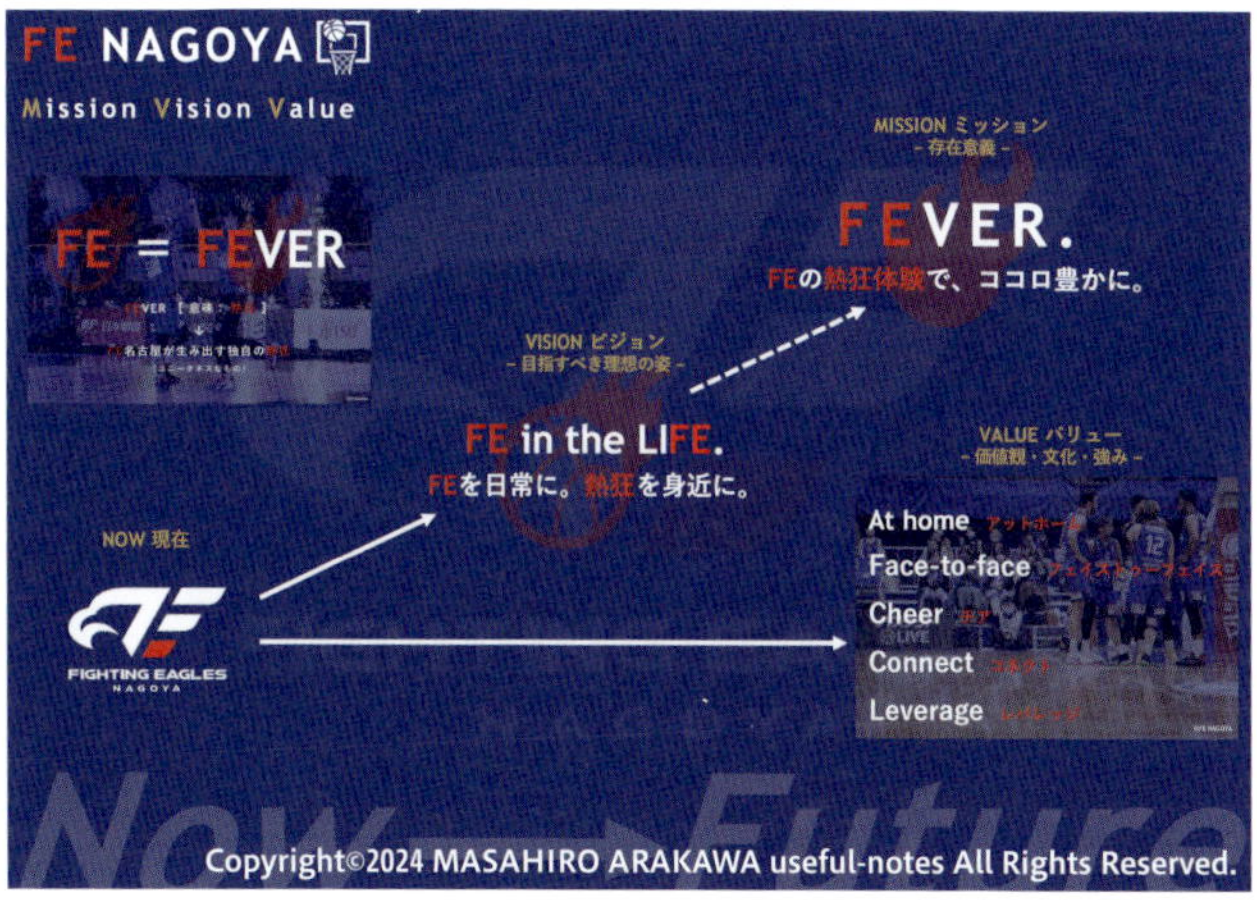

◆クリエイティブディレクターとして働くプロフェッショナル

クリエイティブの力でスポーツ業界に新たな価値を

田中 喬祐さん

PROFILE

1993年生まれ、埼玉県出身。Ascendersのクリエイティブディレクター、Just For FunのCOOとして活動。スポーツ領域のブランディングやクリエイティブプロジェクトを手掛け、プロスポーツクラブや選手のプロデュースをしている。

クリエイティブディレクターとしての仕事

スポーツ業界の企業やチーム案件の管理、選手のファンクラブやブランド構築など、クリエイティブに関わる仕事をしています。

具体的には、スポーツチームのブランディング戦略を立案し、SNSやウェブサイト、アパレルやグッズの制作をプロデュースしています。また、インナーブランディングとして、チーム内部でのコミュニケーションやアイデンティティ構築を含めてトータルに管理しています。インナーブランディングやアイデンティティというと難しく聞こえますが、何がそのチームをつくりあげているのかを、深堀りしながら言語化していき、そこから見えてくるものを組み合わせながら、チーム全員が目指すべき北極星をつくっていくイメージです。その北極星に向かって、ブランディングのアウトプットとして、表に出るようなSNSやウェブサイト、ユニフォームなどを一緒に作っていくことになります。

最近は、チームではなく、選手自らが個人で積極的に発信することが増えており、ファンクラブの創設やアパレルブランドの立ち上げに興味を持つ方が増えています。そうした選手の想いをクリエイティブの観点から形にして、選手のブランディングを支援しています。

クリエイティブディレクターへの道

中学時代に始めたバスケットボールと、親が経営していた工場の影響で、スポーツとものづくりに興味を持ち始めました。芝浦工業大学の工学部では、機械工学を専攻し、ものごとの原理やメカニズムへの興味を深めました。同時にバスケットボールサークルの代表も務めていました。

バスケットボールを通じて出会った橋本貴智（現Ascenders代表取締役）が構想していた、「スポーツの夢の国を創る」という思いに共感し、ものづくりの側面から貢献したいと考え、Ascendersの創業メンバーになりました。創業当初は試行錯誤が続きましたが、そのうちにスポーツ関係者からウェブサイトやロゴ作成の依頼、デザインに関する相談を受けるようになり、

Message

自分の好奇心に従って行動し続けよう

クリエイティブ関連の仕事が主軸になりました。

クリエイティブの力でスポーツの発展に貢献

スポーツの世界でクリエイティブディレクターとして働く最大の魅力は、スポーツというパワフルなコンテンツを通じて、直接人の感情に訴えかけて、喜びや感動を共有できるところだと思います。特にアイデアを形にしていくクリエイティブの過程には、常に新しい挑戦があって、乗り越えた先に作りあげたコンテンツがチームやアスリートのファンに影響を与えることに魅力を感じます。

また、新しい領域を開拓し、これまでにない価値を創出することに大きなやりがいを感じます。例えば、2023年には、バスケットボール選手の高田真希選手と共に、バスケットボールの1on1の大会「CLASH BEAT」を立ち上げました。1on1という競技にエンターテインメント要素やゲーム性を付加価値として加えた新しいコンテンツです。これもクリエイティブの力があってこそ生まれたプロジェクトですし、その力によってスポーツの発展に貢献できればうれしいです。

好奇心が導くキャリア

クリエイティブディレクターには、クリエイティブな思考力、ビジュアルコミュニケーション能力、マーケティングやブランディングの基本的な知識、そして人を惹きつける物語を創造する能力が必要です。さらに、ディレクターですので、チームを率いるリーダーシップやプロジェクト管理能力、新しいテクノロジーやトレンドへの適応力も重要だと思います。

しかし私は、クリエイティブに携わる人間に最も大切なものは好奇心だと考えています。自分が何に情熱を感じ、何が面白いのか、何をやりたいのかを深く掘り下げ、好奇心に従って追求することは、新しいものを生み出すきっかけになると思います。スポーツへの好奇心や工学への好奇心が、私というクリエイティブディレクターを生み出したのかもしれません。

今後は、スポーツ業界においてクリエイティブディレクターの存在が当たり前になり、その役割が十分に果たせるような環境を整えていきたいです。これが実現すれば、日本だけでなく世界のスポーツ業界のさらなる発展につながると信じています。

スポーツフォトグラファーとして働くプロフェッショナル

写真を通じてスポーツの瞬間美と感動を共有する

岡元 紀樹さん

PROFILE

1995年生まれ、兵庫県出身。株式会社ワンライフ所属。関西学院高等部から関西学院大学へ進学。大学を1年で中退して渡米。その後は海外を飛び回り、2018W杯ロシア大会をきっかけに写真を生業とし、現在はスポーツの撮影や企業向けの撮影を行っている。2023年にスポーツメディア『FERGUS』を創設。

シャッターを押す日々

現在、フォトグラファーとして様々な領域で活動しています。特にスポーツ分野では、Ｊリーグや育成世代の試合を中心に撮影しています。普段は写真スタジオに勤めながら、スポーツに限らず、企業のホームページ用の写真やインタビュー写真、料理の写真、結婚式の写真など幅広い撮影業務に関わっています。

フォトグラファーの仕事は単に「写真を撮るだけ」と思われがちですが、一連の工程は準備も含めて意外と時間がかかります。まずは打ち合わせをして、テスト撮影を行います。その後、本番の撮影に進み、撮影が終わればレタッチ作業に入ります。色味や修正のバランスについてクライアントと密に連絡を取り合い、必要に応じて再修正を加え、納品に至ります。クライアントが求めているものに対して１００％以上のものを提供することが大切だと考えています。

２０２３年に「スポーツを愛し、挑戦するすべての人を描く」をコンセプトにした、スポーツメディア『ＦＥＲＧＵＳ』を立ち上げ、仲間のフォトグラファーやライター、デザイナーと共にスポーツの魅力を伝えています。

未経験からプロへ

私は、高校までサッカーに打ち込んでいたのですが、競技レベルの高い大学のサッカー部には入らず、別の形でサッカーに関わりたいという想いから、カンボジアにサッカーグラウンドを作る活動をしていた学生団体に所属しました。そこでの広報活動がきっかけで写真に出合い、独学で写真技術を習得しました。

学生時代に『Ｎｕｍｂｅｒ』を読みながら「スポーツ選手をこんなに格好よく撮れるんだ」と思ってはいましたが、その頃は、スポーツフォトグラファーを目指していたわけではなく、何かしらスポーツに関わりたいと考えていたにすぎませんでした。悶々とした生活を送るなかで、何か行動を起こさずにはいられなくなり、広い世界を見たいと思い大学を中退し、アメリカのサンディエゴで語学を約10か月間学びました。

帰国後は、アルバイトで生計を立てながら、サッカー日本代表を追いかけてリオ２０１６オリンピックや２０１８ワールドカップロシア大会を見に行ったりしていましたが、ロシア大会の日本対コロンビアの試合直後に撮影をした一枚の写真をきっかけにこの業界で生きていくことを決めました。

難しさも醍醐味のひとつ

スポーツ撮影は、天候などの予測不可能な要因に左右されてもやり直しは許されません。一瞬を逃さず撮影する難しさや緊張・不安もありますが、自分の好きなことをしていることを考えれば天職だと思っています。いろいろな場所に行き、いろいろな人と出会い、写真を撮る。その写真を見て人に喜んでもらえることが、この仕事の魅力だと感じています。

大規模なスポーツイベントでは、フォトグラファーは指定された席からの移動が難しいこともあります。そうした制約のなかで、隣に座るフォトグラファーと違う視点で写真を撮るために、自分なりに考えることも面白いです。レンズの選択、画角の調整、撮影位置、ピッチを撮るのか、ベンチや応援するファンを撮るのか、様々な選択肢から最適なものを選んで、どの瞬間を捉えるのかを決めていく。それはスポーツ撮影の難しさでもあると同時に醍醐味です。

独自のスタイルで勝負する

キャリアのあるスポーツフォトグラファーが撮影した幾多の写真のなかで、自分が撮影した写真に目を留めてもらうためにはどうすればよいかを考えたすえに、写真の「色味」にこだわるようになりました。コントラストが強い写真表現はスポーツの写真では目を引くものだったのかもしれません。そのうちにSNSに載せていた写真が話題になり、メディアから撮影依頼をいただくようになりました。ほかの人にはない「岡元の写真の特徴」が生まれたわけです。

『Number』の写真がかつての私の憧れの対象だったように、私の写真や『FERGUS』が誰かの憧れの対象になってくれればいいと思っています。

FERGUS

Message

直感を信じて、自分だけの道を切り拓こう

FILE 14

研究者

スポーツの研究者は、スポーツに関する様々な課題に対して研究を行い、得られた知見をスポーツの発展やより良い社会の実現に役立てています。大学で働く人もいれば、研究機関や企業で働く人もいます。

仕事の内容

スポーツにおける研究者は、大きく3つに分けられます。

1つ目は、**大学に所属して、スポーツに関する研究を行いながら、学生教育に取り組む研究者**です。スポーツに関連する研究には、文系・理系を問わず、幅広い学問分野があります。大学の研究者は、それぞれの分野からスポーツに関する研究を行い、新たな知識を生み出し、そして得られた知見をスポーツの発展や人々の健康増進、保健体育科教育の充実をはじめ広く社会や教育のために利活用しています。

● 主なスポーツ関連の学問分野

・スポーツ哲学
・スポーツ史
・スポーツ人類学
・スポーツ社会学
・スポーツ法学
・スポーツ経営学
・スポーツ産業学
・スポーツ政策学
・スポーツ心理学
・スポーツ医学
・スポーツ栄養学
・スポーツ生理学
・スポーツ生化学
・スポーツバイオメカニクス
・解剖学
・スポーツ工学
・スポーツ測定評価学
・スポーツコーチング
・スポーツトレーニング
・運動学
・体育科教育学
・保健学
・アダプテッド・スポーツ科学
・介護福祉・健康づくり

2つ目は、**スポーツ関連企業に所属して、新しい商品やサービスを開発するための研究を行う研究者**です。例えば、スポーツメーカーでは、機械工学や材料工学、スポーツバイオメカニクスなどを専門とする研究者が、商品に使われる素材や構造、商品を使用する人の特性や動きなどについて研究をしています。食品メーカーでは、新たなスポーツ栄養補助食品の研究開発に取り組む人もいます。また、データサイエンスや工学系の研究者が、新しいサービスの開発に向けて研究を進めることもあります。

3つ目は、**スポーツ科学センター等に所属して、選手に対して科学的サポート**

を行う研究者です。例えば、スポーツバイオメカニクスの研究者は、選手の動作解析を行います。スポーツ生理学の研究者は、様々な体力測定を実施し、過去のデータと比較したり、ほかの選手のデータとの違いを分析したりすることを通じて、選手やコーチに対してフィードバックを行います。ほかにも、スポーツ栄養学、スポーツ生化学、スポーツ医学、スポーツ心理学などを専門とする研究者が所属し、それぞれの専門性を活かして選手たちの活躍を支えています。また、選手に対するサポートによって得られたデータや知見がきっかけで、新たな知識を生み出すこともあります。

やりがいと魅力

研究者は、自身の研究テーマを深く探求する過程そのものにやりがいを感じるものです。また、研究によって得られた知見は、スポーツ政策の形成、選手のパフォーマンス向上、人々の健康増進、新しい商品やサービスの開発など、様々な方面でより良い社会の実現に役立ちます。

また、スポーツには、多くの異なる学問分野の研究者が協力して取り組まなければ解決できないような複雑な問題がたくさんあります。そのような問題に対して、それぞれの知恵やアイデアを出し合いながら挑戦することは、非常に刺激的であり、解決に至ったときには大きな喜びを感じられるでしょう。

求められる知識・スキル

スポーツの研究者には、特定の分野において深い学術的知識を持つことが求められます。その知識をもとに、新たな問いを立てる力も重要です。そして、その問いに答えるために必要なデータを収集し、分析する能力も必要です。

また、研究者には、得られた研究結果を学生や他の研究者、選手やコーチをはじめとする他者に対してわかりやすく伝えるための執筆能力やプレゼンテーション能力も不可欠です。

さらに、批判的思考は研究の基礎となります。自分や他人の研究に対して常に疑問を持ち、論理的に考えることで、より良い問いを設定し、研究の質を高めることができます。

スポーツの研究者を目指すなら

スポーツの研究者を目指すには、大学院に進学して、自分の専門分野で修士号や博士号を取得することが一般的な道になります。

修士課程では、専攻する分野における専門知識を深め、指導教員のもとで研究手法を学び、修士論文を執筆します。博士課程では、さらに専門性を高め、独立した研究者としての能力を身につけることが目指されます。そこでは、自分の研究分野において、これまで世の中に無かった新しい知識を生み出すことが求められます。その研究は、当該分野における重要な学術的貢献となることが期待され、博士論文としてまとめられます。

大学卒業後すぐに大学院に進学する人や、実務経験を積んでから進学する人など、大学院に進学するタイミングは人によってそれぞれです。いずれの道を選ぶにしても、スポーツの研究者を目指すうえで重要なことは、自分の興味や好奇心を持ち続け、それを深く掘り下げていくことです。

◆応用バイオメカニクスの研究者として働くプロフェッショナル

立命館大学スポーツ健康科学部の教員として活躍

伊坂 忠夫さん

PROFILE

立命館副総長、立命館大学副学長、スポーツ健康科学総合研究所所長、スポーツ健康科学部教授。博士（工学）。専門は応用バイオニクス。日本バイオメカニクス学会理事長、日本体育・スポーツ・健康学会理事、大学スポーツコンソーシアムKANSAI会長、大学スポーツ協会理事。

応用バイオメカニクス

私は立命館大学スポーツ健康科学部の教員をしています。私が運営する応用バイオメカニクス研究室では、身体の動作を力学的観点から解明するバイオメカニクスを応用し、トップ選手のパフォーマンス向上や一般の方々の日常生活におけるライフパフォーマンスの向上に貢献する研究をしています。

研究で特に重視しているのは、「どのように人は動いているのか」、そして「人はどのように動けば、より良い動きができるのか」という大きな問いから研究テーマを設定することです。研究テーマが明確になれば、実証するための方法、実験が確立でき、この分野における新しい知見が得られると考えています。

バイオメカニクスとの出合い

小学校では野球、中学校では陸上ホッケー、高校では陸上競技と、様々なスポーツに触れてきました。立命館の附属中高一貫教育を受け、立命館大学産業社会学部へと進学しました。大学では、やり投げに取り組んでいましたが、思うようにパフォーマンスが向上しないことから、トレーニングや動作への関心が高まり、スポーツ科学を学びたいと思い始めました。

大学4年時に出会った先生の助言で、日本体育大学大学院でバイオメカニクスを学ぶことを決めました。当時は、無酸素性パワー発揮の研究が出始めた頃で、選手が短時間でどれだけ高いパワーを出せるか、競技種目ごとに比較する研究に取り組みました。修士課程修了後、日本体育大学で助手として採用されました。そこで研究に専念し、その後、29歳で立命館大学に着任しました。

大学で研究することの魅力

大学の研究者としての最大の魅力は「自由」です。自由のなかで、探究したい問いに向き合うことができます。企業では、経営戦略や市場のニーズに即した製品開発やサービス開発につながる研究を優先させる必要がありますが、大学の研究者は自分自身の問いを自由に設定し、その答えを見つける過程において、白紙のキャンバスに絵を描くように研究を進められます。

やりがいについていえば、研究成果が

認められ、それが選手や一般の方々に「あ、なるほど」と思ってもらえる瞬間、また、それが新しいものづくりやサービスにつながっていくときです。

例えば、２０１３年に文部科学省のセンター・オブ・イノベーション（ＣＯＩ）プログラムに、私たちの研究が採択されました。「アクティブ・フォー・オール」の実現に向けて、運動・スポーツと医療現場の視点から健康寿命延伸のための研究開発を多くの先生方、企業の皆さんと共に取り組みました。このプロジェクトでは、心拍数などの生体情報を捉えるスマートセンシングウェアを開発しました。また、心拍数に連動する運動ゲームを開発し、これをスポーツ施設に導入しました。このように研究から生まれた製品やサービスが社会に実装されることは、研究者としての大きな喜びです。

研究者として大切にしていること

研究には好奇心と観察する力が大事です。例えば、この人はなぜ走るのが速いのか、あの人の歩き方にはどんな特徴があるのかなど、様々な人の動きや行動に対して興味を持って観察することは、非常に重要だと感じます。興味がなければ疑問も生まれないですし、疑問がなければ解決や探究をしようとは思わないはずです。そのため、自分が何に興味や関心があるのか、何をしたいのかを自ら考えることが求められます。

大学生の頃、やり投げで「どうしたらあと１ｍでも遠くに投げられるのか」の答えを求めて、自分自身の動作や周りの選手を観察していたのが私の研究の原点かもしれません。

私はよく「歌って踊れる研究者」になりたいと言っていますが、自分の身体をいつまでも動けるようにしたいと思っています。研究者として運動の重要性を人に伝えている以上、その言葉を自分自身の行動に反映させることは非常に重要だと思います。運動を続けるなかで、「この動きはもっと良くなりそうだな」「この動きは最近不安定だ」といった自己観察を楽しみながら、そうした体験から研究の問いを見つけて、答えを探っていきたいです。そして、誰もがいつでも、どこでも、誰とでも運動を楽しみ、ウェルビーイングを実感できる社会が実現できるように引き続き研究を推進し、少しでも貢献したいと考えています。

Message

スポーツの新しい可能性、
それをつくるのはあなたです

FILE
15

フィットネスインストラクター

フィットネスインストラクターは、ジムやフィットネスクラブ、スタジオ、あるいは自宅で個人の目標に合わせたエクササイズ指導を行い、人々が健康で充実した生活を送れるように支援をしています。

仕事の内容

フィットネスインストラクターは、身体活動を通じて人々の健康とウェルビーイング（心身だけでなく、社会的にも充実し、満たされた状態）を向上させることを目指しています。ジムやフィットネスクラブでは、正しい機器の使い方を教え、顧客の目的に合わせたエクササイズ指導を行います。また、受付業務や機器の点検・清掃も重要な仕事のひとつです。フィットネスインストラクターのことをフィットネストレーナーと呼ぶこともあります。

フィットネススタジオでは、ヨガやピラティス、エアロビクスなど、特定のフィットネスプログラムをグループに対して指導したり、個人に合ったエクササイズプランを作成し、一対一で指導を行ったりすることもあります。

フィットネスインストラクターには、民間企業が運営するジムやフィットネスクラブ、スタジオで働く人もいれば、自治体が運営するスポーツ施設で働く人もいます。正社員から契約社員、個人事業主など働き方は様々です。また、自宅やオンラインで指導を行ったり、顧客の家に訪問して指導する場合もあります。

やりがいと魅力

フィットネスインストラクターの仕事のやりがいは、顧客が健康的な生活を実践できるように直接サポートができることにあります。顧客が目標を達成したり、運動を通じて自信を持ち、生活の質を向上させる姿を見ることは大きな喜びです。また、グループに対する指導においては、同じ目標や関心を持つ人たちが集まり、一緒に運動をすることで支え合うコミュニティが生まれます。これにより、人々が心身の健康だけでなく、社会的にも充実した生活を送れるようになることに貢献できます。

さらに、インストラクター自身も身体を動かすことが多いので、自然と健康を維持増進しやすくなります。運動が好きな人にとって、自分自身も運動を楽しみながら仕事ができることは素晴らしい環境といえますし、フィットネスインストラクター自身も新しいエクササイズやトレーニング方法を学び続けることで、自分自身の成長を感じることができます。

そして、自分のライフスタイルに合わせて働き方を選べるという魅力もあります。例えば、午前・午後のどちらかだけ働いたり、場合によっては、自宅やオンラインで指導することも可能です。

求められる知識・スキル

フィットネスインストラクターには、人の身体に関する深い理解が必要です。スポーツ生理学やバイオメカニクス、解剖学などスポーツ科学の知識を持つことが求められます。これらの知識を土台として、各エクササイズが身体にどのように影響するかを理解し、安全で効果的な指導計画を作成します。

また、顧客やグループに対して、わかりやすく明確に指示を出す能力も重要です。そして、顧客の動きを観察し、適切にフィードバックを提供する能力も必要です。これにより、顧客が正しい姿勢でエクササイズを行い、ケガを防ぐことができます。加えて、エクササイズをより楽しめる環境をつくることや、グループをまとめるリーダーシップも必要とされます。

フィットネスインストラクターを目指すなら

フィットネスインストラクターとして働くためには、専門学校や大学、大学院でスポーツ科学を学ぶことが重要です。これがエクササイズを指導するときの基礎となります。

フィットネスインストラクターになるために特別な試験などを受ける必要はありませんが、フィットネス関連資格の取得を通じて学びを深めることをおすすめします。例えば、日本スポーツ協会公認スポーツプログラマーや日本フィットネス協会認定グループエクササイズインストラクターなどが含まれます。

さらに、ヨガやピラティス、エアロビクスなど特定のフィットネスプログラムを提供するためには、それぞれの専門的な認定資格を取得することが役立ちます。ジムでエクササイズ指導を行う場合には、145頁で紹介したスポーツトレーナー関連の資格を取得することもおすすめです。

PICK UP

独立開業をするときに考えるべきことは？

フィットネスインストラクター・トレーナーのなかには、「自宅をスタジオにしてエクササイズ指導をしたい」「いつか自分のパーソナルジムを開きたい」と独立開業を志す人も少なくありません。ここでは、独立の際に考えておくいくつかの重要点を紹介します。

①サービス内容と価格設定

どのような人に対して、自分の提供するサービスを通じてどうなってほしいのかを明確にし、内容と料金を設定する必要があります。

②立地

実際にスタジオやジムを構える場合は立地が重要です。顧客の生活圏内にあり、アクセスしやすい場所を選びましょう。

③集客

地域の人に来てもらうためには、チラシなどオフラインでの集客が有効です。またホームページやSNSを活用すると、より広範囲にサービスの認知度を高めることができます。

④開業資金

家賃や光熱費などの毎月の固定費だけでなく、機材や内装費などの初期費用も考慮しなければなりません。自分の生活費も含めて資金計画を立てる必要があります。

INTERVIEW

◆ピラティスインストラクターとして働くプロフェッショナル

ピラティスで、全ての人の姿勢と動きを根本から改善

小田島 政樹さん

PROFILE

1981年生まれ、北海道出身。ピラティス＆トレーニングスタジオDTS代表、柔道整復師。トレーナーとして、プロやオリンピック選手、学生選手のパフォーマンスアップ、コンディショニングを指導。一般の方の身体の機能不全（腰痛、膝の痛みなど）をピラティスを中心とした運動療法で根治している。

ピラティスのアプローチの仕方

私は柔道整復師およびピラティスインストラクターとして、スポーツ選手のパフォーマンス向上やコンディショニング、一般の方々の姿勢改善や健康維持を目的に、ピラティスを中心としたトレーニング指導をしています。

ピラティスは「The Study of Movement」とも呼ばれ、身体の動かし方を深く理解することを可能にします。日常生活で姿勢や身体の動かし方が悪化すると、ケガやパフォーマンスの低下を引き起こすことがあります。ピラティスでは、そうした不調和をエクササイズを通じて調整し、姿勢の改善にアプローチします。

指導の実際

スポーツ選手を指導する場合、私からスポーツの動作に対するアドバイスはしません。その動作をするうえで土台となる、身体の姿勢や基本的な動きにアプローチをし、本人がどうなりたいのかを大切にします。例えば、野球のバッティングのときに力強くインパクトをしたいという相談であっても、評価の結果が体幹部がうまく使えていないということならば、体幹部に関してのアドバイスをしたり、エクササイズを処方します。

一般の方の場合、まずは身体を動かすことの楽しさや、自分の身体に向き合うことの大切さを知ってもらうことから始めます。エクササイズの前後で立ち姿勢が変わるとか、足裏が地面につく感覚が変わるとか、そうした気づきを与えながら、自分の身体に対して興味を持ってもらえるように工夫しています。

ピラティスとの出合い

私は5歳から大学生まで柔道をしていました。高校生頃から警察官になりたかったのですが、大学卒業時もその夢は叶わず、就職浪人をして再挑戦しようと考えていたときに、あるトレーニングの本と出合い、トレーナーになろうと思いました。その著者が運営するジムに訪問し、「修行させてください」と直談判し、トレーナーとして働き始めました。2年後、さらに学びを深めたいと感じ、柔道整復師の資格が取得できる専門学校に通いました。

Message

自分の描いた未来へ、確かな一歩を

その後、柔道整復師兼トレーナーとして活動するなかで、整骨院の施術だけでは根本的な改善がみられないと感じていました。そのとき、ピラティスの勉強会で知ったPHIピラティスの理想的な身体の姿勢と動きを獲得していくプロセスに感銘を受け、ピラティスを深く学ぶ決意をしました。アメリカの本部でも学んだ後、2012年にピラティス＆トレーニングスタジオDTSを開業しました。

日々の成果と感謝の言葉が励みに

日々、スポーツ選手や一般のお客様に向き合うなかで、その成果を間近で見られることや、皆さんから「ありがとう」と言っていただけることにやりがいを感じますし、自分の天職だと思っています。また、自分が担当したスポーツ選手がテレビの向こう側で活躍している姿を見るといつもうれしく思います。特に印象深いのは、落馬事故で背骨を13か所骨折されたジョッキーを、復帰までサポートした経験です。もちろん、彼のガッツと復帰への強い意志があったからなのですが、その復帰の一端に関われたことは、私自身のピラティスインストラクターとしての自信につながりましたし、人の身体の可能性を改めて実感させてくれました。

指導に必要な知識とスキル

ピラティスは身体や動作に関わることなので、解剖学や生理学、運動学などの基本的な身体の知識が不可欠です。また、お客様とのコミュニケーション能力を高めることも大切です。

ピラティスインストラクターの資格は民間資格なので、コースを受講し、試験に合格すれば取得可能です。しかし、ピラティスの知識だけではなく、医療や体育・スポーツ系の学びがピラティスインストラクターの成長にもつながると考えています。実際、柔道整復師や理学療法士、作業療法士などの医療関係者がピラティスインストラクターを目指すケースも増えてきています。

ピラティスの普及を目指して

目標は、ピラティスインストラクターとして生涯現役であり続けることです。そのなかで、全てのスポーツ選手がピラティスを何らかの形で日常的に取り入れてもらえるようにしたいです。ケガが減ることで、中高生からトップ選手までが、目標に向かって精一杯取り組めるようになればいいですし、ピラティスを通してその手助けをしたいと思います。

FILE 16

健康運動指導士

健康運動指導士は、公益財団法人健康・体力づくり事業財団が認定する民間資格で、生活習慣病の予防や国民の健康の維持・増進を目的とした活動を主に行います。この資格は、1988年に厚生大臣（現厚生労働大臣）の認定事業として始まり、2007年に正式に資格化されました。

仕事の内容

健康運動指導士の仕事は、保健医療関係者と協力しながら、個人の体力や目的に合わせた安全で効果的な運動プログラムを作成し、運動指導を行うことです。また、運動の重要性や健康的な生活習慣についての教育や啓蒙活動も行います。さらに、運動プログラムの効果を定期的に評価し、結果をもとにフィードバックを行いながら目標達成に向けたサポートをします。これらを通じて、人々の健康増進と豊かな生活の実現を目指します。

健康運動指導士は、地域での健康づくり事業を推進する担い手として、地域の現状や特性、社会的資源を把握し、ほかの健康関連の専門家と連携しながら、地域のスポーツイベントや健康講座などの企画や運営も行います。

健康運動指導士は、民間スポーツクラブや公共のスポーツ施設、診療所や病院、保健所、介護施設や福祉施設などで活躍しています。また、企業からの委託や要請を受けて従業員の健康促進を目的とした運動プログラムの企画・実施や健康相談、セミナーの開催などを行います。学校で、児童・生徒や教職員に対する健康教育や運動プログラムの提供などを行うこともあります。

やりがいと魅力

健康運動指導士は、運動を通じて、メタボリックシンドロームや生活習慣病の予防および改善や身体機能の回復などの具体的な健康成果の達成をサポートします。しかし、健康運動指導士の仕事はそれだけにとどまりません。個人一人ひとりに寄り添い、その人が健康で豊かな人生を送るためのサポートをします。これらを通じて、人々が健康的な生活を送る手助けができることに、大きなやりがいを感じることができるでしょう。

特に日本においては、高齢化の進展により、人々が健康を維持するためのサポー

トがますます必要とされます。近年では、若い世代を含む多くの人が健康を重視し、健康的な生活を送りたいと考えるようになってきており、企業においても、従業員の健康管理を経営の観点から捉え、計画的に取り組む「健康経営」導入・実践が浸透してきています。

　こうした社会の動きから、これからも健康運動指導士の需要は増え続けることが予想されます。

求められる知識・スキル

　健康運動指導士には、運動プログラムを提供するための深い知識と実践的な技能が求められます。その基盤となるのが、医学的な基礎知識や生理学的な知識です。これらの知識があることで、対象者一人ひとりの健康状態や体力に応じた適切な運動プログラムを作成することが可能になります。

　健康運動指導士が対応する方は、幅広い年齢層にわたり、生活環境や背景も様々です。また、運動に対する目的やニーズも個々に異なります。多様なニーズに応えるためには、相手の心と身体の状態を正確に把握することが求められます。そのため健康運動指導士には、コミュニケーション能力や洞察力が不可欠です。

　さらに、運動プログラムを作成・指導する際には、参加者が安全に運動できる環境を整え、事故の防止やケガの予防、緊急時の対応など、リスクを最小限に抑えるための危機管理能力も重要です。

　また、健康運動指導士には、運動指導だけでなく、栄養や休養、禁煙や飲酒対策など、総合的な健康づくりをサポートする役割も期待されています。そのため健康管理に関する幅広い知識が必要になってくると考えられます。

健康運動指導士を目指すなら

　健康運動指導士になるためには、まず、公益財団法人健康・体力づくり事業財団が開催する健康運動指導士養成講習会を受講するか、健康運動指導士養成校の養成講座を修了する必要があります。その後、健康運動指導士認定試験に合格しなければいけません。資格取得後も5年ごとの資格更新があります。自治体や健康保険組合で運動指導教室を行うときには、健康運動指導士の資格を有していることが条件になることもあります。

　また、健康運動指導士の資格は、歯科医師、保健師、看護師、管理栄養士、作業療法士、柔道整復師、運動指導員など様々な専門家が取得しています。健康運動指導士の知識やスキルに加え、それぞれの専門知識やスキルを活かした指導が望まれます。

PICK UP

健康運動実践指導者

　健康運動指導士と共に国民の健康づくりに貢献しているのが「健康運動実践指導者」です。健康運動実践指導者は、特に実際の運動指導に重点を置き、自らが見本を示しながら運動を指導する能力に優れています。また、集団に対して効果的に運動指導を行う技術を持つ者として、人々の健康づくりをサポートしています。

　詳しくは、公益財団法人健康・体力づくり事業財団のホームページを確認してください。

INTERVIEW

◆健康運動指導士として公共施設で働くプロフェッショナル

公共施設の運営管理を通じて地域住民を健康に

亀村 亮さん

PROFILE
1991年生まれ、埼玉県出身。東洋大学大学院修了後、東京都オリンピック・パラリンピック準備局での勤務を経て、2019年にシンコースポーツ株式会社に入社。現在、さいたま市内の屋内プール施設の統括責任者。健康運動指導士として各種運動教室の企画・運営も行う。

公共施設でスポーツに関わる

私は、中学校では短距離、高校では走り幅跳びに取り組んでいました。高校時代から「スポーツで働きたい」と考えるようになり、最も身近であった体育教員に影響を受け、中学・高校の体育教員の免許がとれる東洋大学ライフデザイン学部健康スポーツ学科に進学しました。

教員を目指して入学しましたが、齊藤恭平先生のもとで学ぶなかで、学校の外での運動指導の可能性に気づき、地域住民向けの運動指導やヘルスプロモーションに興味を持ちました。

大学3年生のときに、朝霞市のスポーツ推進委員になる機会があり、「スポーツ指導者を目指す学生」と「運動ができる場所」という大学の資源を、地域住民のスポーツ・運動活動に活用してもらうために、総合型地域スポーツクラブの立ち上げと運営に関わりました。クラブの運営を通じて、運営者のリーダーシップと運動指導者のモチベーションに興味を持ち、大学院で研究をしました。将来は公共施設でスポーツに関わる仕事をしたいと考え、大学院修了後に東京都庁に臨時職員として入職し、都内のスポーツイベントの広報業務に携わりました。その後、正社員としてスポーツ関連の公共施設で働きたいと思い、大学の先輩の紹介を通じて、シンコースポーツ株式会社に入社しました。

地域の健康を支える

私は、シンコースポーツ株式会社で、公共施設の指定管理業務をしており、現在は、さいたま市の岩槻温水プールの運営を担当しています。

職務内容は、施設を利用者に安全かつ快適に利用していただくために、プールをはじめとした施設の安全管理、運動教室やイベントの企画・運営、商品の販売など、様々なサービスや事業を幅広く展開しています。

また、自治体からの依頼に基づき、健康運動指導士として地域のニーズに応じた教室プログラムの立案・実施も行っています。特に岩槻区は、高齢化が進む地域なので、介護予防運動教室などを開催しています。

利用者の声に支えられて

この仕事の最大のやりがいは、利用者

の笑顔を見ることです。大学に進学するときに抱いていた「スポーツを教えたい」という思いを、日々の施設運営や運動指導を通じて実現できています。利用者に「この施設がなかったらどうしよう」「ここに来なかったら、ずっと家にいてしまう」と言われるたびに、多くの人にとって、この施設に訪れて運動することが生活の一部になっていることがわかり、公共施設の価値とその運営の責任を実感します。

また、運営責任者としてのやりがいは、スタッフ全員が一致団結して働き、組織全体の成長を実感できるときにあります。アルバイトを4年間続けてくれた大学生スタッフの「現場の雰囲気の良さと社員の皆さんの優しさのおかげで続けられました」の言葉は忘れられません。

限られた資源で最大の効果を

自治体から管理業務を受託している以上、自治体が直接運営管理するよりも効率的、かつ効果的に利用者にサービスを提供できるように心がけています。限られた施設・設備や予算、人員のなかで、いかに利用者を増やし、満足してもらうかを常に考えなければならないので、経営学や経済学の知識、運営管理のマネジメントの能力が必要です。

運動指導では、解剖学や生理学のような人間の身体に関する理解、運動プログラムの開発や実施のためのトレーニング学も必要になります。ただし、それらは実践の場で活かせなければ意味がありません。現場では様々な目的を持つ幅広い年齢層に対して、その人が何を求めているのかを理解したうえで、適切なプログラムを提案します。そのためには相手が言いたいことを汲みとる力が大切です。

運動を生活の一部に

まずは、施設を知ってもらい、それから利用していただく。次に教室に参加していただき、その後は継続していただく。小さなゴールをクリアしながら運動することが生活の一部になるように、効果が実感できる運動プログラムを提供し、施設を利用する皆さんに健康になってもらいたいです。

また、施設外で開催される運動教室やイベントにも積極的に参加して、私が提案する運動プログラムを通じて、より多くの方々の健康に貢献したいと考えています。

Message

学びをチカラに変える。街に出て、実践してみよう

FILE 17

保健体育科教員

保健体育科教員は、保健と体育の授業をはじめ、様々な教育活動を通して、児童や生徒が生涯にわたって運動に親しみながら健康を維持し、明るく豊かな活力ある人生を送れるようになるための手助けをしています。

仕事の内容

保健体育科教員の主な仕事は、保健と体育の授業を計画して、実施し、そして評価することです。また、学級担任を持つ教員は、クラスの運営を担当します。さらに、運動会や体育祭をはじめとする学校行事の準備や運営、児童生徒指導や進路指導なども行います。それらの仕事を通じて、児童や生徒が運動技能を習得し、仲間と協力して運動や健康についての課題を解決する能力を身につけることを目指します。また、生涯にわたって運動に親しみながら健康を維持し、明るく豊かな活力ある人生を送るようになるための手助けをするのも、保健体育科教員の役割です。

保健体育科教員には、様々な働き方があります。公立学校で働く教員もいれば、私立学校で働く教員もいます。また、小学校では、専科教員として保健・体育のみを教える場合と、担任教員として体育を含む複数の教科を教える場合があります。さらに、中学校、高等学校、特別支援学校、インターナショナルスクールで働く教員もいます。そのほかにも、国外にある日本人学校やＪＩＣＡ海外協力隊として、開発途上国の現地校で保健体育を教える道もあります。

やりがいと魅力

保健体育科教員として働くことで、児童や生徒の成長を間近で見守ることができます。卒業生が学校を訪れ、あるいは同窓会などで卒業生と再会し、社会で活躍している報告を受けるとき、少しでも児童や生徒の人生に良い影響を与えられたことが実感できるでしょう。

保健体育科教員の仕事には授業計画の作成などのデスクワークも含まれますが、授業中に動き方の手本を示すなど、自分自身も身体を動かすことが多いです。運動やスポーツが好きな人にとって、健康でアクティブに働けるのが魅力です。ま

た、児童や生徒だけでなく、保護者や地域社会とも関わりを持つことができます。保護者会や学校行事、地域の行事などを通じて、スポーツや運動の楽しさを伝え、健康的で活力のあるライフスタイルの価値を広めることができるでしょう。

求められる知識・スキル

保健体育科教員には、**スポーツや運動を通じて児童や生徒たちが、より健康的で、明るく豊かな活力ある人生を送ることに対する使命感**が求められます。また、「教師は授業で勝負する」と言われるように、保健体育科教員としての専門的な知識と確かな授業の力量が求められるでしょう。これには運動・スポーツに関する知識や実技の能力、指導方法に関する知識や技能などが含まれます。

教員は、**児童や生徒にとっての模範となる存在**でもあります。そのため、高い倫理観が求められます。また、教職に対する情熱と児童や生徒一人ひとりに対する愛情と責任感が不可欠です。さらに、児童や生徒だけでなく、同僚や保護者、地域社会の人々とも良好な関係を築くためには、コミュニケーション能力や対人関係能力が大切です。

保健体育科教員を目指すなら

保健体育科教員を目指すには、短期大学や専門学校、大学、大学院で、保健体育科教育や健康スポーツ科学に関連する分野を専攻し、スポーツ心理学や社会学、運動生理学、学校保健などの保健体育科の授業を実施するときに必要な専門的知識を学ぶ必要があります。

また、教員養成課程を修了し、教員免許を取得することが求められます。教員養成課程では、授業計画の作成、教育評価、授業経営をはじめとする教育法を学ぶとともに、模擬授業や教育実習などの実践を通して、自分の指導方法を振り返り、学ぶ力を身につけます。その後、自治体等が実施する教員採用試験を受験し、合格すると保健体育科教員として働くことができます。

大切なことは、**保健体育科教員として働き始めた後も成長し続けること**です。単に実践経験を積むだけではなく、自分の実践について振り返り、学び続けることが不可欠です。加えて、研修会に参加したり、専門書を読んだり、先輩教員からアドバイスをもらったりするなど、様々な機会を通じて常に自分の実践を改善し続ける必要があります。

● 保健体育科教員への道

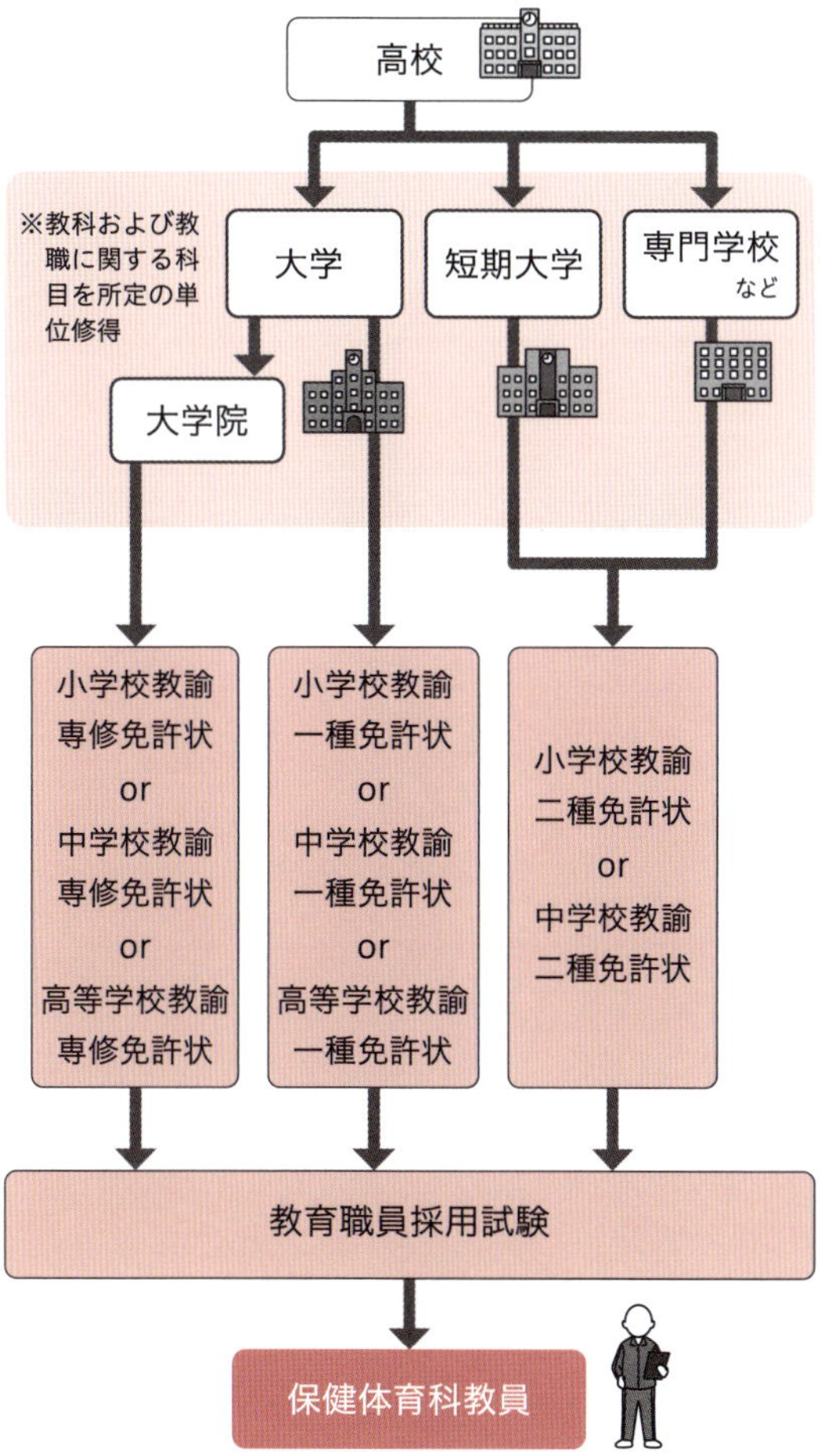

◆保健体育科教員として働くプロフェッショナル

甲南小学校の体育専科教員として活躍

木村 壮宏さん

PROFILE

1989年生まれ、京都府出身。高校まで地元の公立校で学び、京都教育大学教育学部体育領域専攻へ進学。京都教育大学附属桃山小学校で１年間の担任を経て、学校法人甲南学園甲南小学校の体育専科教員として勤務(12年目)。二児の父親としても日々奮闘中。

体育専科教員の日々

兵庫県神戸市にある私立甲南小学校で体育専科教員として体育や保健の授業を担当しています。また、運動会などの体育行事の運営責任者を務めるとともに、生活指導、入試広報などの学校運営の業務も担っています。

体育専科なので担任は持たず、全学年の体育を担当しています。

本校は、教育方針として「徳・体・知のバランスのとれた、心豊かな人間教育」を掲げており、「体育」では「体力・精神力を鍛え、粘り強い子どもを育む」ことを目指しています。基本的には学習指導要領に沿った授業になりますが、水泳のシーズンには全学年で毎日水泳の授業があったり、一年を通して剣道やダンスに取り組む学年があったりと、独自のカリキュラムがあるのは私学ならではの特徴です。

保健体育科教員への道

小学生の頃はあまり運動が得意ではありませんでしたが、6年生頃に少し走るのが速くなったことがきっかけで中学生から陸上競技を始めました。高校でも陸上を続けるうちに、身体を動かす仕事に就きたいと思い始めました。教員だった父の姿を見て、教員はやりがいのある仕事だと感じたこともあり、保健体育科教員を目指すことにしました。

京都教育大学に進学し、保健体育科教育のゼミで学びを深めながら、中高の体育教員を目指しましたが、ご縁をいただき、京都教育大学の附属小学校で担任として1年間勤務しました。その後、本校の公募を知り、保健体育科教員という長年の夢と附属小学校での経験を重ね合わせて、新たな挑戦として甲南小学校で働くことに決めました。

6年間の成長に寄り添う喜び

専科教員という立場は、児童の入学から卒業まで長期にわたって子どもと関わることができます。私の場合は6年間にわたり、子どもの身体能力や心の成長を間近で感じることができ、この仕事の何よりの醍醐味だと感じています。

例えば、鉄棒が苦手で、前傾姿勢をつくるのも怖かった児童が、授業を通じて少しずつ身体を傾けることに挑戦し続

Message

体育・スポーツで子どもたちの成長と未来を育もう

け、ある日「休み時間に練習していたら前回りができるようになったから見てほしい」と報告しに来てくれることがありました。一人で練習していたことに驚いたとともに、成長を共有できたことがとてもうれしかったのを覚えています。

　また、跳び箱が怖いという転校生が、数年をかけてその壁を乗り越えてくれたこともありました。幼い時の失敗が原因のようで、出会った頃は跳び箱に触るのも嫌がっていましたが、本人と相談しながら場の設定をいろいろと試した結果、本人の努力もあり6年生の時にはほかの児童と一緒に笑顔で跳ぶ姿を見せてくれるまでになりました。そんな姿を見ることができたのも、この立場で学年をまたいで関わり続けることができたからであると、改めて専科という立場にやりがいを感じると共に子どもの可能性に気づかされた出来事でした。

保健体育科教員の使命

　体育の授業と聞くとつい、子どもたちの「できた・できない」に目を奪われがちになります。しかし、体育を教えることはあくまで手段であり、目的で終わってしまってはいけません。教員という仕事の最終的なゴールは人を育てることであり、運動を通して、目の前の子どもたちの心と身体をいかに育くんでいけるかが大切だと考えています。

　「体育の先生」ですので、運動がうまくできるに越したことはありません。特に器械運動など、児童が「苦手だ」と感じやすい分野において得意意識を持つことができれば、授業の工夫にも幅ができ、多くの児童に「運動が楽しい」を味あわせることができるでしょう。

　また、各スポーツの知識、特にルールの理解が進んでいると、学年や発達段階に合わせた指導にも役立ちます。運動の内容やルールを段階的に捉えて構築する力があれば、目の前の子どもの実態に合わせて授業展開が可能になります。

　そして何より大切なことは、子どもたちを心から大切にできるかということです。子どもとの関わりが楽しいと思えるのなら、この仕事で大きなやりがいを感じることができると思います。

未来の世代と共に

　本校の教員になって12年になりますが、この仕事をこれからも長く続けていきたいです。大人になった教え子たちの、そのまた子どもたちと再びこの学校で出会うことができれば、それは私にとって幸せで素晴らしい出会いになると夢見ています。

FILE 18

JICA海外協力隊（スポーツ・体育隊員）

JICA海外協力隊とは、20～69歳の人が開発途上国でボランティア活動を行うプログラムです。スポーツ分野では、スポーツを通じた青少年の育成や指導者の育成などを行います。体育分野では、派遣国の現地校での体育授業の実施、教員育成などを行います。

組織の解説

JICA海外協力隊とは、独立行政法人国際協力機構（JICA）が実施するひとつの事業です。開発途上国からのニーズに見合った技術・知識・経験を持ち、それらを「開発途上国の人々のために活かしたい」と望む20～69歳の幅広い年齢層の方々が、ボランティアとして派遣されます。

その主な目的は、以下の3つです。

①開発途上国の経済・社会の発展、復興への寄与

②異文化社会における相互理解の深化と共生

③ボランティア経験の社会還元

20～69歳までの日本国籍を持つ方であれば、誰でも応募することが可能です。応募、選考を経て合格し、70日間程度の派遣前訓練を受けた後に、やっと一人前のJICA海外協力隊として派遣されます。1～2年の長期派遣だけでなく、1か月～1年未満の短期派遣の制度もあります。活動分野は、農林水産、保健衛生、教育文化など多岐にわたりますが、スポーツ分野の募集も少なくありません。例えば、陸上競技、水泳、野球、サッカーなど28の競技が職種として存在します。それらとは別に学校教育における体育という職種もあります。

仕事内容の例

JICA海外協力隊のスポーツ隊員として、開発途上国に派遣される場合の主な目的は、スポーツを通じた国際協力です。例えば、派遣国の省庁のスポーツ局などに配属されると、活動としては、貧困層の青少年の育成、練習環境の改善、現地指導者の育成、競技人口の拡大などを目指します。あるいはスポーツ団体などに配属されてジュニア強化選手やナショナルチームを指導する場合もあります。

体育隊員の場合には、派遣国の小学校、中学校、高等学校あるいは大学など

に配属され、体育授業を通じて生徒や学生を教育することや現地教員の育成を支援することなどを目指します。

求められる知識・スキル

JICA海外協力隊のスポーツ隊員には、当該スポーツにおける指導知識やスキルが求められます。もちろん競技経験があれば、指導する際の実演に活かされるでしょう。また初心者、青少年、選手など様々な世代や競技レベルの選手に対する指導経験があれば、現地のニーズに合った活動ができると思います。応募の際には、「公認指導者資格」や「公認パラスポーツ指導者資格」など指導者資格、武道系職種の場合は、段位が求められることもあります。

体育隊員の場合には、教育現場での指導経験や教育実習生の受入経験などがあると、現地での教育活動に活かすことができます。体育の教員免許を取得見込みの大学4年生や、免許は保持していても教員経験のない方の場合でも、教育実習など、これまでの経験やスキルを活かして現地で活躍されている方もいます。さらに、競技や指導経験だけでなく、異なる文化に対する理解や柔軟性、そして現地の指導者や関係者と協力できる力は、スポーツ・体育隊員に共通して求められる知識・スキルとして挙げられます。

語学力を心配する人が多いのですが、JICA海外協力隊では、派遣先での生活と活動に必要な知識、能力、適性を養うことを目的として、約70日の派遣前訓練が準備されています。この訓練では、言語や異文化理解の研修、予防接種や渡航手続きに関する情報も提供され、さらに派遣国に到着してからも現地での訓練が行われます。応募時には、最低限必要となる語学力として、中学校卒業程度の英語力が求められますが、これは合格後の派遣前訓練において語学力を習得する素地があるかどうかを確認するためとされています。

やりがいと魅力

JICA海外協力隊のスポーツ・体育隊員としてのやりがいは、派遣国の方々および地域社会に対して、スポーツを通じて直接的かつ実質的な影響を与えられることといえます。それだけでなく、異文化での生活や活動によって異なる価値観や習慣に触れることで、自身の視野を広げることができるとともに、自身の成長や異文化への理解を深める機会にもなります。この経験を通じて得られる語学力を含む知識やスキル、国際的な人的ネットワークは、将来のキャリア構築にも活かせるものとなるでしょう。

● スポーツ・体育隊員累計派遣実績

■1965年〜：90か国にのべ4,938名（2024年6月末時点）
■体育＋28競技（職種）（派遣数順の実績は以下の通り）

職種	派遣数	職種	派遣数	職種	派遣数	職種	派遣数
体育	1,555	陸上競技	154	テニス	49	自転車競技	3
野球	707	ソフトボール	138	ハンドボール	36	スキー	3
柔道	547	剣道	136	レスリング	24	相撲	3
バレーボール	314	空手道	118	新体操	13	アーチェリー	1
水泳	241	バスケットボール	96	フィジカルアクティビティ	15	フェンシング	1
サッカー	193	ラグビー	91	ウェイトリフティング	12		
卓球	174	合気道	73	アーティスティックスイミング	7		
体操競技	169	バドミントン	61	水球	4	総計	4,938

出典：JICA

JICA海外協力隊として働くプロフェッショナル

ルワンダ陸上競技連盟でコーチとして活躍

林 理紗 さん

PROFILE

1998年生まれ、北海道出身。立命館大学在学中に、全日本インカレ４位入賞（400mハードル）、日本選手権優勝（４×400mリレー）。卒業後は、Hanaspo（幼少期向けのスポーツ教室）にて２年間従事。2023年２月より、JICA海外協力隊（陸上競技コーチ）としてルワンダ陸上競技連盟に派遣。

恩恵を恩返しに変えて

私がＪＩＣＡ海外協力隊に参加した理由は、陸上競技や教育を通じて、開発途上国はもちろんのこと世界や社会全体に貢献したいという思いからです。高校時代に国際社会の問題に関心を持ち、開発途上国の教育課題に触れた経験が影響を与えました。

高校時代から陸上競技に取り組み、大学時代には４×４００ｍリレーで日本一になることもできました。自分の目標に向かって努力できる恵まれた環境にあったわけですが、そうした自分の受けた恩恵を陸上競技を通して恩返ししたいと思ったときに、開発途上国で教育やスポーツで人を育てる事業を行うＪＩＣＡ海外協力隊を知り、大学卒業後に参加することにしました。

ルワンダの未来のアスリートを育てる

ＪＩＣＡ海外協力隊として、ルワンダ陸上競技連盟に派遣され、2年間のボランティア活動をしています。現在は、ルワンダの中高一貫校で、体育の授業のアシスタントとして活動しながら、陸上競技クラブのコーチも務めています。陸上競技クラブは、私の活動先の学校が練習拠点になっており、近隣の学校の生徒も練習に訪れる地域に開かれたクラブです。練習は、朝5時半からの1時間程度と放課後の1時間程度です。

選手は30名ほどで、なかにはルワンダの全国大会で銀メダルと銅メダルをとる選手もいます。コーチは、私と現地コーチ、活動先の体育教員の3人です。

変わる瞬間を見届ける喜び

陸上コーチとして、選手や現地コーチの言動に変化を起こせたなと感じたときにやりがいを感じます。

例えば、私が派遣されて間もない頃、チーム全体のモチベーションは低く、実力はあるのに練習に来ない、来たとしても疲れたら途中で諦めてしまう選手がいる状況でした。主体的に練習に取り組んでもらうために、練習外のコミュニケーションを積極的に図り、まずは選手の生活や性格を知ることから始めました。また、練習を振り返る時間をつくり、彼らと共にトレーニングメニューを考えるなどの工夫を試行錯誤しながら行いました。派遣されて8か月経ったある日、モチベーションの低かった選手がほかの選手に対して「ネバーギブアップ！　まだまだ僕たちはいけるんだ！」という声かけをしている姿を目の当たりにし、彼の心や言動の変化を感じました。そして、そのときにはとてもやりがいを感じました。

現地コーチは、15年の指導経験を持つベテランコーチで、指導哲学をはじめ、ルワンダの文化や価値観など、彼から学ぶことばかりです。そんな彼は、コーチングについて学ぶための時間を割けていなかったのですが、私も受講した世界陸連のオンライン学習プログラムを紹介したところ、活動の合間に取り組んでくれるようになりました。私は、彼と最も近い立場で活動する者として、これからも同じ視点に立ちながら、一緒に現地の課題解決に取り組んでいきたいです。

柔軟性がカギ

JICA海外協力隊での活動では、状況に応じて柔軟に対処する能力が求められます。

JICA海外協力隊は2年間、日本とは全く異なる文化や価値観の方々と生活を共にしながら活動をします。そのなかでは、楽しいことばかりではなく、それを上回るような困難もたくさんあります。例えば、現地での活動は、予測不可能な出来事の連続で、予定通りに物事を進めることが難しいです。先日開催されたルワンダの全国大会は、大会前日になって、急遽、開催日が1週間延期になりました。こうした状況のなかでも諦めるのではなく、選手と現地コーチと共に何ができるか、最適解を考えて、臨機応変に対応することが求められるのです。

ルワンダでの活動を通じて

私がルワンダで活動できるのは、残り1年ほどです。この1年間で、選手が互いに高め合っていけるチームをつくっていきたいです。そして、現地コーチが質の高いコーチングを継続的に実施できるようにサポートしていきたいと思っています。帰国後には、選手一人ひとりが持っている可能性を引き出せる人になりたいと思っています。教育やスポーツは人々の可能性を広げる最高の手段だと考えているので、これからも教育やスポーツ分野に関わっていきたいです。

Message

スポーツに打ち込んできたあなたが経験したことが、必ず社会の誰かのために役に立つ

Life is short enjoy more

藤井 貴之（LISEM）

YouTuberになる！

私がYouTuberになったきっかけは、高校までサッカーのサンフレッチェ広島のユースチームで一緒に練習をした仲間であるけーご（現LISEMメンバー）からの「YouTuberにならないか」という電話でした。その誘いを受けたときに「面白そう！」と直感的にワクワクしたことを今でも覚えています。当時、私は現役のサッカー選手だったので、けーごも遠慮がちに誘ってくれたのですが、私は「今年でやめるわ！」と即答しました。チームや代理人に「今シーズンで引退します」と伝えたとき、クラブから翌シーズンの契約の話があったこともあり、かなり驚かれました。というか、少し怒られました（笑）。それでも、私の決心は揺るぎませんでした。なぜなら私は、仕事を含めて、これまでそしてこれからも「自分の心が躍ることに対して全力で向き合い、楽しみ、一生懸命に取り組むこと」を大切にしているからです。

自分たちにとっての楽しみの先に

LISEMは、サッカーをメインコンテンツに様々な動画をYouTubeで発信しています。多くのYouTuberは、視聴者の求めるものを考えて企画をし、動画を撮ると思いますが、LISEMはとにかく自分たちが楽しいと感じる動画を配信し続けています。簡単に言えば、サッカー好きがサッカーを楽しむ様子を撮ったホームビデオのようなものです（笑）。自分たちが楽しくサッカーをする、サッカーを語る姿を見て、ファンの方々にも一緒に楽しんでもらいたいと考えています。

一方で、サッカーに育ててもらった人間として、サッカー界、ひいてはスポーツ界に対して恩返ししていきたいという思いから、企業とのタイアップ動画を撮らせてもらったり、イベントへ参加させてもらったりもしています。

例えば、ロービジョンフットサルを動画内で取り上げたことがあります。ロービジョンフットサルとは、弱視者（ロービジョン）一人ひとりの異なる視力・視野を活かし、お互いを補い合いながらプレーするフットサルです。動画の公開後、その動画を見て、実際に競技を始めたという方にお会いしました。もともとサッカーをしていたものの、弱視になったことでサッカーとの関わりに悩んでいたとき、動画を見てロービジョンフットサルを知り、自分にもできるのではないかと挑戦し、今では競技にのめり込んでいるそうです。LISEMの動画配信が、誰かの新たなチャレンジのきっかけにもなれたことに大きな感動を覚えました。このことはYouTuberとしての自分たちの存在意義に気づかされた大切な経験でした。

今、この瞬間を全力で楽しもう！

LISEMという名前は「Life is short enjoy more」という言葉に由来し、その頭文字をつなげたものです。これには「人生は短いから楽しもう」という思いが込められています。ほんの数年前までYouTuberが仕事になるとは誰にも想像できなかったように、これからどのような未来が待っているのか、私たちにはわかりようがありません。だからといって未来に対して、過剰に身構えたり、考えすぎたりすることはないと思います。

皆さんも、目の前にある自分の心が躍ることに対して、全力で向き合い、楽しみ、一生懸命に取り組んでください。そして、周りにいる家族や仲間、応援してくれる人たちを大切にしてください。そうすれば、いつかチャンスは巡り巡ってくるはずです。私も皆さんに負けないように楽しんでいる姿を発信し続けたいと思います！

リゼム LISEM CHANNEL

CHAPTER 4

スポーツのプロフェッショナルになろう！

Encyclopedia of sports-related jobs

1 スポーツのプロフェッショナルたちからの学び

「スポーツのプロフェッショナル」のストーリーはどうでしたか?

本書で紹介されたスポーツのプロフェッショナルたちは、性別や学歴に関係なく、現役の選手や元選手からスポーツが苦手だった人まで幅広くいました。また、若手から経験豊富なベテランまで、日本各地やシンガポール、パリ、ドイツ、ブラジルなど世界各地に住む人たちが、皆さんのために協力してくれました。

スポーツのプロフェッショナルたちは、小さなベンチャー企業から大企業、さらには官公庁や学校法人、公益財団法人、一般社団法人、NPO法人など様々な組織で働いていました。なかには子育てをしながら、または大学院で学びながら働く人もいて、実に様々な背景を持つ人たちでした。

一方で、スポーツのプロフェッショナルたちに共通する点をいくつか見つけることができました。そのなかでもこの章では、特に重要な3つの点に絞って紹介します。

❶突き動かすもの

スポーツのプロフェッショナルたちは、みんな「スポーツへの情熱」を共通して持っていました。人それぞれタイミングは違いますが、スポーツの価値や魅力に心を奪われ、自分の中の情熱に気づいたのです。その情熱を胸に、スポーツを通じて「こんな社会の実現に貢献したい」や「この人たちの役に立ちたい」という明確な未来像や信念を持ち、行動し続けています。

あるとき、人生の目標を見つめ直すなかで、「野球を通じて世の中を良くする」という志を持つようになりました(北海道日本ハムファイターズ　大渕隆さん)

心理学やスポーツ心理学のことが好きで、それらがたくさんの人の人生を豊かにできる可能性があるものだと信じています(ＢｏｒｄｅｒＬｅＳＳ　筒井香さん)

どのような仕事にも困難はつきものです。しかし、スポーツのプロフェッショナルたちは、その困難さを感じさせないほどの情熱を持ち、未来に向かって努力し続け、学び続けていることがわかりました。なかには、スポーツ以外の業界で働く経験を積みながら、そこで身につけた専門性をスポーツの世界に活かし、新たな価値を創出している人もいました。

スポーツのプロフェッショナルたちは、目的を達成するために遠回りをすることも厭わないのです。

卒業後は、いくつかの業界で、営業職、人事職などの経験を積みましたが、心の中ではスポーツの力で世の中を良くするような仕事をしたいという思いがありました（日本スポーツツーリズム機構　滝田佐那子さん）

❷自ら機会をつくりだす

多くのスポーツのプロフェッショナルたちは、スポーツで働くに至ったきっかけとして「人との出会い」を挙げていました。それは学生時代に勉強や部活動、ボランティアなど、目の前のことに真剣に取り組んでいるなかで、偶然出会った人たちのことです。つまり、奇跡のような人との出会いから関係を紡ぎ、後にスポーツの仕事に通ずる扉が開かれたのです。

ここで重要なことは、スポーツのプロフェッショナルたちは、そのような奇跡的なチャンスをつかむために、常に周到な準備をし、積極的に行動をし続けていたという点です。多くの人は、頭では理解していながらも、実際に行動に移すことができないものです。スポーツのプロフェッショナルたちは、スポーツで働きはじめてからも圧倒的に行動をし続け、自分のキャリアを切り拓いていることがわかりました。

当時の横浜Ｆマリノスは新卒の採用を行っていなかったのですが、いただいた（取締役の）名刺の連絡先に月に１回ほど、自分が会社やチームのためにできることをまとめたレポートを送り続けるなど、猛烈にアプローチをしました（横浜Ｆ・マリノス　永井紘さん）

❸スポーツのプロフェッショナルとして世界で活躍するために

本書ではプロフェッショナルたちの全ての言葉を紹介することができませんでしたが、実は多くのスポーツのプロフェッショナルたちが、高校生や大学生のときにもっと学んでおけばよかったことのひとつに「英語」を挙げていました。最近では、大規模言語モデルや翻訳ソフトなどの発展により、もはや英語力は必要ないと言われることもあります。たしかに、メールや書類上のやりとりだけなら、それで十分なときもあるかもしれません。しかし、世界を舞台にスポーツで活躍したいのであれば、英語力は不可欠です。例えば、国際的な組織でスポーツの仕事をするためには、最低条件として、ネイティブレベルに近い英語力が求められます。日本でスポーツの仕事をしていても、どこかのタイミングで外国人とやりとりする機会があり、そのときは英語でコミュニケーションをとる必要に迫られるでしょう。

もっと若い時に留学をして、ネイティブの英語に触れておくべきだったと感じています（電通スポーツインターナショナル　橘斉嗣さん）

プロチームには外国人選手や監督もいるので、コミュニケーションをとるうえでの英語力は必要だと痛感しています（ベルテックス静岡　川合拓郎さん）

2 ≫ 今、動き始めよう！

そろそろ身体がじっとしていられなくなってきた頃でしょうか。最後に、皆さんにお伝えしたいことは、たったひとつです。

「今、動き始めよう！」

いや、ここまで本書を読み進めた皆さんは、すでに最初の一歩を踏み出しています！

そうはいっても具体的に「次にどう動けばいいかわからない」と思っている人もいるかもしれません。そこで、今すぐ行動に移すための3つのアドバイスを送りたいと思います。

❶興味を持った仕事について徹底的に調べよう

皆さんは、どのような「スポーツに関わる組織」で働くことに興味を持ちましたか。また、どの「専門性」にワクワクしましたか。まずは、少し時間をとって、自分に聞いてみてください。何が自分を惹きつけ、どんな魅力を感じたのか、自分なりに書き出してみましょう。

次に、それらの組織と専門性について、さらに詳しく調べてみてください。本やインターネットで、その組織の採用情報や専門性に関する資格の情報についてチェックすることから始めるとよいでしょう。

また、実際にその組織で働いている人や専門性を持つ人の話を聞くことで、仕事のイメージや働くために必要な準備がより明確になると思います。インタビュー記事を読むことや動画を見ることも有益ですが、実際に人に会いに行って、直接話を聞くことが最もおすすめです。

「そんな知り合いはいないから無理だ」と諦める必要はありません。SNSやホームページの問い合わせから連絡したり、知り合いに紹介してもらったり、機会は至るところに存在しています。もし連絡が返ってこなくても気にする必要はありません。別の人に連絡すればよいのです。スポーツの仕事に関する勉強会やコミュニティなどに参加してみるのもよいかもしれません。自分の手足を動かし続けていれば、いつか応援してくれる人が現れるはずです。

さらに、可能であればインターンシップやボランティア、職場見学に参加して、実際の仕事を体験してみるといいと思います。

これらのプロセスを通じて、皆さんが想像している組織や専門性が実際にはどのようなものか、仕事内容や働く人々、職場の雰囲気について理解が深まります。そうやってスポーツのプロフェッショナルたちもキャリアを切り拓いてきたことを私たちはインタビューから学びました。

食べたことのあるものしか好きな食べ物にはならないように、通常、自分が知っているか、想像できる範囲の仕事しか、将来のキャリアの選択肢になりません。とにかく興味を持った仕事について徹底的に調べてみましょう。

②自分自身と向き合おう

仕事について徹底的に調べるなかで、自分が何に対して情熱を感じ、どの仕事が心をワクワクさせるのか見つめ直し、自分自身と深く向き合ってください。また、他人との関わりを通じて自分自身を振り返ることも重要です。想いを共有し、対話することが自己理解を深める手がかりになることもあります。

さらに、「なぜその仕事をやってみたいと思うのか」、その背景にある過去の体験や出来事を振り返ってみてください。魅力を感じなかった仕事については、逆に「なぜそれに惹かれなかったのか」について考えることで、自分が本当に大切にしている価値観に気づくことができるかもしれません。

特定の原体験が「やりたいこと」とどうつながっているか理解するのに時間がかかることもあります。また、多くの経験を積み重ねるなかで、新たに心惹かれる仕事に出合うこともあります。根気よく自分自身と向き合い続けてください。その先にある自分なりの答えが、自分を突き動かす情熱になるのです。

③着実に準備を進めよう

自分が目指す仕事が定まってきたら、次は必要な知識やスキルを身につけていきましょう。できることを増やすには時間がかかります。時間がかかるからこそ、自分を突き動かす情熱が必要になるのです。

まず、どんな知識やスキルが必要かを理解し、それに合った進路を選ぶことが重要です。例えば、体育や健康スポーツ科学に関する学部では、スポーツについて体系的に学べます。一方、他分野の学部に進学して、必要な知識やスキルを身につけることもひとつの手です。場合によっては、ほかの大学に入り直すことや、大学院に進学することも考えられます。また、資格取得が必要な仕事では、専門学校が適している場合もあります。

海外で働くことに興味があれば、まずは興味のある国を訪れてみることをおすすめします。その後、必要に応じてその国の大学や大学院で学ぶのもいいと思います。

インターンやボランティアを通じて、知識やスキルを身につけることもできます。一度、スポーツ以外の仕事を経験して、その場で専門性を磨くのもいいでしょう。自分に合った学びの場を選択することが重要です。

遠回りでもかまいません。目の前のことに一つひとつ丁寧に取り組み、諦めずに積極的に行動し続けることで、スポーツの仕事への扉は開かれるでしょう。私たちも皆さんがスポーツの仕事に携わることを心待ちにしていますし、何かお手伝いできることがあればいつでも相談してください！

未来を切り拓く準備の力

森下 仁道（プロサッカー選手）

平凡な選手がプロになる

「おまえがプロサッカー選手になるのは難しいんじゃない？」小学生のとき、地元のサッカークラブでコーチに言われた何気ない一言。

それもそのはず、当時の私は、目立つことのないただの平凡な選手でした。それから16年経った今、私は日本から遠く離れたアフリカ・ガーナ共和国のトップリーグで、初の日本人選手としてフィールドを駆け回っていました。

幼い頃から目標としていたプロサッカー選手になれた私が、人一倍意識してきたことがあります。それは、「準備」の徹底です。これはプレー中でも同じです。フォワードの私はゴールを決めるために、身体の向き、相手との駆け引き、ステップの踏み方、味方からパスを受けるまでの「準備」にこだわり続けています。

キャリアを築くための準備

大学時代もプロを目指して練習をしていましたが、日本でプロになることの難しさや、埋もれてしまうのではないかという不安を感じていました。どうすればプロとして活躍できるかを模索するなか、挑戦の舞台をアフリカに定めたものの、アフリカのサッカー界とのつながりは全くありませんでした。そんな私にチャンスが舞い込んできたのも「準備」のおかげでした。

大学の研究室の先生がアフリカで開催されるスポーツの国際学会に参加されるという噂を聞きつけた私は、即座に直談判して同行の許可を得ました。その学会で自分の存在をアピールすべく、プレー映像のQRコード付きの名刺を準備して、参加者に配りました。そこで出会った関係者がトライアウトをアレンジしてくださり、ザンビア１部「FC MUZA」とプロ契約を締結することができたのです。

ガーナでの２シーズン目、外国人選手を快く思わないガーナ人監督に「後半２点差以上ないと使わない」と宣言され、公式戦では一切プレーできない日々が続きました。そこで、マイノリティである私を応援してくれる仲間を増やし、チームに貢献するためにもチームサポーターの雇用創出事業（トゥクトゥク事業）や地域スポーツ振興活動を行うなど、チームや地域に迎え入れてもらうための準備をしました。その結果、トゥクトゥク事業のドライバーや、その売上を元手に開催したサッカー大会に参加した子どもたち、駐在している日本人の方々が、「JINDOサポーター」としてスタジアムに駆けつけ、私には声援を、監督にはブーイング（！）を浴びせてくれたのです。そうしたなか、出場機会は徐々に増えていき、最終節はフル出場でマンオブザマッチを受賞することができました。

準備の大切さ

ゴールを決めるための「短期的な準備」、試合出場のための「中期的な準備」、プロ契約のための「長期的な準備」。どの準備にも、明確な目標と計画が必要です。常に「今の自分の行いがいつの何のための準備なのか」という視点で取り組むことが、目標を達成するうえで大切だと信じています。振り返ってみれば、プロで活躍するまでの過程に「幸運」があったことは否めないかもしれません。しかし、「幸運」をつかむには自身の行動力と瞬発力が必要であり、「準備」をしていたからこそ、チャンスに対して自信を持って飛び込めたのであり、周囲からも認めてもらえたと思うのです。

私の現在の目標は2025年クラブＷ杯でアフリカ代表としてプレーすることです。今もこの目標に向かって「準備」を継続しています。私がこれまで信じて行ってきた、そしてこの先も続く「準備の徹底」の軌跡が、日本のスポーツ界の未来を担う皆さまがキャリアを開拓していくうえでの一助となればと思います。

jindo-morishita

おわりに

本書をスポーツが好きな皆さんに手にとってもらったことを、大変うれしく思います。もしかすると、誰かがプレゼントしてくれたものかもしれませんし、「これを読みなさい！」と先生に勧められて仕方なく読みはじめた人もいるでしょう。それでも、皆さんが貴重な時間を割いて本書を読んでくださったことに、心から感謝いたします。いつか皆さんとスポーツの仕事でご一緒できる日を楽しみにしています。

インタビューやコラムの執筆にご協力下さった45人のスポーツプロフェッショナルの方々にも、深く感謝申し上げます。皆さんのストーリーを直接伺うなかで、私たち自身も「人生をどう生きるのか」という問いに向き合う貴重な機会となりました。そして、その思いを将来スポーツで働きたいと考えている高校生や大学生に届けることができたことを、とても光栄に思います。

本書の編集を担当してくださった、みらいの吉村寿夫さんには、構想段階から最後まで惜しみないサポートしていただきました。私たちのわがままに根気強くお付き合いいただきましたことに深く感謝し、厚くお礼申し上げます。

クリエーターの浅輪晴之助さん、高田翼さんには、私たちとともに日本中を飛び回りながらインタビューに同行し、素晴らしい写真や映像を撮影していただきました。本当にありがとうございました。

拙い原稿を丁寧に読み込んで修正にご協力くださった方々、本書を一人でも多くの高校生や大学生に届けるために知恵を絞ってくださった方々、本書の寄贈にご協力いただいた方々にも、心より感謝の意を表します。

2024年10月　　水島淳・池井大貴

Special Thanks（敬称略）
安羅有紀、安野一平、猪坂雄一、市來星也、伊藤瑞希、岩井将太郎、岩本紗由美、江田香織、衛藤昂、大橋怜、奥村拓朗、笠原春香、上山晋平、川崎将輝、川合裕也、川戸湧也、久保木春佑、小坂興樹、齊藤恭平、佐藤丞、新谷昴、高橋生、高橋千明、竹島捷稀、田丸雄己、中村サトル、中村優志、中村悠人、野明愛結、橋本貴智、早川琢也、速水舞、蛭田健仁、廣澤聖士、前川哲成、松崎玲央奈、松永遼、松本慎平、馬淵雄紀、満田哲彦、水島彩音、宮代幸輝、森川綾子、山下玲、リムチュウカイ、渡邉さおり、Tranquiの仲間たち

※本書に掲載している情報や、インタビューやコラム執筆に協力してくださった方々の所属先は、2024年３月時点のもので、変更になる場合があります。

編者紹介

水島　淳

1991年生まれ、京都府出身。東洋大学健康スポーツ科学部講師（コーチング学博士）。筑波大学大学院在籍中、青年海外協力隊としてパラグアイで陸上競技指導に従事。アシックス、東京2020組織委員会、シンガポールのNational Youth Sports Instituteでの勤務を経て現職。

𝕏 @JunMizu1991

池井　大貴

1993年生まれ、広島県出身。Ascenders株式会社CMO。
立命館大学在学中にAscenders株式会社の立ち上げに従事。
スポーツ団体やスポーツ関連企業のマーケティング支援を行う。

𝕏 @masataka1113

スポーツの仕事大全
―45人のスポーツプロフェッショナルたち―

2024 年 11 月 10 日　初版第 1 刷発行

編　　者	水島淳・池井大貴
発 行 者	竹鼻均之
発 行 所	株式会社 みらい 〒500-8137　岐阜市東興町40　第５澤田ビル TEL　058 - 247 - 1227 ㈹ https://www.mirai-inc.jp
印刷・製本	西濃印刷株式会社

ISBN 978 - 4 - 86015 - 634 - 3　C0075
Printed in Japan　　乱丁本・落丁本はお取り替え致します。